Heinrich Kramer

Der Hexenhammer. Erster Teil

SEVERUS Verlag

Kramer, Heinrich: Der Hexenhammer. Erster Teil. 2021
Neuauflage der Ausgabe von 1923
ISBN: 978-3-96345-162-1

Korrektorat: Katharina J. Muhr
Satz: Katharina J. Muhr

Bibliografische Information der Deutschen Nationalbibliothek: Die Deutsche Nationalbibliothek verzeichnet diese Publikation in der Deutschen Nationalbibliografie; detaillierte bibliografische Daten sind im Internet über https://dnb.de abrufbar.

Der SEVERUS Verlag ist ein Imprint der Bedey & Thoms Media GmbH,
Hermannstal 119k, 22119 Hamburg

SEVERUS Verlag, 2021
http://www.severus-verlag.de
Gedruckt in Deutschland

Heinrich Kramer

Der Hexenhammer. Malleus Maleficarum

Erster Teil

Aus dem Lateinischen übertragen und eingeleitet
von J. W. R. Schmidt

SEVERUS

Editorische Notiz:
Der Text der vorliegenden Edition beruht auf der Ausgabe:
Jakob Sprenger und Heinrich Institoris: Der Hexenhammer. Zum ersten Male ins Deutsche übertragen und eingeleitet von J.W.R. Schmidt. Drei Teile (dritte Auflage). Erster Teil. Berlin 1923.
Die Orthographie wurde behutsam modernisiert, grammatikalische Eigenheiten bleiben gewahrt. Die Interpunktion folgt der Druckvorlage. Der Inhalt ist im historischen Kontext zu lesen.

Inhalt

Vorwort

Deus neque vult mala fieri,
neque vult mala non fieri;
sed vult permittere mala fieri.
Malleus maleficarum I, XII.

Von der vorliegenden erstmaligen Übersetzung des Hexenhammers gilt des Horatius Sprüchlein vom »nonum prematur in annum« in ganz besonderem Maße, indem sie – wenigstens die erste Hälfte – nicht bloß neun, sondern fast zwanzig Jahre in einer stillen Ecke meines Schreibtisches geschlummert hat. Als ganz junger Student hatte ich zu meiner eigenen Belehrung begonnen, das kulturgeschichtlich so überaus wichtige Werk zu übersetzen, musste aber, von ganz anderen Arbeiten vollauf in Anspruch genommen, bald davon abstehen, ohne zu ahnen, dass zwei Lustren vergehen sollten, ehe ganz äußerliche Beweggründe mich bewogen, das inzwischen schier vergilbte Manuskript wieder zur Hand zu nehmen. Seitdem hat sich ja im Umschwunge der Jahre manches verändert: vielfach ist aus Freude Leid, spärlich aus Leid Freude geworden; aber was meine Ansicht über den Malleus maleficarum anlangt, so bin ich nach wie vor überzeugt, dass man im allgemeinen über seine Verfasser wie über seinen Inhalt zu hart, vor allen Dingen zu einseitig geurteilt hat. Indem man es für gewöhnlich verschmähte, der Entwicklung der Idee des Teufels- und Hexenglaubens, der Ausbildung des gesamten Lehrgebäudes der Dämonologie durch viele, viele Jahrhunderte hindurch nachzuspüren, gelangte man schnell zur bedingungslosen Verurteilung des Hexenhammers, ohne sich um die Frage nach etwaigen mildernden Umständen zu kümmern. Gehörten seine Richter der protestantischen oder aber gar keiner Kirche an, so geschah es überdies leicht, dass man der katholischen Kirche die ganze Verantwortung zuschob und sich nicht genug tun konnte im Schimpfen. Wir wollen gewiss nicht übersehen, dass die Eiferer gegen den Hexenwahn brave, ehrliche Männer waren, die um so mehr Anerkennung verdienen, einer je älteren Zeit sie angehören: denn dazumal war es oft ein lebensgefährliches Wagnis, nicht an die Hexen und ihre teuflischen Werke zu glauben. Immerhin berühren uns die Expektorationen eines Hauber oder Horst einfach komisch in ihrer kläglichen Einseitigkeit. Letzterer macht gelegentlich eines Inhaltsverzeichnisses des Malleus Randglossen, die sich in einer Bierzeitung vorzüglich ausnehmen müssten; und Haubers Urteil über den Verfasser ist eine solche Kapuzinade, dass es verdient, zitiert zu werden:

»Alles was man von einem Inquisitore der Ketzerei und von den damaligen Zeiten, da das Reich der Finsternis und Bosheit auf das Höchste gestiegen war, sich nur vorstellen kan, das findet man in diesem Buch miteinander verbunden; Bosheit, Tumheit, Unbarmherzigkeit, Heuchelei, Arglist, Unreinigkeit, Fabelhaftigkeit, leeres Geschwätze, und falsche Schlüsse herrschen durch und durch in dem ganzen Buch, und muss es jemand sehr sauer ankommen, ein an Sachen und Worten so elendes und boshaftes Buch durchzulesen ... So dumm, so boshaft, so arglistig der Autor dieses Buch schreibet, so hart und unbarmherzig bezeuget er sich auch. Er schreibet von der Tortur, von Verbrennen, und andern Todesstrafen, mit einem sang froid ohne ein einiges gelindes, und von Mitleiden und Erbarmen zeugendes Wort mit einfliessen zu lassen. Mehr wie ein Henker, als wie ein Geistlicher. Dahin gehöret die zuvor angeführte Spitzfindigkeit desselben, dass man die Tortur, welche nach den Gesetzen nicht darf iteriret, wiederholet werden, nur kontinuieren oder fortsetzen wolle. Zu diesem kommt die Unreinigkeit und Garstigkeit des Autors. Er führet nicht nur allerhand unanständige Scherze und Mönchs-Possen an, schreibet und redet als ein Pökel-Hering; dahin das oben gemeldete ganze Kapitel von den Fehlern und Bosheiten der Frauens-Personen gehöret, welches nicht anders lautet, als wann man einige ungezogene Leute in einer Sauf-Gesellschaft reden und unverständig scherzen hörete, sondern er schreibt auch in anderen Stücken auf eine so unreine Weise, und von den Dingen, die einem Mönchen unbekannt sein solten, so bekannt und familiar, als wenn er kein Geistlicher, sondern eine Bade-Mutter gewesen wäre, oder ein Kerl, der etliche Bordelle ausgehuret hat.«

Dies Urteil ist gewiss den edelsten Regungen entsprungen, aber es beweist doch nur die Einseitigkeit dessen, der es gefällt hat. Hauber muß keinen Sinn für Humor gehabt haben; sonst hätte er über die Tirade gegen die Weiber gelacht! Übrigens stammt gerade die fulminanteste Stelle darin aus den Schriften des H. Chrysostomus, der doch wohl ein hervorragend frommer Mann war? Aber gerade als solcher wusste er recht gut, dass gerade die Weiber für die Frommen die gefährlichsten Fallstricke wären, weshalb er so eindringlich vor ihnen warnt; wobei natürlich die Farben etwas dick aufgetragen werden, damit das Gemälde um so eher auffalle. So warnte mehr denn ein Jahrtausend früher Buddha seine Jünger in beweglichen Worten vor den Frauen: »Unergründlich verborgen, wie im Wasser des Fisches Weg, ist das Wesen der Weiber, der vielgewitzten Räuberinnen, bei denen Wahrheit schwer zu finden ist, denen die Lüge ist wie die Wahrheit und die Wahrheit wie die Lüge.« »Wie sollen wir, Herr, uns gegen ein Weib benehmen?« »Ihr sollt ihren Anblick vermeiden, Ananda«. »Wenn wir sie aber doch sehen, Herr, was sollen wir dann tun?«. »Nicht zu ihr reden, Ananda.« »Wenn wir aber doch mit ihr reden, Herr, was dann?« »Dann müßt ihr über Euch selbst wachsam sein. Ananda«. (Oldenberg, Buddha, p. 187). – Und dass ein Mönch von sexuellen Dingen keine Kenntnis haben dürfe, ist doch eine abgeschmackte Behauptung! Ist nicht den Reinen alles rein? Was sollte denn mit unseren Geistlichen werden, die sich doch für gewöhnlich eines reichen Kindersegens erfreuen, ohne dass ihnen daraus ein schimpflicher Vorwurf gemacht wird?!

Nein! Wir sind jetzt über solche kurzsichtige Beurteilung geschichtlicher Tatsachen hinaus, zumal seit den grundlegenden Arbeiten von Joseph Hansen, der in seinen »Quellen und Untersuchungen zur Geschichte des Hexenwahns und der Hexenverfolgung im Mittelalter«, Bonn 1901, in höchst verdienstlicher Weise eine Fülle von Material in Form von Originaltexten zusammengetragen hat, aus dem man sich ein historisch richtiges Bild von der Entwicklung der Hexenidee machen kann, worauf es allein ankommt. Schon die Bemerkung in der Apologia zum Hexenhammer, der zufolge sich dieses Buch durchaus nur auf den Schriften der Kirchenväter, Scholastiker und anderer Autoren aufbaut und die Verfasser desselben aus ihrem eigenen Wissen so gut wie nichts dazugetan haben, hätte vor einem zu raschen Urteile bewahren sollen. In der Tat zeigt sich uns der Malleus nur als der Schlussstein eines Baus, an dem viele Jahrhunderte gearbeitet haben; und mag dieses Gebäude eine Schmach für die Menschheit und für das Christentum sein, was kein anständiger Mensch bezweifelt – die Tatsache, dass der Malleus maleficarum eben nur die letzten Konsequenzen aus den offen zu Tage liegenden Prämissen zieht, enthält die einzig richtige und zwanglose Erklärung der Existenz jenes »düsteren« Buches und, wenn es hier überhaupt gestattet ist, davon zu reden: auch die allein zulässige Entschuldigung! Es gibt hoffentlich heutzutage niemanden mehr, der der

Inquisition oder den Hexenverfolgungen noch das Wort redet, so fest auch immer, trotz der unleugbaren Errungenschaften der Wissenschaft, selbst in unseren modernen Zeiten der Glaube an Hexenwerk und Teufelsspuk die Geister weiter Kreise gefangen hält. Aber man versetze sich nur einmal in die Lage der Menschheit gegen Ende des Mittelalters: man müsste sich wundern, wenn der Hexenhammer n i c h t erschienen wäre! Der Boden war ja aufs beste vorbereitet. Die Gelehrten, zuerst die Kirchenväter, hatten sattsame Gelegenheit gehabt, sich mit der Person des Versuchers zu befassen, der ja bekanntlich schon im Alten Testament, gleich auf den ersten Seiten, eine so verhängnisvolle Rolle gespielt hat und immer wieder, auch im Neuen Testamente, auftaucht. Seine Taten sind in aller Gedächtnis, sodass es überflüssig erscheint, darüber noch ein Wort zu verlieren. Aber die Theorien der Gelehrten, zunächst nur den Fachgenossen vertraut und von ihnen von Geschlecht zu Geschlecht vererbt, stetig vertieft und verallgemeinert, mussten doch bald in den breiteren Schichten des Volkes dringen, wozu die Prediger das meiste beitrugen, denen natürlich der Böse ein stets willkommenes, immer neu variiertes Thema für die Predigt bedeutete; dem Volke aber ist der Teufel immer verständlicher gewesen als der Herrgott in seiner erhabenen Majestät: der Teufel in seiner Leutseligkeit, den man auch gelegentlich einmal so recht spaßig prellen und zum dummen Teufel machen kann, ist recht eigentlich der Gott der kleinen Leute. Der gemeine Mann schickt in Krankheitsfällen gewiss erst zum Quacksalber oder zur Streichfrau, die »büßen« und »besprechen« kann, ehe er sich an den »Doktor« wendet: dieser steht ihm eben zu hoch. Was für ein krasser Aberglaube hat aber vor sechshundert Jahren und noch früher geherrscht!! Wir verwöhnten Söhne einer »enorm fortgeschrittenen Zeit« können uns nur sehr schwer einen Begriff davon machen, wie die damaligen Menschen ohne Dampf, Gas und Elektrizität haben leben können; ohne Buchdruckereien! Vergegenwärtigen wir uns etwa die Leistungen eines Lessing z.B. immer in richtiger Weise? Nehmen wir nicht vielmehr die Errungenschaften, die wir diesem Manne und so vielen seiner Vorfahren, Zeitgenossen und Nachfahren verdanken, als etwas ganz Selbstverständliches hin, an dessen Herleitung niemand denkt? Es ist eben Allgemeingut geworden. So war aber auch der Hexenglaube damals ein Dogma, an dessen Wahrheit zu zweifeln ein böses Ding war. Freilich gab es auch in jenen schwarzen Zeiten noch hier und da Männer, die nicht an die Lehren des Hexenhammers glaubten, gerade so wie es heute auch noch »rückständige« Leute gibt, die sich nicht entschließen können, an den Dichter und

Komponisten Richard Wagner zu glauben; aber die Narren waren doch immer in der weit überwiegenden Mehrheit; und selbst große und größte Geister konnten sich, als Söhne ihrer Zeit, aus den Anschauungen des Saeculum nicht befreien, sodass z.B. Luther fest an die Existenz der »Wechselbälge« oder »Kilkröpfe« glaubte, die man aus dem Umgange der Dämonen mit den Hexen hervorgehen ließ. Item, der Hexenglaube war schließlich epidemisch geworden, nachdem Jahrhunderte auf die Gesundheit des Geistes losgewüstet hatten. Hansen führt aus der Zeit von 1258 bis 1526 siebenundvierzig päpstliche Erlasse auf, die sich gegen das Zauber- und Hexenwesen wenden, und aus den Jahren 1270-1540 sechsundvierzig Nummern aus der sonstigen Literatur zur Geschichte des Hexenwahns. Darunter sind zu nennen: Arnaldus de Villanova, De maleficiis; Zanchinus Ugolini, Super materia haereticorum; Spicilegium daemonolatriae; Bertramus Teuto, De illusionibus daemonum; Raimundus Tarrega, De invocatione daemonum; Nicolaus von Jauer, Tractatus de superstitionibus; Johannes Nider, Formicarius; Johannes Wunschilburg, Tractatus de superstitionibus; Johannes de Mechlinia, Utrum perfecta dei Opera possint impediri daemonis malicia; Nicolaus Jacquerius, Flagellum haereticorum fascinariorum; Johann Tinctoris, Sermo de secta Vaudensium; Hieronymus Vicecomes, Lamiarum sive striarum opusculum; Flagellum maleficorum, editum per ... Petrum Mamoris; Marianus Socinus, Tractatus de sortilegiis; Ambrosius de Vignate, Tractatus de haereticis; Johann Vincentii, Liber adversus magicas artes ...; Bernard Basin, Tractatus de artibus magicis ac magorum maleficiis; Angelus Politianus, Lamia. Die Verfasser des Hexenhammers berufen sich auf eine ganze Reihe von Gewährsmännern – abgesehen von der Bibel, die sehr häufig zitiert wird, um die Existenz von Dämonen, Hexen und Hexenwerk solemniter zu beweisen. – Die Frankfurter Ausgabe von 1588 nennt sie in dieser Reihenfolge: Dionysius Areopagita, Joannes Chrysostomus, Joannes Cassianus, Joannes Damascenus, Heraclides, Hilarius, Augustinus, Gregorius papa primus, Isidorus, Itinerarium Clementis, Remigius, Albertus Magnus, Thomas Aquinas, Bernardus Abbas, Bonaventura, Antonius, Petrus de Bonaventura, Petrus Damianus, Nicolaus de Lyra, Glossa ordinaria, Paulus Burgensis, Magister Historiarum, Magister Sententiarum, Vincentius Beluacensis, Guilelmus Parisiensis, Petrus de Palude, Petrus de Taranthasia, Scotus, Guido Carmelita, Alexander de Ales, Joannes Nider, Rabbi Moses, Compendium Theologicae veritatis,

Vitae sanctorum patrum, Concilia, Jura Canonica, Boetius, Hostiensis, Gratianus, Thomas Brabantinus, Raymundus, Ubertinus, Goffredus, Caesareus, Bernardus. Schon diese Fülle von Vorgängern und Gewährsmännern des Hexenhammers, unter denen sich ja eine Reihe glänzender Namen findet, lässt den selbständigen Anteil seiner Verfasser als gering vermuten; eine genaue Vergleichung des Malleus aber mit seinen Quellen, Wort für Wort, würde wahrscheinlich das Verdienst des Heinrich Institoris und seines Kollegen noch um ein gut Stück herabdrücken. Haben sie doch nicht einmal den Titel als ihr Eigentum zu beanspruchen! Die Bezeichnung Malleus haereticorum war nach Hansen, Quellen 361, schon um das Jahr 400 dem heiligen Hieronymus beigelegt worden, und verschiedene, einer späteren Zeit angehörende Eiferer für den Glauben führten diesen Beinamen: der Bischof Hugo von Auxerre (um 1200), Robert le Bougre (um 1235), Bernhard von Caux (um 1320), Gerhard Groot (am Ende des 14. Jahrhunderts): als Titel eines Buches aber finden wir die drastische Bezeichnung »Malleus« um 1420, indem ein Inquisitor, Johann von Frankfurt, einem seiner Bücher den Titel Malleus iudaeorum gab.

Aber trotzdem Heinrich Institoris, den man jetzt als den Verfasser des Hexenhammers annehmen muss, sich aller Waffen bedient, die heilige und profane Überlieferung Scholastiker und Inquisitoren geliefert haben, wenn es auch im Einzelnen nicht ohne weiteres ganz klar ist, wie weit denn nun eine direkte oder bloß eine indirekte Benutzung vorliegt, d.h. wie viel reines Zitat ist und was einfach stillschweigendes Übernehmen, so hat er doch erfahren müssen, dass er auch zu seiner dunklen Zeit noch Leute gab, die sich vom Teufel nicht reiten ließen und an den Hexenwahn nicht bedingungslos glauben wollten. Das zeigte sich sehr deutlich, als es sich darum handelte, dem fertiggestellten Malleus maleficarum dadurch noch mehr Ansehen zu geben, dass man das Buch unter der Ägide eines Universitätsgutachtens in die Welt schickte. Man wandte sich also mit einem entsprechenden Gesuch an diejenige Alma Mater, die dazumal sich eines besonderen Rufes erfreute: Köln. Der zeitige Dekan, Lambertus de Monte, fällte denn auch ein Urteil, aber in ziemlich reservierter Weise: »in der Anerkennung des theoretischen Teils des Malleus ist es maßvoll, in der Beurteilung des praktischen Teils zieht es sich ganz hinter die sichere Schutzwand der kirchlichen Canones zurück, im allgemeinen endlich betont es nachdrücklich, dass der Inhalt des Buches nur für einen engen, nicht für einen allgemeinen Leserkreis passend sei. Es ist ein Gutachten, wie man es von Durchschnittstheologen jener Tage, deren geistiges Niveau in Sachen des Hexenwahns auf der Höhe ihrer Zeit lag, erwarten kann; ein Gutachten, das aber trotz seiner milden Fassung nur die Unterschrift von vier Professoren der Kölner Hochschule trägt, ein Gutachten, das in seiner verklausulierten Art den Verfassern des Hexenhammers, denen eine warme Empfehlung ihres Werkes von autoritativer Seite Bedürfnis war, keineswegs genügte.« (Hansen, Westdeutsche Zeitschrift XVII, 152.)

In der Tat sind die Autoren des Malleus nicht mit diesem für sie gar zu farblosen Zeugnis zufrieden gewesen. Sie brauchten eben etwas Zugkräftiges, nachdem Heinrich Institoris sozusagen am eigenen Leibe hatte erfahren müssen, dass selbst die Bulle Innozenz' VIII. nicht imstande gewesen war, ihn vor einem bösen Fiasko zu bewahren, indem er bei dem Versuche, in Innsbruck die Vollmachten dieser Bulle ins Praktische umzusetzen und (Juli 1485) einen Hexenprozess in Szene zu setzen, nur Spott und Hohn erntete und es nur dem verständigen Bischof von Brixen, Georg Golser, zu danken hatte, dass es ihm nicht noch schlimmer bei seinem ersten Debüt erging: Der gute Bischof bekomplimentierte ihn schließlich höflichst, aber ganz energisch zum Lande hinaus, wobei er die Äußerung tat: »er bedunkt mich propter senium ganz kindisch sein worden, als ich in hie zu Brixen (Juli 1485) gehört hab cum capitulo.«

Um sich gegen ähnliche böse Erfahrungen zu schützen, glaubten die Verfasser des Hexenhammers sich eben mit einem Gutachten der damals so berühmten Kölner theologischen Fakultät wappnen zu müssen; und da dies für ihre Zwecke nicht günstig genug ausfiel, fälschte man ein zweites und heftete es dem neu erscheinenden Buche als Talisman vor; klugerweise allerdings nur einem Teile der Auflage, die für Köln und Umgebung nicht berechnet war, um vorzeitige Entdeckung zu verhüten. (Alle Einzelheiten bei Hansen, l.c. 133 ff.) Da dieses Gutachten überaus interessant und wichtig ist, lasse ich es hier in Text und Übersetzung folgen.

Sequitur in sequentem tractatum Approbatio *et subscriptio doctorum almae universitatis Coloniensis iuxta formam publici instrumenti.*

In nomine domini nostri Jesu Christi amen. Noverint universi praesens publicum instrumentum lecturi, visuri et audituri, quod anno a nativitate eiusdem domini nostri 1487, indictione quinta, die vero Sabbati, decima nona mensis Maii, hora quinta post meridiem vel quasi, pontificatus sanctissimi in Christo patris et domini nostri, domini Innocentii divina providentia papae octavi anno tertio, in mei notarii publici et testium infra scriptorum ad hoc specialiter vocatorum et rogatorum praesentia personaliter constitutus venerabilis et religiosus frater Henricus Institoris, sacrae theologiae professor ordinis Praedicatorum, hereticae pravitatis inquisitor ta sede apostolica una cum venerabili et religioso fratre Jacobo Sprenger, etiam sacrae theologiae professore ac conventus Praedicatorum Coloniensium priore, collega suo specialiter deputatus, pro se et dicto collega suo proposuit et dixit, quod modernus summus pontifex, scilicet dominus Innocentius, papa praefatus, per unam patentem bullam commisit ipsis inquisitoribus Henrico et Jacobo, ordinis Praedicatorum et sacrae theologiae professoribus praedictis, facultatem inquirendi apostolica auctoritate super quascumque hereses, praecipue autem super heresim maleficarum modernis temporibus vigentem, et hoc per quinque ecclesias metropolitanas, videlicet Moguntinam, Coloniensem, Treverensem, Saltzburgensem et Bremensem, cum omni facultate contra tales procedendi usque ad ultimum exterminium, iuxta tenorem bullae apostolicae, quam suis habebat in manibus, sanam, integram, illaesam et non viciatam, sed omni prorsus suspicione carentem. Cuius quidem tenor bullae sic incipit: »Innocentius episcopus servus servorum Dei. Ad futuram rei memoriam. Summis desiderantes affectibus, prout pastoralis sollicitudinis cura requirit, ut fides catholica nostris potissime temporibus ubique augeatur et floreat« etc.; finit autem sic: »Datum Romae apud sanctum Petrum anno incarnationis dominicae millesimo quadringentesimo octuagesimo quarto, nonis decembris, pontificatus nostri anno primo.«

Et quia nonnulli animarum rectores et verbi dei praedicatores publice in eorum sermonibus ad populum asserere et affirmare non verebantur, malificas non esse, aut quod nihil in nocumentumm creaturarum quacumque operatione efficere possent, ex quibus incautis sermonibus nonnunquam seculari brachio ad puniendum huiusmodi maleficas amputabatur facultas, et hoc in maximum augmentum maleficarum et confortationem illius heresis, ideo praefati inquisitores, totis eorum viribus cunctis periculis et insultibus obviare volentes, tractatum quendam non tantum[1] *studiose quantum et laboriose collegerunt, in quo non tantum*[1] *huiusmodi praedicatorum ignorantiam pro catholica fidei conservatione repellere nisi sunt, quantum etiam in exsterminium maleficarum debitos modos sententiandi et easdem puniendi, iuxta dictae bulle tenorem et sacrorum canonem instituta, laborarunt*[2]*. At quoniam consonum rationi est, ut ea quae*

1 Nach Hansens Vorschlag statt des tam der Ausgaben

2 Hansen will davor »significare« oder ein ähnliches Wort eingeschoben wissen; wie ich glaube, unnötigerweise, da man »laborare« in Sinne von »ausarbeiten« nehmen kann.

pro communi utilitate fiunt, etiam communi approbatione doctorum roborentur, ideo ne praefati rectores discoli et praedicatores sacrarum literarum ignari estimarent, praedictum tractatum, sic ut praemititur collectum, mius bene doctorum determinationibus et sententiis fulcitum, eundem almae universitati Coloniensi seu nonnullis ibidem sacrae paginae professoribus ad discutiendum et collacionandum obtulerunt, ut si qua reprehensibilia et a catholica veritate dissona reperirentur, eorum iudicio[3] *sic refutarentur, quod tarnen consona catholicae veritati approbarentur. Quod et subscriptis modis factum fuit.*

In primis egregius dominus L a m b e r t u s d e M o n t e *manu sua propria se subscripsit prout sequitur: »Ego Lambertus de Monte, sacrae theologiae humilis Professor, decanus pro tempore facultatis sacrae paginae eiusdem studii Coloniensis, fateor hac manu mea propria, istum tractatum tripartitum per me lustratum et deligenter collationatum quoad eius partes duas primas nihil continere, saltim meo humili iudicio, quod sit contrarium aut sententiis non errantium philosophorum aut contra veritatem sanctae catholicae et apostolicae fidei, aut contra doctorum determinationes a sancta ecclesia approbatorum aut admissorum. Tertia etiam pars utique sustinenda et approbanda, quoad illorum hereticorum punitiones, de quibus tractat, in quantum sacris canonibus non repugnat. Iterum propter experimenta in hoc tractatu narrata, quae utique propter famam tantorum virorum praecipuorum etiam inquisitorum creduntur esse vera, consulendum tamen videtur, quod iste tractatus doctis et viris zelosis, qui ex eo sana, varia et matura consilia in exterminium maleficarum conferre possunt, communicetur, simul et ecclesiarum rectoribus timoratis et conscientiosis dumtaxat, ad quorum doctrinam subditorum corda in odium tam pestifere heresis incitari poterunt, ad cautelam bonorum pariter et malorum inexcusabilitatem atque punitionem, ut sic misericordia in bonis et iustitia in malis luce clarius pateat, et in omnibus deus magnificetur, ipso praestante, cui laus et gloria«.*

Deinde ad idem venerabilis magister J a c o b u s d e S t r a l e n *etiam propria manu sua se subscripsit in hunc modum: »Ego Jacobus de Stralen, sacra theologiae Professor minimus, post visitationem tractatus memorati sentio conformiter per omnia his, quae per venerabilem magistrum nostrum Lambertum de Monte, decanum sacrae theologiae, superius annotata sunt, quod attestor hac scriptura manus meae, ad dei laudem«.*

Pariformiter eximius magister A n d r e a s d e O c h s e n f u r t *etiam propria manu se subscripsit ut infra: »Conformiter mihi Andreae de Ochsenfurt,*

3 Nach H a n s e n s Vorschlag für das »iudice« der Ausgaben

sacrae theologiae professori novissimo, videtur censendum de materia oblati tractatus, quantum prima facie apparuit, quod contestor manus meae scriptura ad finem in eodem expressum promovendum.«

Consequenter autem egregius magister T h o m a s d e S c o t i a *similiter se propria manu sua subscripsit, prout sequitur: »Ego Thomas de Scotia, sacrae theologiae doctor licet immertius, conformiter sentio per omnia venerabilibus magistris nostris praecedentibus in materia praefati tractatus per me examinati, quod attestor manu propria mea.«*

Subsequenter et secunda subscriptio contra praefatos praedicatores incautos sie acta fuit. In primis positi fuerunt articuli prout sequitur:

P r i m o *: inquisitores haereticae pravitatis deputatos auctoritate sedis apostolicae iuxta formam canonum commendant magistri sacrae theologiae subscripti et hortantur, quod dignentur prosequi cum zelo eorum officium.*

S e c u n d o *: quod maleficia posse fieri permissione divina ex cooperatione diaboli per maleficos aut maleficas non est contrarium fidei catholicae, sed consonum dictis sacrae scripturae, immo necessarium est, iuxta sententias sanctorum doctorum illa quandoque posse fieri admittere.*

T e r t i o *: praedicare ergo, maleficia non posse fieri erroneum est, quia sic praedicantes impediunt quantum in eis est opus pium inquisitorum in praeiudicium salutis animarum. Secreta tarnen quae quandoque ab inquisitoribus audiuntur, non sunt omnibus revelanda.*

U l t i m o *: exhortandi veniunt omnes principes et quicunque catholici, ut assistere dignentur tam piis votis inquisitorum pro defensione sanctae catholicae fidei.*

Demum vero subscripti et suprascripti doctores praedictae facultatis theologiae manibus propriis se subscripserunt, prout ego Arnoldus notarius infrascriptus ex relatione honesti Johannis Vorda de Mechlinia, almae universitatis Coloniensis bedelli iurati, qui mihi hoc retulit, audivi, et (ut ex manibus etiam supra et infra scriptis apparuit) vidi, in hunc qui sequitur modum: »Ego, L a m b e r t u s d e M o n t e *, sacrae theologiae humilis Professor, ita sentio ut praescribitur, teste hac manu mea propria, pro tempore decanus. Ego, Jacobus de Stralen, sacrae theologiae professor minimus, ita sentio ut supra scribitur, quod testificor manu mea propria. – Ego,* U d a l r i c u s K r i d w i s s d e E s s l i n g e n *, sacrae theologiae professor novissimus, ut praescriptum est, ita sentiendum, hac manus propriae scriptura censeo. – Et ego,* C o n r a d u s d e C a m p i s *, sacrae theologiae professor humillimus, prout supra cum maioribus meis in idem concurro iudicium. – Ego,* C o r n e l i u s d e B r e d a *, minimus professor, ita sentio, ut praescriptum est, quod testificor manu mea propria. – Ego,* T h o m a s *de Scotia, sacrae theologiae professor licet immeritus, conformiter sentio venerabilibus professoribus praescriptis, teste manu mea propria. – Ego, Theodericus de Bummell, sacrae theologiae humillimus professor, ita sentio sicut praescriptum est per magistros meos praescriptos, quod testor manu mea propria. – In assertione articulorum praescriptorum conformis iudicii sum cum venerandis magistris nostris, praeceptoribus meis, ego, Andreas de Ochsenfurt, sacrae theologiae facultatis Professor ac theologorum universitatis Coloniensis collegii minimus.«*

Novissime autem et finaliter iam dictus venerabilis et religiosus frater Henricus Institoris inquisitor habuit et tenuit in suis manibus quandam aliam literam pergameneam serenissimi regis Romanorum, sigillo suo rubeo rotundo in capsa cerae glaucae impressa impressula pergameni inferius impedente sigillatam, sanam et integram, non viciatam, non cancellatam neque in aliqua sui parte suspectam, sed omni prorsus vicio et suspicio carentem, ita quod in faciliorem expeditionem huius negotii fidei idem Serenissimus dominus Romanorum rex praefatus ipsam eandem bullam apostolicam supra tactam tanquam christianissimus princeps tueri et defendere voluit atque vult, et ipsos inquisitores in suam omnimodam protectionem suscipit, mandans et praecipiens omnibus et singulis Romano imperio subditis, ut in executione talium negociorum fidei ipsis inquisitoribus omnem favorem et assistentiam exhibeant ac alias faciant, prout in eadem litera plenius continetur et habetur. Cuius quidem literae regalis principium et finis hic infra annotantur in hunc modum: »Maximilianus divina favente dementia Romanorum rex semper augustus, archidux Austriae, dux Burgundiae, Lotharingae, Brabantiae, Limburgiae, Lutzenburgiae et Gelriae, comes Flandriae« etc. Finis vero: »Datum in oppido nostro Bruxellensi, nostro sub sigillo, mensis Novembris die sexta anno domini millesimo quadringentesimo octuagesimo sexto, regni nostri anno primo«.

De et super quibus praemissis omnibus et singulis iam dictus venerabilis et religiosus frater Henricus inquisitor pro se et collega suo antedicto ipsis a me notario publico supra et infra scriptio fieri et confici unum vel plura publicum seu publica instrumentum et instrumenta in meliori forma petiit. Acta sunt haec Coloniae in domo habitationis venerabilis magistri Lamberti de Monte praedicti infra emunitatem ecclesiae sancti Andreae Coloniensis sita, in camera negociorum et studii eiusdem magistri Lamberti inferius, sub anno domini, indictione, mense, die, horis et pontificatu quibus supra, presentibus ibidem praedictis magistro Lamberto et Johanne bedello, necnon honestis viris Nicolao Cuper de Venroide, venerabilis curiae Coloniensis notario iurato, et Christiano Wintzen de Eusskirchen clerico Coloniensis dioecesis, testibus ad praemissa fide dignis rogatis et requisitis.

Et ego Arnoldus Kolich de Eusskirchen, clericus Coloniensis iuratus, quia praemissis omnibus et singulis, dum sic ut praemittitur fierent et agerentur, una cum praenominatis testibus praesens fui eaque sic fieri vidi et, ut praefertur, ex relatione bedelli audivi, idcirco praesens publicum instrumentum manu mea propria scriptum et ingrossatum exinde confeci, subscripsi, publicavi et in hanc publicam formam redegi, signoque et nomine meis solitis et consuetis signavi rogatus et requisitus, in fidem et testimonium omnium et singulorum praemissorum.

»Im Namen unseres Herrn Jesu Christi, Amen! Wissen sollen alle, die das gegenwärtige öffentliche Instrument lesen, sehen und hören werden, dass im Jahre der Geburt ebendieses unseres Herrn 1487, in der fünften Indiktion, am Sabbattage, am 19. Mai, um fünf Uhr Nachmittags oder so, im dritten Jahre des Pontifikates des in Christo geheiligtsten Vaters und Herrn, des Herrn Innozenz, durch die göttliche Vorsehung als Papst der achte, in meiner, als öffentlichen Notars, und der unterzeichneten, hierzu besonders gerufenen und gebetenen Zeugen Gegenwart der persönlich erschienene ehrwürdige und fromme Bruder Henricus Institoris, der heiligen Theologie Professor, vom Orden der Prediger, als Inquisitor der ketzerischen Verkehrtheit vom heiligen Stuhle zugleich mit dem ehrwürdigen und frommen Bruder Jacob Sprenger, ebenfalls der heiligen Theologie Professor und Prior des Kölnischen Prediger-Konvents, als seinem Kollegen besonders abgeordnet, für sich und seinen genannten Kollegen vorlegte und sagte, dass der gegenwärtige höchste Pontifex, nämlich Herr Innozenz, der vorerwähnte Papst, durch eine Patent-Bulle den Inquisitoren Henricus und Jakob, den vorgenannten (Mitgliedern) vom Predigerorden und der heiligen Theologie Professoren, aus apostolischer Hoheit die Befugnis übertragen habe, über alle beliebigen Ketzereien zu inquirieren, vornehmlich aber über die in jetzigen Zeiten gedeihende Ketzerei der Hexen, und zwar durch fünf Metropolitankirchen, nämlich von Mainz, Köln, Trier, Salzburg und Bremen, mit aller Befugnis, gegen solche bis zur letzten Vertilgung vorzugehen, nach dem Wortlaut der apostolischen Bulle, die er in seinen Händen hatte, richtig, vollständig, unbeschädigt und nicht fehlerhaft, sondern durchaus frei von aller Verdächtigkeit. Der Wortlaut dieser Bulle beginnt so: »Innozenz Bischof, ein Knecht der Knechte Gottes. Zu künftigem Gedächtnis der Sache. Indem wir mit der höchsten Begierde verlangen, wie es die Sorge unseres Hirtenamtes erfordert, dass der katholische Glaube vornehmlich zu unseren Zeiten allenthalben vermehrt werden und blühen möge« usw.; er schließt aber so: »Gegeben in Rom zu St. Peter, im Jahre der Menschwerdung des Herrn 1484, den 5. Dezember, im ersten Jahre unseres Pontifikates«.

Und weil einige Seelsorger und Prediger des Wortes Gottes öffentlich in ihren Predigten an das Volk zu behaupten und zu versichern sich nicht scheuten, es gäbe keine Hexen, oder könnten durch keinerlei Betätigung etwas zum Schaden der Kreaturen ausrichten, infolge welcher unvorsichtigen Predigten bisweilen dem weltlichen Arme zur Bestrafung derartiger Hexen die Befugnis abgeschnitten wurde, und zwar zur größten Vermehrung der Hexen und Stärkung dieser Ketzerei, deshalb haben die vorerwähnten Inquisitoren, in dem Wunsche, mit ihren ganzen Kräften allen Gefahren und Anfällen zu begegnen, eine ebenso gelehrte, wie fleißige Abhandlung zusammengestellt, in welcher sie nicht nur bestrebt gewesen sind, zur Erhaltung des katholischen Glaubens die Unwissenheit solcher Prediger zurückzuweisen, sondern auch zur Vertilgung der Hexen die gebührenden Arten, sie abzuurteilen und zu bestrafen, nach dem Wortlaut der genannten Bullen und der heiligen Canones, ausgearbeitet haben. Da es aber der Vernunft entspricht, dass das, was zum allgemeinen Nutzen geschieht, auch durch eine allgemeine Billigung seitens der Gelehrten gestärkt werde, so haben sie deshalb, damit nicht die vorerwähnten morosen Seelsorger und der heiligen Schriften unkundigen Prediger meinten, die vorerwähnte, wie vorausgeschickt zusammengestellte, Abhandlung wäre zu wenig durch die Gutachten und Meinungen der Gelehrten wohlgestützt, sie der hohen Universität Köln resp. einigen der dortigen Professoren des heiligen Wortes zur Erörterung und Vergleichung vorgelegt, damit, wenn sich etwas Tadelnswertes und von der katholischen Wahrheit Abweichendes fände, es durch ihr Gutachten so widerlegt würde, dass dabei doch das mit der katholischen Wahrheit Übereinstimmende gebilligt würde. Das ist denn auch in der Art, wie unten steht, geschehen.

Zuerst hat sich der ausgezeichnete Herr Lampertus de Monte mit seiner eigenen Hand unterschrieben wie folgt: »Ich, Lampertus de Monte, der heiligen Theologie geringer Professor, zur Zeit Dekan der Fakultät des heiligen Wortes ebendesselben Studiums zu Köln, bekenne, mit dieser meiner eigenen Hand, dass dieser von mir durchgesehene und fleißig verglichene Traktat in drei Teilen bezüglich seiner beiden ersten Teile – wenigstens nach meinem bescheidenen Urteile – nichts enthält, was den Ansichten der Philosophen, soweit sie nicht irren, entgegen sei oder gegen die Wahrheit des heiligen katholischen und apostolischen Glaubens oder gegen die

Entscheidungen der von der heiligen Kirche gebilligten oder zugelassenen Gelehrten sei. Auch der dritte Teil ist durchaus zu halten und zu billigen bezüglich der Bestrafungen jener Ketzer, worüber er handelt, sofern er den heiligen Canones nicht widerstreitet. Ferner scheint wegen der Erfahrungen, die in diesem Traktate erzählt werden, die um des Rufes so großer, hervorragender Männer, und auch Inquisitoren willen für wahr gehalten werden, doch der Rat gegeben werden zu müssen, dass dieser Traktat (nur) gelehrten und eifrigen Männern, die daraus gesunde, mannigfache und reife Ratschläge zur Vernichtung der Hexen beibringen können, mitgeteilt werde, ebenso auch den Rektoren der Kirchen, wenigstens den furchtsamen und gewissenhaften, auf deren Belehrung hin die Herzen der Unterstellten zum Hasse gegen eine so pestbringende Ketzerei entflammt werden können, zum Schutze der Guten gleichermaßen wie zur Unentschuldbarkeit und Bestrafung der Bösen, damit sich so die Barmherzigkeit an den Guten und die Gerechtigkeit an den Bösen heller wie der Tag ergebe und in allem Gott verherrlicht werde, dem Lob und Ruhm gebührt.« – Danach unterschrieb sich in demselben Sinne der ehrwürdige Magister Jacobus de Stralen, ebenfalls mit seiner eigenen Hand, in dieser Weise: »Ich, Jacobus de Stralen, der heiligen Theologie geringster Professor, denke nach Prüfung des erwähnten Traktates in allem übereinstimmend mit dem, was unser ehrwürdiger Magister Lambertus de Monte, Dekan der heiligen Theologie, oben angemerkt hat, was ich mit dieser Schrift meiner Hand bezeuge zum Lobe Gottes.« – Gleichermaßen unterschrieb sich der hervorragende Magister Andreas de Ochsenfurt, auch mit eigener Hand, wie unten: »Übereinstimmend scheint mir, Andreas de Ochsenfurt, jüngstem Professor der heiligen Theologie, über den Inhalt des vorgelegten Traktates zu urteilen zu sein, so weit es sich beim ersten Einblick ergeben hat; was ich mit der Schrift meiner Hand bekräftige zur Förderung des in jenem ausgedrückten Zieles.« – In der Folge aber unterschrieb sich auch der hervorragende Magister Thomas de Scotia ähnlich mit seiner eigenen Hand, wie folgt: »Ich, Thomas de Scotia, der heiligen Theologie obzwar unwürdiger Doctor, denke in allem übereinstimmend mit unseren vorstehenden ehrwürdigen Magistern bezüglich des Inhaltes des vorgenannten, durch mich geprüften Traktates, was ich mit meiner eigenen Hand bezeuge.«

Weiterhin ist noch eine zweite Unterschrift gegen die vorgenannten unvorsichtigen Prediger also verhandelt worden: Zuerst wurden, wie folgt, (vier) Artikel aufgestellt:

Erstens, die unterzeichneten Magister der heiligen Theologie empfehlen die durch die Autorität des apostolischen Stuhles gemäß der Form der Canones abgeordneten Inquisitoren der ketzerischen Verkehrtheit und ermahnen sie, sie möchten belieben, ihr Amt mit Eifer zu verwalten. Zweitens, dass Behexungen geschehen können mit göttlicher Zulassung infolge der Mitwirkung des Teufels, durch Hexer oder Hexen, ist nicht dem katholischen Glauben zuwider, sondern stimmt zu den Aussagen der heiligen Schrift; im Gegenteil ist es nötig, auf Grund der Ansichten der heiligen Gelehrten zuzugeben, dass sie bisweilen geschehen können. Drittens, predigen also, dass Behexungen nicht geschehen können, ist irrig, weil auf diese Weise die Predigenden, so viel an ihnen ist, das fromme Wort der Inquisitoren zum Schaden des Heiles der Seelen hindern. Die Geheimnisse jedoch, die die Inquisitoren bisweilen hören, sind nicht allen zu enthüllen. Letztens, alle Fürsten und Katholiken allerlei sollen ermahnt werden, sie möchten belieben, den so frommen Wünschen der Inquisitoren für die Verteidigung des heiligen katholischen Glaubens beizustehen.

Demnächst haben sich die unterzeichneten und oben unterzeichneten Doktoren der vorerwähnten theologischen Fakultät mit eigener Hand unterschrieben, wie ich, Arnold, der unterzeichnete Notar, aus dem Berichte des ehrenwerten Johannes Vörde von Mecheln, vereidigten Pedellen der hohen Universität Köln, der mir dies berichtet hat, gehört und, wie es sich aus den oben und unten geschriebenen Handschriften ergeben hat, gesehen habe; in dieser Weise, wie folgt: »Ich, Lambertus de Monte, der heiligen Theologie bescheidener Professor, denke so, wie oben geschrieben steht, was diese meine eigene Hand bezeugt. Derzeit Dekan.« – »Ich, Jacobus de Stralen, der heiligen Theologie geringster Professor, denke so, wie oben geschrieben steht, was ich mit meiner eigenen Hand bezeuge.« – »Ich, Udalricus Kridwiss von Eßlingen, der heiligen Theologie jüngster Professor, erkenne mit dieser Schrift der eigenen Hand, dass man so denken müsse, wie oben geschrieben steht.« – »Und ich, Conrad von Campen, der heiligen Theologie demütigster Professor, stimme mit meinen größeren (Kollegen) wie oben in demselben Urteil überein.« – »Ich, Cornelius de Breda, der geringste Professor, denke so, wie oben steht, was ich mit meiner eigenen Hand bezeuge.« – »Ich, Thomas de Scotia, der heiligen Theologie ob zwar unwürdiger Professor, denke übereinstimmend mit den ehrwürdigen, vorher unterzeichneten Professoren, was meine eigene Hand bezeugt.« – »Ich, Theoderich de Bummel, der heiligen Theologie demütigster Professor, denke so, wie es durch meine vorher unterzeichneten Magister oben geschrieben steht; was ich mit meiner eigenen Hand bezeuge.« – »In der Bejahung der vorgeschriebenen Artikel bin ich im Urteil in Übereinstimmung mit unseren ehrwürdigen Magistern, meinen Lehrern, ich, Andreas de Ochsenfurt, der heiligen theologischen Fakultät Professor und geringster des Kollegiums der Theologen der Universität Köln.«

Neuestens aber und schließlich hatte und hielt der schon genannte ehrwürdige und fromme Bruder Heinrich Institoris, der Inquisitor, in seinen Händen noch einen anderen Pergamentbrief, vom allergnädigsten König der Römer, mit seinem roten runden Siegel, dessen Abdruck, in eine Kapsel von blauem Wachs gedrückt, unten am Pergament herabhing, gesiegelt, heil und unversehrt, nicht beschädigt, nicht kanzelliert, noch irgend in einem Teile verdächtig; sondern durchaus frei von jedem Fehler und Verdächtigkeit; dass zur leichteren Ausführung dieses Glaubensgeschäftes eben dieser allergnädigste Herr, der vorgenannte König der Römer, eben diese oben erwähnte apostolische Bulle als christlicher Fürst schützen und verteidigen wollte und wolle, und die Inquisitoren selbst in seinen allseitigen Schutz nimmt, indem er allen und jeden dem römischen Reiche Untergebenen aufträgt und vorschreibt, dass sie bei der Ausführung solcher Angelegenheiten des Glaubens den Inquisitoren selbst jede Begünstigung und Beihilfe leisten und auch sonst danach handeln, wie es in ebendem Briefe ausführlicher enthalten ist und steht. Anfang und Ende dieses königlichen Briefes werden hier unten angemerkt in folgender Weise: »Maximilian, durch Gunst der göttlichen Gnade König der Römer, allzeit Mehrer des Reichs, Erzherzog von Österreich, Herzog von Burgund, Lothringen, Brabant, Limburg, Luxemburg und Geldern, Graf von Flandern« usw. Das Ende aber: »Gegeben in unserer Stadt Brüssel, unter unserem Siegel am 6. November des Jahres des Herrn 1486, im ersten Jahre unserer Regierung.«

Betreffs und bezüglich aller und jeder dieser vorgemeldeten (Geschehnisse) bat der schon genannte ehrwürdige und fromme Bruder, der Inquisitor Heinrich für sich und seinen vorgenannten Kollegen, es sollten von mir, dem über- und unterzeichneten öffentlichen Notar, ein öffentliches Instrument in besserer Form gemacht und angefertigt werden. Verhandelt ist dies zu Köln im Wohnhause des vorerwähnten ehrwürdigen Magisters Lambertus de Monte, welches innerhalb des Sprengers der Kirche des heiligen Andreas von Köln liegt, im Geschäfts- und Studierzimmer desselbigen Magisters Lambertus, unter Jahr des Herrn, Indiktion, Monat, Tag, Stunde und Pontifikat wie oben, in Gegenwart der vorgenannten, des Magister Lambertus und des Pedellen Johannes, indem außerdem noch die ehrenhaften Männer Nicolaus Cuper von Venroid, beeidigter Notar der ehrwürdigen Kurie zu Köln, und Christian Wintzen von Eußkirchen, ein Kleriker der Diözese Köln, als glaubwürdige Zeugen für das Obgemeldete gebeten und ersucht worden waren.

Und weil ich, Arnold Kolich von Eußkirchen, beeidigter Kleriker von Köln, bei allem und jedem des Vorausgeschickten, während es so, wie vorausgeschickt wird, geschah und verhandelt wurde, zugleich mit den vorgenannten Zeugen gegenwärtig gewesen bin und es so habe geschehen sehen und, wie vorerwähnt ist, aus dem Berichte des Pedellen gehört habe, habe ich deshalb gegenwärtiges öffentliches Instrument, mit meiner eigenen Hand aufgezeichnet und stattlich geschrieben, danach vollendet, unterschrieben, vorgelesen und in diese öffentliche Form gebracht und mit meinem gewöhnlichen und gewohnten Siegel und Namen, gebeten und ersucht, unterzeichnet, zur Glaubwürdigkeit und Bezeugung aller und jeder vorerwähnten Punkte«.

So waren auch die letzten Schwierigkeiten glücklich überwunden, die dem Malleus bei seiner zerhämmernden Tätigkeit noch im Wege standen. Auch das einzig Neue oder doch wenigstens nicht allgemein Anerkannte, was der Hexenhammer als sicher hinstellte, war jetzt für die grosse Menge amtlich beglaubigt und sanktioniert! Es war dies erstens die Behauptung, dass die Hexen wirklich und wahrhaftig ausführen; eine Frage, die damals viel erörtert und je nachdem bejaht oder verneint wurde; die Bulle Innozenz' VIII., die »Hexenbulle«, sanktioniert diese Hexenfahrten usw. nicht! Der zweite Punkt, der sich in Gegensatz zum kanonischen Rechte setzte, demzufolge bußfertige, nicht rückfällige Ketzer zu lebenslänglichem Kerker verurteilt wurden, aber nicht verbrannt werden durften, bestand in der Lehre, dass die Inquisitoren selbst bußfertige, ihre Ketzerei abschwörende Hexen ihrer besonderen Boshaftigkeit willen unter allen Umständen dem Scheiterhaufen überliefern durften, was sonst nur verstockten oder rückfälligen Ketzern als Strafe winkte.

Es konnte nun also der Kampf mit dem Hexenheere begonnen werden: Er ward gepredigt durch die berüchtigte Bulle Summis desiderantes Innozenz' VIII. vom 5. Dezember 1484, die recht eigentlich den Ausgangspunkt jener schändlichen Raserei gegen vermeintliche Ketzer und Hexen bildet, der Hunderttausende, schmählich hingemordet, zum Opfer fielen. Der Hexenhammer bildet zu jenem verhängnisvollen Dokumente nur den Kommentar, weshalb es sich gewiss verlohnt, es hier in Text und Übersetzung wiederzugeben, zumal es auch eine stehende Zugabe der Ausgaben des Malleus zu bilden pflegt.

Tenor Bullae Apostolicae adversus haeresim maleficarum

Innocentius episcopus, servus servorum dei, ad perpetuam rei memoriam. Summis desiderantes affectibus, prout pastoralis sollicitudinis cura requirit, ut fides catholica nostris potissime temporibus ubique augeatur et floreat ac omnis haeretica pravitas de finibus fidelium procul pellatur, ea libenter declaramus ac etiam de novo concedimus, per quae huiusmodi pium desiderium nostrum votivum sortiatur effectum, cunctisque propterea per nostrae operationis ministerium, quasi per providi operatoris sarculum erroribus extirpatis, eiusdem fidei zelus et observantia ipsorum cordia fidelium fortius imprimatur.

Sane nuper ad nostrum non sine ingenti molestia pervenit auditum, quod in nonnullis partibus Alemaniae superioris necnon in Maguntinensi, Coloniensi, Trevirensi, Saltzburgensi et Bremensi provinciis, civitatibus, terris, locis et dioecesibus quamplures utriusque sexus personae, propriae salutis immemores et a fide catholica deviantes, cum daemonibus incubis et succubis abuti ac suis incantationibus, carminibus et coniurationibus aliisque nefandis superstitiis et sortilegiis, excessibus, criminibus et delictis mulierum partus, animalium foetus, terrae fruges, vinearum uvas et arborum fructus necnon homines, mulieres, iumenta, pecora, pecudes et alia diversorum generum animalia, vineas quoque, pomeria, prata, pascua, blada, frumenta et alia terrae legumina perire, suffocari et extingui facere et procurare, ipsosque homines, mulieres, iumenta, pecora, pecudes et animalia diris tam intrisecis quam extrinsecis doloribus et tormentis afficere et excruciare, ac eosdem homines ne gignere, et mulieres ne concipere, virosque ne uxoribus, et mulieres ne viris actus coniugales reddere valeant, impedire; fidem praeterea ipsam, quam in sacri susceptione baptismi susceperunt, ore sacrilego abnegare, aliaque quamplurima nefanda, excessus et crimina, instigante humani generis inimico, committere et perpetrare non verentur, in animarum suarum periculum, divinae maiestatis offensam ac perniciosum exemplum ac scandalum plurimorum. Quodque licet dilecti filii Henricus Institoris[4]*, in praedictis partibus*

4 Dies ist die richtige Lesart, wie sie Hansen und Roskoff z.B. bieten. In den mir zu Gebote stehenden Ausgaben des Malleus maleficarum. darunter eine Inkunabel (= Hansen [WZ XVII]

Alemaniae superioris, in quibus etiam provinciae, civitates, terae, dioeceses et alia loca huiusmodi comprehensa fore censentur, necnon Jacobus Sprenger, per certas partes lineae Rheni, ordinis fratrum Praedicatorum et theologiae professores, haereticae pravitatis inquisitores per literas apostolicas deputati fuerint, prout adhuc existunt, tamen nonnulli clerici et laici illarum partium, quaerentes plura sapere quam oporteat, pro es quod in literis deputationis huiusmodi provinciae, civitates, dioeceses, terrae et alia loca praedicta illarumque personae ac excessus huiusmodi nominatim et specifice expressa non fuerunt, illa sub eisdem partibus minime contineri et propterea praefatis inquisitoribus in provinciis, civitatibus, dioecesibus, terris et locis praedictis huiusmodi inquisitionis officium exequi non licere et ad personarum earundem super excessibus et criminibus antedictis punitionem, incarcerationem et correctionem admitti non debere, pertinaciter asserere non erubescunt. Propter quod in provinciis, civitatibus, dioecesibus, terris et locis praedictis excessus et crimina huiusmodi non sine animarum earundem evidenti iactura et aeternae salutis dispendio remament impunita.

Nos igitur impedimenta quaelibet, per quae ipsorum inquisitorum officii executio quomodolibet retardari posset, de medio submovere, et ne labes haereticae pravitatis aliorumque excessuum huiusmodi in perniciem aliorum innocentium sua venena diffundat, opportunis remediis, prout nostro incumbit officio, providere volentes, fidei zelo ad hoc maxime nos impellente, ne propterea contingat provincias, civitates, dioeceses, terras et loca praedicta sub eisdem partibus Alemaniae superioris debito inquisitionis officio carere, eisdem inquisitoribus in illi officium inquisitionis huiusmodi exequi licere et ad personarum earundem super excessibus et criminibus praedictis correctionem, incarcerationem et punitionem admitti debere, perinde in omnibus et per omnia acsi in literis praedictis provinciae, civitates, dioeceses, terrae et loca ac personae et excessus huiusmodi nominatim et specifice expressa forent, auctoritate apostolica tenore praesentium statuimus. Proque potiori cautela literas et deputationem praedictas ad provincias, civitates, dioeceses, terras et loca necnon personas et crimina huiusmodi extendentes, praefatis inquisitoribus, quod ipsi et alter eorum, accersito secum

No. II) und die Nürnberger Ausgabe von 1494 (= Hansen 1. c. No. VI), ja selbst im Bullarium magnum und z.B. auch bei Hauber steht Henrici Institoris; ein Fehler, der durch das voraufgehende, auf den ersten Blick als Genitiv erscheinende dilecti filii erklärt werden kann und jedenfalls verschuldet hat, dass Institoris in den verschiedenen Handbüchern über Hexenwesen und Hexenprozess in der Form Institor erscheint, worunter man wohl gar einen „Krämer“ oder „Kremer“ hat suchen wollen.

dilecto filio Joanne Gremper, clerico Constantiensis dioecesis, magistro in artibus, eorum moderno seu quovis alio notario publico, per ipsos et quemlibet eorum pro tempore deputando in provinciis, civitatibus, dioecesibus, terris et locis praedictis contra quascumque personas, cuiuscumque conditionis, et praeeminentiae fuerint, huiusmodi inquisitionis officium exequi ipsasque personas, quas in praemissis culpabiles reperierint, iuxta earum demerita corrigere, incarcerare, punire et mulctare, necnon in singulis provinciarum huiusmodi parochialibus ecclesiis verbum dei fideli populo quotiens expedierit ac eis visum fuerit, proponere et praedicare, omniaque alia et singula in praemissis et circa ea necessaria et opportuna facere et similiter exequi libere et licite valeant, plenam ac liberam eadem auctoritate de novo concedimus facultatem.

Et nihilominus venerabili fratri nostro episcopo Argentinensi per apostolica scripta mandamus, quatenus ipse per se vel alium seu alios praemissa, ubi, quando et quotiens expedire cognoverit fueritque pro parte inquisitorum huiusmodi seu alterius eorum legitime requisitus, solemniter publicans, non permittat eos per quoscumque super hoc contra praedictarum et praesentium literarum tenorem quavis auctoritate molestari seu alias quomodolibet impediri; molestatores et impedientes et contradictores quoslibet et rebelles, cuiuscumque dignitatis, status, gradus, praeeminentiae, nobilitatis et excellentiae aut conditionis fuerint et quocumque exemptionis privilegio sint muniti, per excommunicationis, suspensionis et interdicti ac alias etiam formidabiliores, de quibus sibi videbitur, sententias, censuras et poenas, omni appelatione postposita, compescendo, et etiam legitimis super his per cum servandis processibus, sententias ipsas, quotiens opus fuerit, aggravare et reaggravare auctoritate nostra procuret, invocato ad hoc, si opus fuerit, auxilio brachii saecularis. Non obstantibus praemissis et constitutionibus et ordinationibus apostolicis contrariis quibuscunque. Aut si aliquibus communiter vel divisim ab apostolica sit sede indultum, quod interdici, suspendi vel excommunicari non possint, per literas apostolicas non facientes plenam et expressam, ac de verbo ad verbum, de indultu huiusmodi mentionem, et qualibet alia dictae sedis indulgentia generali vel speciali, cuiuscumque tenoris existat, per quam praesentibus non expressam vel totaliter non insertam effectus huiusmodi gratiae impediri valeat, quomodo libet vel differri, et de quacumque, toto tenore habenda, sit in nostris literis mentio specialis. Nulli ergo omnino hominum liceat hanc paginam nostrae declarationis, extensionis, concessionis et mandati infringere, vel ei ausu temerario contraiare. Si quis autem hoc attentare praesumpserit, indignationem omnipotentis dei ac beatorum Petri et Pauli apostolorum eius se noverit incursurum

Datum Romae apud S. Petrum, anno incarnationis dominicae millesimo quadringentesimo octuagesimo quarto, nonis Decembris, pontificatus nostri anno primo.

»Innozenz Bischof, ein Knecht der Knechte Gottes. Zu künftigen, der Sache Gedächtnis. Indem wir mit der höchsten Begierde verlangen, wie es die Sorge unsers Hirten Amtes erfordert, dass der katholische Glaube fürnehmlich zu unseren Zeiten allenthalben vermehret werden und blühen möge, und alle ketzerische Bosheit von denen Grenzen der Gläubigen weit hinweg getrieben werde, so erklären wir gerne, dasjenige und setzen es auch von neuem, wordurch solches Unser Gottseliges Verlangen die erwünschte Wirkung erlangen mag. Und daher in deme, durch den Dienst unserer Arbeit, als durch die Hacke eines vorsichtigen Arbeiters alle Irrtümer gänzlich ausgerottet werden, der Eifer und die Beobachtung eben desselben Glaubens in die Herzen der Gläubigen umso starker eingetrucket werde.

Gewisslich ist es neulich nicht ohne große Beschwörung zu unseren Ohren gekommen, wie dass in einigen Teilen des Oberdeutschlands, wie auch in denen mainzischen, kölnischen, trierischen, salzburgischen (und Bremer) Erzbistümer, Städten, Ländern, Orten und Bistümern sehr viele Personen beiderlei Geschlechts, ihrer eigenen Seligkeit vergessend, und von dem katholischen Glauben abfallend, mit denen Teufeln, die sich als Männer oder Weiber mit ihnen vermischen, Missbrauch machen, und mit ihren Bezauberungen, Liedern und Beschwörungen, und anderen (abscheulichen Aberglauben und zauberischen Übertretungen, Lastern und Verbrechen, die Geburten der Weiber, die Jungen der Tiere, die Früchte der Erde, die Weintrauben und die Baumfrüchte, wie auch die Menschen, die Frauen, die Tiere, das Vieh, und andere unterschiedene Arten Tiere, auch die Weinberge, Obstgarten, Wiesen, Weiden, Getreide) Korn und anderen Erdfrüchten, verderben, ersticken und umkommen machen und verursachen, und selbst die Menschen, die Weiber, allerhand groß und klein Vieh und Tiere mit grausamen sowohl innerlichen als äusserlichen Schmerzen und Plagen belegen und peinigen, und eben dieselbe Menschen, dass sie nicht zeugen, und die Frauen, dass sie nicht empfangen, und die Männer, dass sie denen Weibern, und die Weiber, dass sie denen Männern, die eheliche Werke nicht leisten können, verhindern. Über dieses den Glauben selbst, welchen sie bei Empfangung der heiligen Taufe angenommen haben, mit eidbrüchigen Munde verläugnen. Und andere überaus viele Leichtfertigkeiten, Sünden und Lastern, durch Anstiftung des Feindes des menschlichen Geschlechts zu begehen und zu vollbringen, sich nicht fürchten, zu der Gefahr ihrer Seelen, der Beleidigung Göttlicher Majestät, und sehr vieler schädlicher Exempel und Ärgernis. Und dass, obschon die geliebte Söhne Henricus Institoris in den obgenannten Teilen des Oberdeutschlandes, in welchen auch solche Erzbistümer, Städte, Länder, Bistümer und andere Orte begriffen zu sein gehalten werden, wie auch Jacobus Sprenger durch gewisse Striche des Rheinstrohms, des Prediger-Ordens und Professores Theologiae, zu Inquisitoren des ketzerischen Unwesens durch Apostolische Briefe bestellet worden, wie sie auch noch sind, dann noch einige Geistliche und Gemeine derselben Ländern, welche mehr verstehen wollen, als nötig wäre, deswegen, weil in den Briefen ihrer Bestellung solcherlei Erzbistümer, Städte, Bistümer, Länder und andere obgenannte Orte und deren Personen und solche Laster nicht namentlich und insonderheit ausgedrücket worden, daher solche auch gar nicht darunter begriffen, und also den sogenannten Inquisitoren in solchen Ertzbistümern, Städten, Bistümern, Ländern und Orten, vorgenennet, solches Amt der Inquisition zu verrichten, nicht erlaubt sein, und dieselbe zu Bestrafung, Inhaftnehmung und Besserung solcher Personen, über den vorgenannten Verbrechen und Lastern nicht müssen zugelassen werden, halsstarrig zu bejahen, sich nicht schämen. Deswegen dann in den Erzbistümern, Städten, Bistümern, Ländern und Orten vorgenennete solcherlei Verbrechen und Laster, nicht ohne offenbaren Verlust solcher Seelen und ewiger Seelengefahr ungestraft bleiben.

Deshalb Wir, indem wir alle und jede Hindernisse, durch welche die Verrichtung des Amts der Inquisitoren auf irgendeine Weise verzögert werden könnte, aus dem Wege räumen, und damit nicht die Seuche des ketzerischen Unwesens und anderer solcher Verbrechen ihr Gift zu dem Verderben anderer Unschuldigen ausbreiten möge, durch taugliche Hilfsmittel, wie solches unserem Amt oblieget, versorgen wollen, da der Eifer des Glaubens uns vornehmlich hierzu antreibet, damit nicht daher geschehen möge, dass die Erzbistümer, Städte, Bistümer, Länder, und obgenennte Orte in denselben Teilen des Oberdeutschlandes, ohne das nötige Amt der Inquisition sein, so setzen wir aus Apostolischer Hoheit, dass denen Inquisitoren das Amt solcher Inquisition darinnen zu verrichten erlaubt sein, und sie zu der Besserung, Inhaftnehmung und Bestrafung solcher Personen über den vorgenannten Verbrechen und Lastern hinzugelassen werden sollen, durchgehendes und in allem eben so, als wann in den vorgenannten Briefen, solche Erzbistümer, Städte, Bistümer, Länder und Orte, und Personen, und Verbrechen namentlich und insonderheit ausgedrücket wären, Kraft dieses unseres Briefs. Und indem wir um mehrerer Sorgfalt willen vorgemeldete Briefe und Bestellung auf solche Erzbistümer, Städte, Bistümer, Länder und Orte, desgleichen solche Personen und Laster, ausstrecken, so geben wir, denen vorgesagten Inquisitoren, dass sie und einer derselben, wann sie den geliebten Sohn Johannes Gremper, einen Geistlichen des Konstanzer Bistums, Meister in den Künsten, ihrer dermaligen oder einen jeden andern Notarium Publikum zu sich gerufen haben, der von ihnen und einem jeglichen derselben zu der Zeit wird verordnet werden, in denen vorgenennten Erzbistümern, Städten, Bistümern, Ländern und Orten, wider alle und jede Personen, welchen Standes und Vorzuges sie sein mögen, solches Amt der Inquisition vollziehen, und die Personen selbst, welche sie in vorgemeldeten werden schuldig befunden haben, nach ihrem Verbrechen züchtigen, in Haft nehmen, am Leib und am Vermögen strafen nicht weniger in allen und jeden Pfarrkirchen solcher Länder das Wort Gottes dem gläubigen Volke, so oft als es nützlich sein, und ihnen gut dünken wird, vortragen und predigen, auch alles und jedes was zu und in obigen Dingen nötig und nützlich sein wird, frei und ungehindert tun, und also vollziehen mögen, aus eben derselben Hoheit, von neuen völlige und freie Gewalt.

Und befehlen nicht weniger Unserem Ehrwürdigen Bruder dem Bischof zu Straßburg durch Apostolische Briefe, dass Er, durch sich selbst, oder durch einen anderen, oder etliche andere, das vorgemeldete, wo, wann und so oft er es vor nützlich erkennen wird, und er von seiten solcher Inquisitoren, oder eines derselben gebürend wird ersuchet sein, offentlich kund tun, und nicht gestatten solle, dass sie oder einer derselben über diesem, wider den Inhalt derer gedachten und derer gegenwärtigen Briefe, durch keinerlei Gewalt beeinträchtiget oder sonst auf irgend eine Weise gehindert werden, alle diejenige, so ihnen Eintracht tun, und sie verhindern, und widersprechen, und rebellieren werden, von was vor Würden, Ämtern, Ehren, Vorzügen, Adel und Hoheit oder Standes, und mit was für Privilegien, der Befreiung sie versehen sein mögen, durch den Bann, die Aufhebung und Verbot, und andere noch schrecklichere Urteile, Ahndungen und Strafen, welche ihm belieben werden, mit Hintansetzung aller appellation, bezaumen, und nach den von ihme zu haltenden rechtlichen

Prozessen, die Urteile, so oft es nötig sein wird, durch unser Ansehen ein und abermal schärfen lasse, und dazu, wann es vonnöten sein wird, die Hilfe des weltlichen Arms anrufe. Ungeachtet aller und jeder vorigen und diesem zuwiederseienden Apostolischen Rechtschlüssen und Verordnungen. Oder wann einigen insgemein oder insonderheit von dem Apostolischen Stuhl nachgegeben worden, dass wider sie kein Verbote, Aufhebung oder Bann solle ergehen können, durch Apostolische Briefe, in welchen solcher Nachgebung nicht völlige und ausdrückliche Meldung geschieht, desgleichen alle andere oder besondere Indulgenzien des bemeldeten Stuhls von was für Inhalt sie seien, durch welchen und wann sie in diesen Gegenwärtigen nicht ausgedrücket, oder nicht ganz einverleibet werden, die Wirkung dieser Gnade auf einige Weise verhindert oder aufgeschoben werden möchte, und von einer jeglichen, darvon geschiehet nach dem ganzen Inhalte in unserem Brief besondere Meldung. Es solle also gar keinem Menschen erlaubt sein, dieses Blatt Unserer Verordnung, Ausdehnung, Bewilligung und Befehls zu übertretten, oder derselben aus verwegener Kühnheit entgegen zu handeln. Wann aber jemand sich dieses zu erkühnen unternehmen würde, der soll wissen, dass er den Zorn des allmächtigen Gottes und Seiner Heiligen Apostels Petri und Pauli auf sich laden werde.

Gegeben in Rom zu St.Peter, im Jahr der Menschwerdung des Herrn Tausendvierhundertundvierundachtzig, den 5. Dezember, im ersten Jahr unserer Päpstlichen Regierung.« (Hauber, Bibliotheca sive Acta et Scripta Magica, I, S. 1.)

Als Verfasser des Hexenhammers galten bisher ziemlich allgemein Heinrich Institor [so!] und Jakob Sprenger, welchen beiden man wohl auch noch als dritten im Bunde Johannes Gremper zugesellt hat. Während man aber als Verfasser der (unten abgedruckten und übersetzten) Vorrede, genauer: Verteidigungsschrift, Apologia, Jakob Sprenger mit Sicherheit annehmen darf, spricht zum Mindesten die größte Wahrscheinlichkeit dafür, dass Heinrich Institoris das eigentliche Werk geschrieben hat, und zwar so, dass es spätestens im Mai 1487 als Manuskript oder gar schon im Druck fertig vorlag. Nach den Zeugnissen zu urteilen, die Hansen, Quellen p. 65, zusammengetragen hat, ist nun gerade Institoris nicht der Mann gewesen, über die Hexen und Ketzer stolz zu Gericht zu sitzen. Gewiss war er ebenso stark wie seine Gewährsmänner und Amtsgenossen von dem Drange beseelt, zum Wohle für die Menschheit gegen die Hexenketzerei zu Felde zu ziehen und die etwaigen Zweifler von der Existenz der mannigfachen maleficia zu überzeugen. Aber ein Mann wie Institoris, der der Verhaftung und Bestrafung wegen Unterschlagung von Ablassgeldern nur mit Mühe und Not entgangen war und später zusammen mit seinem Kollegen, unterstützt durch einen schlauen Advokaten, ein Notariatsinstrument fälschte – ein solcher Mann darf nicht den Anspruch erheben, ein Retter gefährdeter Seelen zu sein. Hat er dies gefühlt und deshalb durch Sprenger dem Ganzen die als »Apologia« bezeichnete Vorrede vorsetzen lassen? Wir wissen es nicht. Aber das ist gewiss, dass hier der Schein erweckt werden soll, als sei der Malleus maleficarum ganz der Ansicht der damaligen Zeit, als teile er in allen Punkten die communis opinio, während das doch nur mit Vorbedacht richtig ist. Diese »Apologia« lautet:

Cum inter ruentis saeculi calamitates, quas proh dolor non tarn legimus quam passim experimus, vetus oriens damno suae ruinae irrefragabili dissolutus ecclesiam, quam novus oriens homo Christus Jesus aspersione sui sanguinis fecundavit, licet ab initio variis heresum contagionibus inficere non cessat, illo tamen praecipue in tempore his conatur, quando, mundi vespere ad occasum declinante et malitia hominum excrescente, novit in ira magna, ut Johannes in Apocalypsi testatur, se modicum tempus habere. Quare et insolitam quandam haereticam pravitatem in agro dominico succrescere fecit, haeresim inquam maleficarum, a principaliori, in quo vigere noscitur, sexu denotando. Quae, dum innumeris machinatur insultibus, hoc tamen in singulis, quod cogitatu terribile, deo nimium abominabile et omnibus Christi fidelibus odibile cernitur, operibus expletur. Ex pacto enim cum inferno et foedere cum morte foetidissimae servituti pro earum pravis explendis spurcitiis se subiicint. Praeterea ea, quae in quotidianis aerumnis, hominibus, iumentis et terrae frugibus ab eis deo permittente et virtute daemonum concurrente inferuntur. Inter quae mala nos inquisitores Jacobus Sprenger una cum carissimo ab apostolica sede in exterminium tam pestiferae haeresis socio deputato, licet inter divinorum eloquiorum professores sub Praedicatorum ordine militantium minimi, pio tamen ac lugubri affectu pensantes, quid remedii quidve solaminis mortalibus ipsis pro salutari antidoto foret administrandum, huic operi prae cunctis aliis remediis pios submittere humeros dignum iudicavimus, confisi de melliflua fargitate illius, qui dat omnibus affluenter et qui calculo sumpto de altari forpice tangit et mundat labia imperfectorum, in finem optatum cuncta perducere. Verum cum in operibus hominum nil fiat adeo utile et licitum, cui non possit aliqua pernicies irrogari, ingeniola etiam nostra ad acumen non perveniunt veritatis, nisi lima alterius pravitatis plurimum fuerint abrasa, ideo, qui de novitate operis nos redarguendos estimat, ad certamen illius confidenter accedimus. Sciat tamen, hoc ipsum opus novum esse simul et antiquum, breve pariter et prolixum, antiquum certe matena et auctoritate, novum vero partium compilatione earumque aggregatione, breve propter plurimorum auctorum in brevem perstrictionem, longum nihilominus propter immensam materiae multitudinem et maleficarum imperscrutabilem malitiam. Nec hoc dicimus ceterorum auctorum scriptis praesumptuose derogando nostrumque opus iactanter et inaniter extollendo, cum ex nostro ingenio pauca et quasi nulla sint addita. Unde non nostrum opus sed illorum potius censetur, quorum ex dictis fere sunt singula contexta. Qua simul ex causa nec poemata condere nec sublimes theorias cepimus extendere, sed excerptorum more procedendo ad honorem summae trinitatis et individuae unitatis super tres partes principales: originem, progressum et finem, malleficarum malleum tractatum nuncupando, aggredimur, recollectionem operis socio, executionem vero his committendo[5], quibus iudicium durissimum imminet eo, quod in vindictam malorum laudem vero bonorum constituti cernuntur a deo, cui omnis honor et gloria in saecula.

»Da unter den Trübsalen der einfallenden Welt, welche wir leider nicht sowohl lesen, als hin und wieder erfahren, der alte, durch einen unwidersprechlichen Schaden seines Falles, verdorbene Aufgang, die Kirche, welche der neue Aufgang, der Mensch Christus Jesus, durch Besprengung seines Blutes fruchtbar gemachet, ob er wohl von Anfang an mit allerhand ansteckenden Seuchen zu vergiften nicht aufhöret, so suchet er doch insonderheit zu dieser Zeit solches zu tun, da er, indem der Abend der Welt sich zu dem Untergang neiget, weiß in seinem großen Zorn, wie Johann. in der Offenb. bezeuget, dass er wenig Zeit mehr habe. Daher hat er auch eine ungewohnte ketzerische Bosheit in dem Acker des Herrn aufwachsen lassen, ich meine die Ketzerei der Hexen, indem solche von dem Geschlecht, in welchem sie vornehmlich zu herrschen erkennet wird, den Namen bekommt. Welche, indem sie auf unzahlbare Arten Anfälle tut, so wird doch dieses was erschrecklich zu gedenken, gar zu abscheulich vor Gott, und des Hasses aller Gläubigen Christi würdig erkennet wird, in allen Werken erfüllet. Dann weil sie mit der Hölle einen Bund, und mit dem Tod einen Verstand gemacht, so unterwerfen sie sich, um ihre unreine Begierden zu erfüllen,

5 Dieses Wort nach H a n s e n ergänzt

der schändlichen Dienstbarkeit. Über dasjenige, was in täglichen Trübsalen, den Menschen, dem Vieh und den Früchten der Erde von ihnen durch Zulassung Gottes und mitwürkender Krafft der Teuffeln, zugefügt wird. Unter welchen Übeln wir Inquisitores, Jacob Sprenger, samt unserem geliebtesten, von dem Apostolischen Stuhl, zu der Vertilgung einer solchen pestilenzialischen Ketzerei zugeordneten, Gesellen, ob wir wohl unter den Lehren des göttlichen Worts, welche in dem Prediger-Orden kämpfen, die Geringsten sind, dann noch mit einer gottseligen und traurigen Gemüts-Bewegung erwogen haben, was für Arznei oder was für Trost den armen Menschen zu einem heilsamen Gegengift zu reichen sein möchte, so haben wir für würdig geachtet, diesem Werke, vor allem anderen Arzneimittel, die Schultern andächtig zu unterwerfen, indem wir das Vertrauen haben, von der mit Honig fließenden Freigebigkeit desjenigen, der allen überflüssig gibt, und der, indem er eine Kohle von dem Altar mit einer Zange nimmt, rühret und reiniget die Lippen der Unvollkommenen, alles zu dem erwünschten Ende zu bringen.

Da aber in den Werken der Menschen nichts so sehr nützlich und erlaubt geschiehet, welchem nicht einiger Schaden beigemessen werden könnte: Unser geringer Verstand kommt auch nicht zu dem Gipffel der Wahrheit, wann er nicht durch die Feile eines anderen Bosheit gar sehr abgeschabet worden. Deshalb, wann uns jemand wegen der Neuigkeit des Werkes zu Rede stellet, mit demselben lassen wir uns getrost in einen Streit ein. Er soll aber doch wissen, dass dieses Werk zugleich neu und zugleich alt sei, zugleich kurz und zugleich weitläufig. Alt ist es gewisslich nach dem Inhalt und dem Ansehen. Neu aber in Ansehnung der Zusammensammlung der Teile, und der Verbindung derselben. Kurz wegen der Zusammenziehung sehr vieler Autoren ins Kurze. Nichtsdestoweniger lang wegen der unendlichen Vielheit der Materie, und der unerforschlichen Bosheit der Hexen. Wir sagen auch dieses nicht, anderer Autoren Schriften hochmütig zu verkleinern, und unser Werk ruhmsüchtig und eitel zu erhöhen, da aus unserem Kopf gar weniges, und fast nichts hinzugetan worden. Daher es nicht für unser Werk, sondern vielmehr für derjenigen geachtet wird, aus deren Worten fast alles und jedes zusammen getragen ist. Aus eben dieser Ursache haben wir weder Verse machen, noch hohe Untersuchungen anstellen wollen, sondern, indem wir nach der Weise der Ausschreiber gehandelt, zu der Ehre der höchsten Dreiheit und der unzertrennlichen Einheit, über dir drei Hauptteile, den Anfang, den Fortgang, und das Ende, und das Buch den Hexenhammer genennet, so überlassen wir die Übersehung des Werkes unseren Gesellen, die Vollziehung aber denen, welchen das strengste Gerich oblieget, deswegen, weil sie zur Rache der Bösen, aber zum Lobe der Frommen gesetzet sind von Gott, welchem alle Ehre und Ruhm sei in die Ewigkeit. Amen.«

[Hauber I, 34 ff.]

Es ist oben ein Anlauf genommen worden, den Hexenhammer in seiner Existenz zu erklären, ja sogar zu entschuldigen; ersteres dadurch, dass darauf hingewiesen wurde, wie seine Verfasser im Grunde nichts weiter geleistet haben, als eine Zusammenstellung der vorausgehenden Literatur, wobei sie schon recht ausgetretene Pfade gewandelt sind. Wenn aber darin zugleich eine, wenn auch recht fadenscheinige, Entschuldigung gefunden wurde, so bleibt der Malleus maleficarum doch, mit Hansen zu reden, ein »(unglaubliches) Monstrum voll geistiger Sumpfluft«, das die Freude nur des Kulturhistorikers allein ist. »Aber zu der schonungslosen und unerbittlich konsequenten Brutalität dieser Vorgänger, ihrer an Stumpfsinn grenzenden aber mit theologischer Eitelkeit durchsetzten Dummheit tritt hier noch ein kaltblütiger und geschwätziger Zynismus, ein erbärmlicher und nichtswürdiger Hang zur Menschenquälerei, der beim Leser immer wieder den Grimm und die äußerste Erbitterung über die Väter dieser eklen Ausgeburt religiösen Wahns wachruft.«

J.W.R. Schmidt.

Des Hexenhammers erster Teil

enthält dreierlei, was zur Hexentat gehört, nämlich den Dämon, den Hexer und die göttliche Zulassung

Erste Frage

Ob es Zauberei gebe

Ob die Behauptung, es gebe Hexen, so gut katholisch sei, dass die hartnäckige Verteidigung des Gegenteils durchaus für ketzerisch gelten müsse?

1. Es wird der Beweis geführt, dass es nicht gut katholisch sei, etwas derartiges zu behaupten. Episc. 26, 5: »Wer da glaubt, dass es möglich sei, dass ein Wesen in einen besseren oder schlechteren Zustand verwandelt oder in eine andere Gestalt oder in ein anderes Bildnis umgestaltet werde, außer vom Allschöpfer allein, der steht unter den Heiden und Ungläubigen.« Wenn aber erzählt wird, dass derlei von Hexen gemacht werde, so ist das nicht gut katholisch, sondern ketzerisch.
2. Ferner: Es gibt keine zauberische Handlung auf Erden. Beweis: Gäbe es derartiges, dann geschähe es durch die Macht der Dämonen. Aber zu behaupten, dass Dämonen körperliche Umwandlungen bewirken oder verhindern könnten, erscheint als nicht gut katholisch, weil sie ja sonst die ganze Welt zerstören könnten.
3. Ferner: Jede Änderung des Körpers, Krankheit und Gesundheit, wird auf eine örtliche Bewegung zurückgeführt, was ersichtlich aus Phys. 5. Dazu gehört die Bewegung des Himmels vor allem: aber die Dämonen können diese nicht verändern, Dionys. epist. ad Polycarp.; weil dies Gott allein zusteht; daher ist es klar, dass sie

keine Veränderung, wenigstens keine wahre, an den Körpern bewirken können, und dass notwendigerweise derartige Verwandlungen auf irgend welche geheimen Ursachen zurückgeführt werden müssen.

4. Ferner: Wie das Werk Gottes stärker ist als das des Teufels, so auch seine Macht. Aber wenn es Zauberei in der Welt gäbe, so wäre ja das Werk des Teufels gegen die Macht Gottes. Wie es also töricht ist, zu meinen, die abergläubisch angenommene Macht des Teufels meistere das Werk Gottes, ebenso ist es unerlaubt, zu glauben, dass die Geschöpfe und Werke Gottes durch die Werke des Teufels verändert werden können, an Menschen wie an Tieren.
5. Ferner: Was körperlicher Kraft unterworfen ist, hat nicht die Kraft, auf körperliche Wesen einzuwirken. Die Dämonen aber sind den Kräften der Sterne unterworfen, was daraus ersichtlich ist, dass gewisse Beschwörer bei der Anrufung der Dämonen bestimmte Konstellationen beobachten. Daher haben sie keine Gewalt, irgendwie auf körperliche Wesen einzuwirken, und ebensowenig und noch viel weniger die Hexen.
6. Ferner handeln die Dämonen nur durch künstliche Mittel: aber diese können nicht wahre Gestalt verleihen; (daher heißt es c. de mineris: »Die Meister der Alchemie mögen wissen, dass Gestalten nicht verwandelt werden können«), daher können auch die Dämonen, welche mit künstlichen Mitteln arbeiten, wahre Eigenschaften der Gesundheit oder Krankheit nicht schaffen, sondern wenn diese wirklich eintreten, so haben sie irgend eine andere, verborgene Ursache, ohne Einwirkung der Dämonen und Hexen.

Dagegen aber: Decret. XXXIII, 3, 1: »Wenn durch Zauber- und Hexenkünste bisweilen mit heimlicher Zulassung von Gottes gerechtem Urteile und unter Beihilfe des Satans etc.« Es handelt sich da um die Verhinderung der ehelichen Pflichten durch Hexen, wozu dreierlei nötig sei, eine Hexe, der Teufel und die Zulassung Gottes.

Ferner kann das Stärkere einwirken auf das weniger Starke: aber die Kraft der Dämonen ist stärker als jede körperliche Kraft: Job 41: ›Es gibt keine Macht auf Erden, die ihm verglichen werden kann; er ist geschaffen, dass er niemanden fürchte.‹

Antwort. Hier sind drei ketzerische Irrlehren zu bekämpfen, nach deren Zurückweisung die Wahrheit ersichtlich sein wird. Einige nämlich haben nach der Lehre des S. Thomas, IV, dist. 24, wo er von der Hexenhinderung spricht, zu behaupten versucht, es gebe auf Erden keine Zauberei; sie lebe nur in der Vorstellung der Menschen, die natürliche Erscheinungen, deren Ursachen verborgen sind, den Hexen zuschrieben. Andere geben zu, dass es Hexen gibt, dass sie aber nur in der Einbildung und Phantasie bei den Hexentaten mitwirken; noch andere behaupten, die Hexenkünste seien überhaupt Phantasie und Einbildung, mag auch ein Dämon wirklich mit einer Hexe zu tun haben.

Ihre Irrtümer werden wie folgt gezeigt und zurückgewiesen. Die Ersteren nämlich werden überhaupt als Ketzer gekennzeichnet durch die Gelehrten, besonders durch S. Thomas in der erwähnten dist. IV, 24, art. 3, und zwar in corpore, da er sagt, solche Ansicht sei durchaus wider die gewichtigen Lehren der Heiligen und wurzele im Unglauben, weil die Autorität der Heiligen Schrift sagt, dass die Dämonen Macht haben über die Körperwelt und über die Einbildung der Menschen, wenn es von Gott zugelassen wird, wie aus vielen Stellen der Heiligen Schrift ersichtlich. Die also sagen, es gebe kein Hexenwerk in der Welt, außer in der Vorstellung der Menschen; auch nicht glauben, dass es Dämonen gebe, außer in der Vorstellung allein des großen Haufen, sodass der Mensch die Irrtümer, die er sich selbst macht, nach ihrer Meinung den Dämonen aufbürde; und dass schon aus starker Einbildung gewisse Gestalten im Sinne erscheinen, so, wie der Mensch denkt, dass wir Dämonen oder auch Hexen bloß zu sehen meinen; und da dies dem wahren Glauben widerstreitet, nach dem wir glauben, dass Engel aus dem Himmel gestoßen und Dämonen geworden seien, deshalb gestehen wir auch, dass sie durch größere Kraft ihrer Natur vieles vermögen, was wir nicht können; und jene, die sie zu solchen Taten bringen, heißen Zauberer. So heißt es dort. Weil aber Ungläubigkeit an einem Getauften Ketzerei heißt, deshalb werden solche der Ketzerei bezichtigt.

Die andern beiden Irrlehren, die die Dämonen und ihre natürliche Macht zwar nicht leugnen, aber unter sich bezüglich der Hexentat und der Hexe selbst uneinig sind, insofern die einen zugeben, dass die Hexe wirklich zur (Erzielung einer) Wirkung mit tätig sei, aber nicht bei einer wahren, sondern nur eingebildeten; während die anderen im Gegenteil die Wirkung am Verletzten als tatsächlich zugeben, aber glauben, dass die Hexe nur in der Vorstellung mitwirke – diese beiden Irrlehren haben ihre Grundlage genommen aus zwei Stellen des Canones, Episcop. XXVI, 5, wo zuerst die Weiber getadelt werden, welche glauben, sie ritten nächtlicher Weile mit der Diana oder der Herodias. Man sehe den Canon an der Stelle. Und weil derartiges oft nur in der Phantasie und der Einbildung geschehe, so meinen jene irrtümlicherweise, es sei ebenso mit a l l e n andern Handlungen.

Zweitens, weil dort steht, dass, wer glaubt oder lehrt, es sei möglich, dass irgendeine Kreatur in einen bessern oder schlechteren Zustand verwandelt oder in eine andere Gestalt oder in ein anderes Bildnis umgestaltet werde außer vom Allschöpfer allein, ein Ungläubiger sei und unter den Heiden stehe, deshalb also, weil es dort heißt »oder in einen schlechteren Zustand verwandelt werde«, sagen sie, jene Handlung am Behexten sei nicht wirklich, sondern nur Phantasiegebilde.

Dass aber diese Irrtümer nach Ketzerei riechen und gegen den gesunden Sinn des Kanon Verstößen, wird gezeigt zunächst aus dem göttlichen, sodann aus dem kirchlichen und bürgerlichen Rechte; und dies zwar im allgemeinen; dann im besonderen durch Erklärung der Worte des Kanon (mag dies auch in der folgenden Frage noch deutlicher hergeleitet werden). Das göttliche Recht nämlich schreibt an vielen Punkten vor, dass man die Hexen nicht nur fliehe, sondern auch töte. Solche Strafen würde es aber nicht eingesetzt haben, wenn jene nicht in Wahrheit und zu wirklichen Taten und Schädigungen mit den Dämonen sich verbündeten. Denn körperlicher Tod wird nur herbeigeführt durch körperliche, schwere Sünde, während der seelische Tod eintreten kann infolge von phantastischer Vorstellung oder auch Versuchung. Das ist die Ansicht des S. Thomas, 2. dist. 7 in der Frage, ob es Sünde sei, der Hilfe der Dämonen sich zu bedienen? – Deutero 18 wird befohlen, alle Hexer und Beschwörer zu töten. Levit. 19 heißt es: »Wessen Seele sich zu Magiern und Wahrsagern neigte und mit ihnen hurte, gegen die will ich mein Antlitz erheben und will sie vertilgen aus der Schar meines Volkes.« Ebenso 20: »Ein Mann oder Weib, in denen ein pythonischer oder göttlicher Geist war, soll sterben; mit Steinwürfen soll man sie töten.« (Pythonen heißen solche, an denen ein Dämon wunderbare Taten vollbringt.)

Das ist es auch, um welcher Sünde willen der abtrünnige Ochozias starb: II. Regum 1 und Saul 1, Paralip. 10. Die Behandler endlich der göttlichen Worte, was haben sie in ihren Schriften über 2. dist. 7 und 8 anderes berichtet von der Macht der Dämonen und den zauberischen Künsten? Ihre Schriften möge man nachsehen, eines jeden Doktors über Sent. lib. 2 und man wird finden, dass unzweifelhaft Zauberer und Hexen durch die Kraft der Dämonen, mit Zulassung Gottes, Wundertaten, wirkliche, nicht eingebildete, vollbringen können. Ich schweige von den verschiedenen anderen Stellen, wo S. Thomas ausführlich über derartige Werke handelt, wie in der Summa contra gent. lib 3, c. 1 und 2 in par, 1. qu. 114 ar. 4; 2, 2, qu. 92 und 94. Auch möge man nachsehen die Postillenverfasser und Glossatoren über die Zauberer Pharaons, Exod. 7; ebenso auch die Worte Augustinus', de civ. dei 11, c. 17 und de doctr. christ. 2; nicht minder die anderer Gelehrter, denen zu widersprechen ganz abgeschmackt ist und die Sünde der Ketzerei nach sich zieht. Wird doch mit Recht der ein Ketzer genannt, welcher irrt in der Auslegung der Heiligen Schrift, 24. qu. 1. haeresis. »Und wer eine andere Ansicht hierüber hat, was den Glauben angeht, als ihn die Kirche gelten lässt«, ibid. und qu. haec est fides.

Dass sie endlich gegen den gesunden Sinn des Kanon streiten, wird gezeigt durch das Kirchengesetz. Denn auch die Doktoren der Kanones, über das Kapitel Super sortiarias et maleficas artes 24 qu. 1. und außerdem de frigidis et maleficiatis – was wollen sie anderes, als ihre Erklärung geben betreffs der Hinderung der ehelichen Handlungen durch die Hexen, wie sie die geschlossene oder zu schließende Ehe zerstört? Sie sagen nämlich, wie auch S. Thomas 4 w. o., dass, wenn Hexenkraft über die Ehe komme vor der fleischlichen Vereinigung, sie dann, wenn sie dauernd ist, die geschlossene Ehe verhindert und zerstört; eine solche Ansicht würde über eine bloß vorgestellte und eingebildete Handlung nicht abgegeben worden sein, wie ja an sich klar ist.

Man vergleiche Hostiensis in seiner Summa copiosa; ebenso Goffredus und Raymundus, von denen man wirklich nirgends liest, dass sie Schwierigkeiten gemacht hätten über die Frage, ob eine solche Handlung für bloß vorgestellt und nicht wirklich erachtet werden könnte; sondern sie setzten das als etwas Selbstverständliches voraus; und über die Frage, wie (die Ehehinderung) für dauernd oder nur zeitweilig erachtet werden könnte, erklären sie, wenn sie über drei Jahre dauere; auch zweifeln sie nicht, ob sie in der Einbildung oder Vorstellung durch die Hexe verhängt werde; sondern sie meinen, dass wahr und wahrhaftig ein solcher Mangel durch die Macht eines Dämonen bewirkt werde, wegen des mit ihm eingegangenen Paktes, oder auch durch den Dämon selbst, ohne Hexe, mag das auch sehr selten innerhalb der Kirche geschehen, wo das Sakrament der Ehe ein verdienstliches Werk ist; aber dies geschehe unter den Ungläubigen, d.h. weil (der Dämon) bemerkt, dass er sie mit gutem Rechte besitzt, wie Petrus de Palude 4 berichtet von einem Bräutigam, der ein Idol geheiratet und nichtsdestoweniger mit einem jungen Mädchen zu tun gehabt, das er jedennoch wegen des Teufels nicht erkennen konnte, der sich immer in einem angenommenen Körper dazwischen gelegt hatte. In der Kirche jedoch versucht der Teufel lieber durch Hexen, wegen seines Vorteils, zur Vernichtung der Seelen, solche Taten zu bewirken. Wie er dies tun könne und mit welchen Mitteln, wird weiter unten dargelegt werden, wo über die sieben Arten, den Menschen durch entsprechende Handlungen zu schaden, gehandelt wird. Auch aus anderen Fragen, welche Theologen und Kanonisten über diesen Punkt aufwerfen, ergibt sich dasselbe, indem sie erwägen, wie derlei beseitigt werden könne, und ob es erlaubt sei, es durch eine andere Hexerei zu beseitigen, und wie, wenn die Hexe, durch welche die Hexerei begangen, tot sei; davon spricht Goffredus in seiner Summa, worüber in den Fragen des dritten Teiles erhellen wird.

Warum endlich hätten die Kanonisten so eifrig verschiedene Strafen in Vorschlag gebracht, indem sie unterschieden zwischen heimlicher und offenbarer Sünde der Hexer, oder vielmehr der Weissager, (da der schädliche Aberglaube verschiedene Arten hat), dass z.B., wenn sie offenbar sei, das Abendmahl verweigert werde; wenn heimlich, Buße von vierzig Tagen; de conse. dist. 2. pro dilectione; item wenn er ein Geistlicher, so sei er ab- und in ein Kloster festzusetzen; wenn ein Laie, zu exkommunizieren; 26 qu. 5 non oportet; item, dass solche für ehrlos zu erachten und ebenso die, welche zu ihnen gehen; dürfen auch nicht zur Rechtfertigung zugelassen werden; 2. qu. 8. quisquis nec.

Aber auch aus dem bürgerlichen Rechte ist dies ersichtlich. Denn Azo, Summa über 9. lib. Cod. Rubr. de maleficis. 2. post l. Gornel. de sicar. et homicid. sagt: »Es ist zu wissen, dass alle diejenigen, welche das Volk Hexer nennt, und auch diejenigen, welche sich auf die Wahrsagekunst verstehen, die Todesstrafe verwirkt haben«: l. nemo. c. de maleficis. Ebenso geben sie die Strafe an: l. culpa. l. nullus. Diese Gesetze nämlich lauten so: »Niemandem ist es erlaubt, zu weissagen; andernfalls wird an ihm das rächende Schwert die Todesstrafe vollziehen«; und es heißt weiter: »Es sind auch welche, die mit Zauberkunst dem Leben der Frommen nachstellen, auch die Herzen der Weiber zur bösen Lust verführen; diese werden den wilden Tieren preisgegeben,« wie cod. c. l. multi. Es bestimmen auch die Gesetze, dass sie anzuklagen jeder zugelassen wird, wie auch der Kanon sagt, c. in favorem fidei.

lib. 6 de haeresi. Daher heißt es ebendort: »Zu solcher Anklage wird jeder zugelassen, wie bei einer Anschuldigung wegen Majestätsbeleidigung.« Denn sie verletzen ja gewissermaßen die göttliche Majestät selbst. Ebenso sollen sie den Untersuchungen zur Ausforschung unterworfen sein: auch jeder beliebige, ohne Ansehung der Würde, wird der Untersuchung unterworfen, und wer überführt wird, oder wer seine Tat leugnet, der sei dem Folterknecht übergeben; sein Leib werde zerfleischt von der »Kralle« und so büße er die seiner Tat entsprechende Strafe; cod. c. 1. si ex. etc.

Man bemerke, dass solche einst zwiefache Strafe erlitten, Todesstrafe und Zerfleischung des Leibes durch die »Kralle« oder dadurch, dass man sie zur Verschlingung den Bestien vorwarf; jetzt aber werden sie verbrannt, weil es Weiber sind.

Ebenso ist Teilnahme verboten. Daher wird hinzugefügt, »Aber auch sollen solche Leute weder die Schwelle eines anderen betreten dürfen; sonst sollen ihre Güter verbrannt werden; noch soll jemand sie aufnehmen und beraten; sonst werden sie nach einer Insel geschafft und alle Güter konfisziert.« Hier wird Exil samt Verlust der ganzen Habe als Strafe festgesetzt, wer solche Leute beratet oder aufnimmt. Wo die Prediger solche Strafen den Völkern und Herrschern der Erde kund tun, schaffen sie mehr gegen die Hexen als durch andere Anführungen aus den Schriften.

Außerdem werden durch die Gesetze auch die empfohlen, die den Hexentaten jener entgegen arbeiten. Daher w. o. l. eorum: »Andere aber, welche bewirken, dass die Werke der Menschen nicht von Windsturm und Hagelschlag betroffen werden, verdienen nicht Strafe, sondern Belohnung.« Wie es aber erlaubt sei, derlei zu verhindern, wird weiter unten auseinander gesetzt werden, wie früher gesagt ist. Aber alles dies zu leugnen oder in frivoler Weise jenen zu widersprechen – wie kann dies dem Vorwurf der Ketzerei entgehen? Ein jeder möge entscheiden, ob ihn vielleicht seine Unkenntnis entschuldigt; welche Unkenntnis aber entschuldigt, wird sofort weiter unten klar werden.

Aus allen Prämissen ist zu schließen, dass die Behauptung gut katholisch und sehr wahr ist, dass es Hexen gibt, welche mit Hilfe der Dämonen, kraft ihres mit diesen geschlossenen Paktes, mit Zulassung Gottes wirkliche Hexenkünste vollbringen können, ohne auszuschließen, dass sie auch Gaukeleien und Phantasiestückchen durch Gaukelkünste zu vollbringen imstande sind. Aber weil die gegenwärtige Untersuchung sich auf die wahren Hexenkünste erstreckt, die sich von den andern sehr bedeutend unterscheiden, so gehört das nicht zur Sache; denn solche Leute nennt man besser Weissager und Zauberer als Hexen.

Endlich, weil sie den Urgrund für ihren Irrtum in den Worten des Kanon suchen, besonders die beiden letzten Irrlehren, zu geschweigen von der ersten, die sich selbst verurteilt, da sie ja gegen die Wahrheiten der Schrift verstößt, daher muss man auf den gesunden Sinn des Canons zurückgehen. Zuerst gegen den ersten Irrtum, wo es heißt, das Mittel sei Phantasiegebilde, das Äußere (die Wirkung) sei wirklich.

Hier ist zu bemerken, dass es vierzehn Hauptarten des Aberglaubens gibt, die anzuführen die Kürze der Zeit nicht erlaubt. Sie sind genau angegeben bei Isidor, Etym. 8 und bei Thomas II, 2, 92. Auch sollen sie weiter unten erwähnt werden, wo über die Wichtigkeit dieser Ketzerei geredet wird, und zwar in der letzten Frage dieses ersten Teiles.

Die Art, unter die solche Weiber fallen, heißt die der Pythonen, durch welche der Dämon redet oder Wundertaten vollbringt; sie ist oft die erste der Reihe nach. Die Art aber, unter welche die Hexer gehören, heißt die Art der Hexer (malefici); und weil sie untereinander sehr verschieden sind und es nicht nötig ist, dass, wer zu der einen Art gehörig wirkt, auch zu der andern gerechnet werde, deshalb – wie der Kanon nur jene Weibsstücke erwähnt und nicht die Hexer – versteht der den Kanon falsch, der derartige eingebildete Herleitungen von Körpern auf das ganze Geschlecht des Aberglaubens durch alle seine Arten hindurch zurückführen will, sodass, wie jene Weiber nur in der Vorstellung, auch alle Hexen so ausfahren; und noch mehr fälscht den Kanon, der daraus folgern wollte, nur in der Vorstellung wirkten sie mit bei der Anhexung von Übelbefinden oder Krankheit.

Außerdem werden die also Irrenden noch mehr getadelt werden müssen, wenn sie das Äußerliche als wirklich zugeben, nämlich einen wirkenden Dämon und eine wirkliche Erregung von Krankheit, wenn sie dagegen behaupten, das vermittelnde Werkzeug, nämlich die Person der Hexe, wirke nur in der Phantasie, während doch das Mittel immer Teil hat an der Natur des Äußeren.

Es gilt auch nichts, wenn gesagt wird, dass auch die Phantasie etwas Wirkliches sei, weil, wie die Phantasie als solche nichts erreichen noch bei der Handlung des Dämonen mitwirken kann außer durch einen mit dem Dämon eingegangenen Pakt, in welchem Pakt die Hexe sich ganz, wahr und wahrhaftig preisgab und verpflichtete, und nicht bloß in der Phantasie und

Vorstellung: es so auch nötig ist, dass sie mit dem Teufel wirklich körperlich mitarbeitet. Denn auch dazu sind alle Werke der Hexer da, wo immer sie ihre Hexenkünste vollbringen, durch den (bloßen) Blick, oder Worte, oder mit Hilfe irgend eines Hexenwerkzeuges, welches unter die Schwelle des Hauses gelegt ist; wie in der folgenden Frage sich zeigen wird.

Außerdem, wenn jemand die Worte des Kanon aufmerksam durchsieht, wird er viererlei bemerken, was Prediger und Priester in den ihnen anvertrauten Kirchen mit aller Eindringlichkeit dem Volke predigen sollen; erstens, dass niemand glauben möge, es gebe außer dem einen Gotte noch ein höchstes und göttliches Wesen; zweitens, dass mit der Diana oder der Herodias reiten weiter nichts ist als mit dem Teufel fahren, der sich nur so umgestaltet und so nennt; drittens, dass ein solcher Ritt dann ein phantastischer ist, wenn der Teufel den ihm durch Unglauben unterworfenen Sinn so beherrscht, dass das, was nur im Geiste geschehen kann, körperlich zu geschehen scheint; viertens, dass sie einem solchen Dämon in allem zu gehorchen haben. Daher ist es absurd, jene Worte auf die Hexentaten auszudehnen, da es verschiedene Arten sind.

Ob aber die Hexer auch örtlich in ihrer Art des Aberglaubens ausfahren können, oder nur in der Vorstellung wie die Pythonen, darüber wird gehandelt werden im zweiten Teile, im dritten Kapitel; dass sie es können auf beide Arten. Und so wird die zweite Irrlehre samt der ersten beseitigt, bezüglich ihres Untergrundes und der gesunden Auffassung des Kanons.

Auch die dritte, welche auf Grund der Worte des Kanon behauptet, die Hexenwerke seien nur Phantasiegebilde, wird durch die Worte des Kanons beseitigt. Denn wenn es da heißt: wer da glaubt, dass es möglich sei, dass ein Wesen in einen besseren oder schlechteren Zustand versetzt oder in eine andere Gestalt und in ein anderes Bildnis umgewandelt werden könne, außer vom Allschöpfer allein, der steht unter den Heiden und Ungläubigen, dann sind diese drei Punkte, wenn man sie an sich betrachtet, gegen den Sinn der Heiligen Schrift und die Bestimmungen der Gelehrten. Denn dass von den Hexen Geschöpfe gemacht werden können, unvollkommene Tiere, darüber sehe man nach den Canon nec mirum, nach dem angeführten Canon Episcopi; des Augustinus Erklärung von den Zauberern Pharao's, welche ihre Stäbe in Schlangen verwandelten; siehe in der Glosse über Exod. 7: »Pharao rief die Weisen«; ferner glossa Strabi, dass die Dämonen durch die Welt eilen, so oft die Hexen durch Beschwörung etwas durch sie zu bewirken wünschen, und verschiedene Samen sammeln; und durch deren Anwendung können verschiedene Arten entstehen. Siehe auch Albertus de animalibus; ferner S. Thomas 1, 114, 4. Ihre Aussagen lassen wir der Kürze halber weg; nur das ist noch zu bemerken, dass hier unter dem »fieri« geschaffen werden (procreari) gemeint ist. Zweitens möge man auch einsehen, dass etwas in einen besseren oder schlechtem Zustand einzig und allein von Gott, kraft seiner Macht, verwandelt werden könne, und zwar zur Besserung oder auch zur Strafe; öfters jedoch geschieht dies durch die vermittelnde Kraft der Dämonen; und wie es vom ersten heißt, Gott heilt und schlägt, und ›Ich werde töten und ich werde lebendig machen‹, so heißt es vom zweiten, ›Sendung durch böse Engel‹, wie es oben berührt ist. Im vorerwähnten c. nec mirum sehe man die Worte des Augustinus, wo es heißt, Hexen und alle ihre Werke bringen den Menschen bisweilen nicht nur Krankheiten, sondern auch den Tod.

Drittens frommte es wohl, einzusehen, dass die jetzigen Hexen durch die Macht der Dämonen öfters in Wölfe und andere Bestien verwandelt werden. Aber der Kanon spricht von wirklicher und eigentlicher Verwandlung, nicht von einer gedachten, die oft eintritt, worüber auch Augustinus, de civ. dei 18, 17 vielerlei berichtet wie über die vielberufene Zauberin Circe, und über die Genossen des Diomedes und über den Vater des Prästantius. Über diesen Stoff wird in einigen Kapiteln des zweiten Teiles gehandelt werden, auch ob die Hexen immer zugegen oder abwesend seien, und ob der Teufel jenes Form annimmt, oder der Mensch selbst für sich so erscheint: c. 6 und 7.

Ob es Ketzerei sei, Hexer anzunehmen?

Aber weil der zweite Teil der Frage besagt, es sei ketzerisch, das Gegenteil davon hartnäckig zu lehren, so wird gefragt, ob solche Leute gehalten werden müssen als offen in der ketzerischen Verkehrtheit ertappt oder nur für der Ketzerei stark verdächtig? Es scheint, auf die erste Art. Denn Bernhardus (in gl. ordinaria in c. ad abolendam. § praesenti u. vers. deprehensi. extra: »Mit gegenwärtiger Bestimmung verordnen wir nichtsdestoweniger, dass, wer immer auf Ketzerei ertappt worden ist« etc.) erklärt, dass auf drei Weisen jemand als offen ertappt zu erachten sei, nämlich durch Evidenz der Tat, weil er öffentlich Ketzerei lehrt; durch gesetzmäßigen Beweis, durch Zeugen, oder durch eigenes Geständnis. Und weil solche offen predigen oder sich offen gegen alles Vorhergesagte auflehnen, indem sie behaupten, es gebe keine Hexen, oder sie könnten auf keine Weise den Menschen schaden, deshalb, gleichsam offen ertappt in solcher Verkehrtheit, gehören sie in diese Klasse. In demselben Sinne ist eben dieses Bernhardus Glosse in c. excommunicamus, 2. über das Wort deprehensi publice; auf dasselbe Gebiet läuft hinaus c. über quibusdam. extra de ver. sig. Der Leser sehe ebendort das Kapitel nach und er wird die Wahrheit finden.

Dagegen aber: Dies scheint zu hart, einmal wegen der daraufstehenden Strafe, die bestimmt wird c. ad abolendam. § inpraesenti. extradehaer., wonach ein Geistlicher degradiert und der Weltliche dem Belieben der weltlichen Macht übergeben werden soll, ihn mit der verdienten Strafe zu strafen; dann auch wegen der Unwissenheit und Menge derer, die schuldig in solchem Irrtume gefunden werden; und wegen solcher Menge ist die Strenge des Gerichtes zu mildern, dist. 40 ut constitueretur.

Antwort. Da es unsre Absicht vielmehr ist, von solchem Laster und solcher Ketzerei die Prediger nach Kräften zu entschuldigen als zu beschuldigen, wie gelehrt wird extra de praesum. c. literas § quocirca mandamus, quatenus, anderseits wir nicht wollen, dass ein solcher selbst auf einen noch so starken Verdacht hin wegen eines so schweren Verbrechens verurteilt werde, so kann gegen einen so stark Verdächtigen vorgegangen werden, aber er darf deshalb nicht verdammt werden, außer wenn, wie ebendort erklärt wird, starker Verdacht vorhanden ist. Da wir jedoch einen Verdacht nicht vernachlässigen können und zwar wegen ihrer frivolen Behauptungen gegen die Wahrheit des Glaubens, und weil er dreifach ist: leichter, schwerer, sehr starker Verdacht – hierüber c. accusatus, und c. cum contumaria, lib. 6. de haer. – und nach den Anmerkungen von Archidiaconus und Joan. Andreas üb. c. accusatus und das Wort vehemens; vom Verdachte c. literas; non violenta (sehr stark) redet Canon dist. 24 quorundam – darum ist zu forschen, welchem Verdachte ein solcher Prediger unterliegt. Und da die Lehrer, die solche Behauptungen aufstellen, wie man sieht, nicht gleichermaßen sich zu solchen Irrtümern stellen, insofern die einen es tun aus bloßer Unkenntnis des göttlichen Rechtes, und andere, auch genügend unterrichtet, noch schwanken und unschlüssig sind und vollständig nicht zustimmen wollen, und da Irrtum im Geiste noch keinen Ketzer macht, wenn nicht Verstocktheit des Willens dazu kommt, so ist auch zu sagen, dass sie nicht in gleicher Weise von dem Verdachte des Verbrechens der Ketzerei getroffen werden.

Freilich wenn sie meinen, sie könnten auf Grund ihrer Unwissenheit frei ausgehen, so mögen sie ein wenig bedenken, wie schwer die sündigen, die aus solcher Unkenntnis sich vergehen. Denn wie vielfältig auch die Unwissenheit sei, kann doch die Unwissenheit, mag sie auch noch so beschaffen sein, in den Seelsorgern nicht unbesiegbare Unwissenheit genannt werden, oder teilweise Unwissenheit, nach den Philosophen, die von Theologen und Juristen ignorantia facti genannt wird; sondern die Unwissenheit in ihnen gilt für eine allgemeine, die Unwissenheit betreffs des göttlichen Gesetzes, weil sie das betrifft, was jeder mit Recht von dem göttlichen Gesetze zu wissen gehalten ist: dist. 43. Papst Nicolaus: »Die Ausstreuung des himmlischen Samens ist uns gegeben: wehe, wenn wir ihn nicht streuen, wehe, wenn wir schweigen.« – Denn sie sind gehalten, Kenntnis zu haben von der Heiligen Schrift: dist. 36 per totum, und dazu von der Unterrichtung der Seelen der Untergebenen: ibid. c. 2 § ecce und § si vult; mag auch nach Raymundus; Hostiensis und Thomas nicht verlangt werden, dass sie gewaltige Kenntnisse haben; aber doch kompetente, d.h. genügende, ihre Pflicht zu erfüllen.

Doch ist zu einigem Troste für sie, wenn sie nur die früheren Schädigungen durch späteren Segen wieder gut machen, zu bemerken, dass diese Unwissenheit im Recht, mag sie bisweilen affektiert und stolz genannt werden, affektiert, d.h. freiwillig, zwiefach genannt wird, weil bisweilen mit Kenntnis der Absicht, bisweilen ohne Kenntnis der Absicht. Die erstere zwar entschuldigt nicht, sondern verdammt, vorüber der Psalmist: ›Er wollte nicht einsehen, auf dass er gut handelte‹; die zweite mindert das Freiwillige und so auch die Sünde, weil sie geschieht, wenn jemand gehalten ist, etwas zu wissen und nicht weiß, dass er gehalten ist, wie es auch mit Paulus war, Timoth. 1,1. ›Mir ist Barmherzigkeit widerfahren, weil ich es unwissentlich tat im Unglauben‹. Weil sie jedoch affektiert indirekt heißt, weil der Betreffende wegen anderer Beschäftigungen das zu lernen unterlässt, was zu wissen er gehalten ist und nicht arbeiten will, eifrig dies zu lernen, und nicht ganz entschuldigt, sondern nur zum Teil, und auch nach Ambrosius über jene Stelle Röm. 2 ›Weißt Du nicht, dass die Güte Gottes Dich zur Buße führt‹, der sagt, Du sündigst sehr schwer, wenn Du sehr schwer unwissend bist, d.h. sehr gefährlich: deshalb, und besonders jetzt in unseren Zeiten, wollen wir, den Seelen in der Gefahr zu Hilfe kommend, alle Unwissenheit verjagen und das härteste Gericht, das uns bevorsteht nach Ablegung der Rechenschaft und dem uns anvertrauten Pfunde, immer vor Augen haben, dass nicht auch in uns die Unwissenheit sich erweise als üppig und stolz (metaphorisch nennen wir Menschen üppig oder stolz [supinus = zurückgebeugt], die nicht einmal das sehen, was vor ihnen liegt). Es sagt nämlich Cancellarius in seinen Flores regularum moralium in der zweiten Regel, dass strafbare Unkenntnis des göttlichen Rechtes nicht den trifft, der tut, so viel an ihm liegt. Der Grund ist, weil der heilige Geist bereit ist, einen solchen Mann unmittelbar in dem zum Heile Notwendigen, soweit es seine Kraft übersteigt, zu unterrichten. –

Bezüglich des ersten Argumentes ist die Antwort klar auf Grund des gesunden Verständnisses des Kanons.

Bezüglich des zweiten sagt Petrus de Taranthasia: »Infolge seines großen Neides, mit dem er gegen den Menschen damit ankämpft, würde der Teufel schlechterdings alles vernichten, wenn Gott es zuließe.« Dass ihm aber Gott einiges erlaubt und einiges nicht erlaubt, das verursacht dem Teufel selbst größere Schmach und Mißfallen, weil Gott in allen Stücken ihn benützt zur Offenbarung seines Ruhmes gegen seinen Willen.

Bezüglich des dritten wird gesagt, dass der Änderung des Körpers in einen krankhaften Zustand oder einer andern Hexentat stets eine örtliche Bewegung vorausgeht, insofern der Dämon, durch die Hexe bewogen, bestimmte Aktive, die nämlich verletzen können, sammelt und sie anwendet bei bestimmten Passiven, um Schmerz hervorzubringen oder Schädigung oder eine Unfläterei. Und wenn gefragt wird, ob jene örtliche Bewegung der Dinge durch den Dämon zurückgeführt wird auf die Himmelsbewegung, so ist mit nein zu antworten, weil sie sich nicht bewegen aus natürlicher Kraft, sondern aus natürlichem Gehorsam, da sie der Macht des Dämonen unterworfen sind, der das, was er über die Körper vermag, aus der Macht seiner Natur hat. Vermag, sage ich, nicht dass er dem Stoffe irgend eine substanzielle oder accidenzielle Gestalt verleihen könnte, ohne Beihilfe einer andern natürlichen Sache. Aber weil er mit Zulassung Gottes die Dinge örtlich bewegen und durch Vereinigung von Dingen Schmerz oder eine Eigenschaft hervorbringen kann, deshalb unterliegt die Hexentat nicht der Bewegung des Himmels, so wenig wie der Dämon, mögen ihm auch jene Dinge und Werkzeuge unterliegen.

Zum Vierten ist zu sagen: das Werk Gottes kann durch das Werk des Teufels geschädigt werden, wie wir jetzt reden von der Hexentat. Aber weil dies nicht möglich ist, außer mit Gottes Zulassung, so folgt nicht, dass der

Teufel stärker ist als Gott; endlich auch, dass er sie nicht schädigt durch Gewalt, da er sie sonst auch zerstören könnte.

Fünftens: Es ist einfach bekannt, dass die Himmelskörper nicht die Macht haben, auf die Dämonen einzuwirken, da sie nichts vermögen über ihre Macht hinaus; sondern sie kommen, von Zauberern bei bestimmten Konstellationen angerufen. Das scheinen sie aus zwei Gründen zu tun: erstens weil sie wissen, dass die Macht der Konstellation mitwirke zu der Handlung, die die Magier zu vollbringen wünschen; zweitens tun sie es, um die Menschen zu verleiten, in den Sternen etwas Göttliches zu verehren; aus welcher Verehrung auch vor Zeiten der Götzendienst hervorging.

Endlich sechstens bezüglich der Tragweite des Argumentes über das Gold der Alchemisten ist zu sagen nach S. Thomas 2, 7, in der Lösung eines Argumentes, wo er spricht von der Kraft der Dämonen beim Handeln: möchten auch gewisse substanzielle Formen künstlich geschaffen werden können durch die Kraft des natürlichen agens, wie manchmal die Form des Feuers künstlich ins Holz gebracht wird, so kann dies doch nicht allgemein geschehen, darum, weil die Kunst nicht immer die geeigeneten Aktiven mit den geeigeneten Passiven vereinigen kann; sie kann jedoch etwas Ähnliches machen. Und so machen die Alchemisten etwas dem Golde Ähnliches, was die äußeren Eigenschaften des Goldes besitzt, aber sie machen kein wahres Gold: weil die substanzielle Form des Goldes nicht kommt durch die Hitze des Feuers, dessen die Alchemisten sich bedienen, sondern durch die Hitze der Sonne am bestimmten Orte, wo die Mineralkraft wirkt; und deshalb hat solches Gold nicht die Wirkung, die dem Wesen entspricht. Ähnlich ist es auch mit anderen ihrer Handlungen.

Zur Sache. Die Dämonen handeln durch Künste bei den Hexenwerken und können deshalb ohne Hilfe eines anderen agens keine substanzielle oder accidenzielle Gestalt schaffen, und weil wir nicht sagen, dass die Hexenwerke nicht geschehen können ohne Hilfe eines anderen agens, deshalb können sie auch mit solcher Hilfe wahre Eigenschaften der Krankheit oder eines anderen Leidens bewirken. Aber wie diese Beihilfe oder Dienste der Werkzeuge zur Vollbringung einer Hexentat mit den Dämonen mitzuwirken haben oder nicht, wird durch das Folgende klar werden.

Zweite Frage

Ob der Dämon mit dem Hexer mitwirke

Ob es gut katholisch sei, zu behaupten, dass zu einer Hexentat immer der Dämon mit dem Hexer mitzuwirken habe, oder ob der eine ohne den andern, wie z.B. der Dämon ohne den Hexer, oder umgekehrt, eine solche Tat vollbringen könne?

1. Und zuerst wird nachgewiesen, der Dämon ohne Hexer: Augustinus lib. 83 q.: alles, was sichtbar geschieht, kann auch durch untere Mächte der Luft geschehen, wie man glaubt. Aber alle Schädigungen des Körpers sind nicht unsichtbar, sondern vielmehr fühlbar; daher können sie auch von Dämonen bewirkt werden.
2. Außerdem verursachte die Schädigungen, welche Job nach der Bibel trafen, als Feuer vom Himmel fiel und die Sklavenschar samt den Schafherden mit einem Schlage hinraffte, und ein Windstoß, der das Haus umstürzte, die Kinder tötete, ein Dämon allein, ohne Zutun einer Hexe, bloß mit Zulassung Gottes. Also analog auch in anderen (Taten), die man den Hexen zuschreibt. Klar ist es auch betreffs der sieben Männer der Jungfrau Sara, die der Dämon tötete.
3. Ferner, alles was eine höhere Kraft vermag, das vermag sie ohne Beihilfe einer höheren Kraft, und eine höhere ohne Beihilfe einer niederen. Aber eine niedere Kraft kann Hagel erregen und Krankheiten bringen ohne Unterstützung durch eine stärkere Kraft. Denn es sagt Albertus de propriet. rer., dass verfaulter Salbei, wenn man ihn auf die Arten, wie er es dort lehrt, in eine Quelle legt, wunderbare Stürme in der Luft hervorruft.
4. Ferner, wenn es heißt, dass der Dämon sich der Hexerei nicht aus Bedürfnis, sondern wegen des Verderbens derjenigen, die er sucht, bediene, so widerspricht dem Aristoteles Ethik 3: Böse Taten sind freiwillig, was er dadurch beweist, dass keiner mit Willen Unrecht tut, ohne zu wollen, dass es Unrecht sei; und keiner Unzucht treibt, ohne zu wollen, dass es unenthaltsam sei; und deshalb strafen auch die Gesetzgeber die Bösen, da sie gleichsam freiwillig Böses tun. Wenn aber

ein Dämon mit Hilfe einer Hexe etwas vollbringt, so handelt er wie mit einem Werkzeuge; und da das Werkzeug abhängt vom Willen des handelnden Meisters und nicht nach eigenem Willen handelt, wenn es mitwirkt, so wird man ihm auch die Tat nicht anrechnen und sie folglich auch nicht bestrafen können.

Aber dagegen: Der Dämon kann nichts hienieden ausrichten ohne die Hexen. Zuerst im allgemeinen. Jede Handlung geschieht durch Berührung. Und da der Dämon die Körper durchaus nicht berührt, da er nichts mit ihnen gemein hat, deshalb gebraucht er ein Werkzeug, indem er ihm durch Berührung die schädigende Kraft einflößt. Dass danach Hexereien auch ohne die Hilfe von Dämonen geschehen können, dies wird bewiesen durch den Text und die Glosse zu Galat. 3: »O, ihr unverständigen Galater, wer hat euch bezaubert, dass ihr der Wahrheit nicht gehorchet?« Glosse: Manche haben brennende Augen, die durch den bloßen Blick andere und zwar besonders Kinder bezaubern. Hierher gehört auch Avicenna, Natur. VI, 3. c. ult., der also spricht: »Oftmals wirkt eine Seele am fremden Leibe wie am eigenen, wie es geschieht bei dem Werke eines Zauberauges und der Absicht des Handelnden.« Ebendiese Ansicht stellte auf Agazel, 5. Phys. c. 9.

Es meint auch Avicenna, (mag man sich an jenes nicht halten), dass die Vorstellungskraft auch ohne Sehen fremde Körper verwandeln könne, wo er den Begriff Vorstellungskraft allzuweit ausdehnt; und wir fassen hier die Vorstellungskraft nicht in dem Sinne, insofern sie gegenüber anderen sinnlichen, inneren Kräften, wie Verstand, Einbildung, Meinung, unterschieden wird, sondern insofern sie alle diese inneren Kräfte umfasst. Aber es ist wohl wahr, dass eine solche Vorstellungskraft einen verbundenen Körper verändern kann, wie z.B. in dem Falle, wo ein Mensch über einen Balken gehen kann, der mitten auf dem Wege liegt; wenn er aber über ein tiefes Gewässer gelegt wäre, würde er nicht wagen, darüber zu gehen, weil sich seiner Seele die Vorstellung des Fallens sehr lebhaft einprägt, welcher sein Leib und seine Gliederkraft gehorchen; aber nicht gehorchen sie ihm, stracks hinüberzugehen. Hierbei also stimmt diese Verwandlung mit dem Auge des Zaubernden, insofern zunächst der eigene Körper verwandelt wird, nicht ein fremder, worüber bald die Rede sein wird.

Wenn weiter gesagt wird, dass eine solche Verwandlung verursacht werde von einem lebenden Körper, indem die Seele auf den andern Körper vermittelnd wirkt, so widerspricht dem, dass in Gegenwart des Mörders das

Blut aus den Wunden des Gemordeten fließt: die Körper können also auch ohne die Kraft der Seele Wundertaten vollbringen. Ebenso wird ein lebender Mensch, während er an der Leiche eines getöteten Menschen vorübergeht, auch wenn er ihn nicht bemerkt, doch von Schrecken ergriffen.

Auch haben natürliche Vorgänge gewisse verborgene Kräfte, deren Wesen von einem Menschen nicht gekennzeichnet werden kann, wie auch der Magnet[6] Eisen anzieht, und was sonst noch erwähnt ist bei Augustinus deciv. dei 20.

Item können sich die Weiber, um an den Körpern anderer Verwandlungen hervorzubringen, bestimmter Mittel bedienen, ohne Hilfe der Dämonen, was auch über unseren Verstand geht. Und weil es so ist, deshalb dürfen wir es nicht den Dämonen zuschieben, die gleichsam aus den Weibern heraussprächen.

Außerdem bedienen sich die Hexen bestimmter Bilder und Werkzeuge, die sie bisweilen unter die Schwelle der Haustüre legen, oder an bestimmte Orte, wo Tiere hinkommen oder auch Menschen, die dann behext werden, ja manchmal sterben. Dass aber derartige Wirkungen durch solche Bilder hervorgebracht werden können, insofern sie gewisse Einflüsse haben, die sie von Himmelskörpern erhielten, wird so bewiesen. Wie nämlich die natürlichen Körper den himmlischen unterworfen sind, so auch die künstlichen. Nun können natürliche Körper gewisse verborgene Eigenschaften empfangen, also etc. auch die künstlichen. Woraus ersichtlich, dass ihre Werke durch Dämonen ausgeführt werden können.

Ferner, wenn wahre Wunder geschehen können durch die Natureigenschaft dessen, der handelt, so auch wunderbare und erschreckliche und erstaunliche Werke durch die Kraft der Natur. Beweis: Gregorius dial. 2 sagt: »Die Heiligen tun Wunder teils durch Gebet, teils aus Macht.« Für beides wird ein Beispiel gegeben: Petrus erweckte durch sein Gebet die tote Thabita; den Ananias und die Saphira, welche logen, überlieferte er dem Tode durch Verfluchen, ohne Gebet. Also wird auch der Mensch durch die Macht seiner Seele die körperliche Materie in eine andere verwandeln oder aus dem Zustande der Gesundheit in den der Krankheit umgestalten können und umgekehrt.

6 Alle mir zu Gebot stehenden Ausgaben haben hier adamas, was freilich nicht Magnet bedeutet, aber ich habe nie gehört oder gelesen, dass der Diamant magnetische Kraft ausübe, wenigstens nicht auf Eisen

Ferner ist der menschliche Leib edler als die anderen, tiefer stehenden Körper; aber durch die Aufnahme von Eindrücken seitens der menschlichen Seele wandelt sich der menschliche Leib, sodass er kalt und heiß wird, wie es sich bei Zornigen und Furchtsamen zeigt; ja, diese Wandelung führt zu Krankheiten und zum Tode; daher kann die Seele um so viel mehr durch ihre Kraft die Körpermaterie wandeln.

Aber dagegen: Die Substanz des Geistes kann nicht irgend welche Gestalt verleihen, außer durch die Beihilfe eines anderen Agens, wie oben festgestellt ist; daher auch Augustinus a.a.O.: »Man darf nicht glauben, dass dieser Stoff der sichtbaren Dinge den gefallenen Engeln auf den Wink gehorsam sei; sondern Gott allein.« Um so viel weniger kann daher der Mensch aus seiner natürlichen Kraft heraus Hexenwerke vollbringen.

Antwort. Weil es nicht an Leuten fehlt, welche hierin irren, indem sie die Hexen entschuldigen und entweder nur die Dämonen anklagen, oder ihre Taten gewissen natürlichen Verwandlungen zuschreiben, so wird ihre Verkehrtheit zuerst erwiesen durch eine Beschreibung der Hexen. Hierüber vergleiche Isidorus. Etym. VIII, 9: Hexen heißen sie wegen der Größe ihrer Verbrechen; nämlich schlecht vor allen andern Übeltätern ist ihre Wirksamkeit; er fügt hinzu: Sie verwirren die Elemente mit Hilfe der Dämonen, um Hagelschlag und Sturm zu erregen. Ebenso, sagt er, verstören sie den Geist der Menschen, d.h., (bringen ihn) zum Wahnsinn, Hass oder ungewöhnlicher Liebe. Item fügt er hinzu: Und ohne einen Tropfen Gift, bloß durch die Stärke ihres Zauberspruches vernichten sie die Seelen. Eben darauf bezieht sich 26. 5. c. nec mirum, und die Worte des Augustinus de civ. dei, wo gelehrt wird, wen man Zauberer (magus) und Hexenmeister (maleficus) nennt: Zauberer sind die, welche gewöhnlich Hexenmeister heißen und wegen der Größe ihrer Taten so benannt werden. Sie sind es, die mit Zulassung Gottes die Elemente verwirren; sie verstören den Geist der Menschen, die weniger auf Gott vertrauen; und ohne einen Tropfen Gift, nur durch die Stärke ihres Zauberspruches vernichten sie die Menschen; daher sagt auch Lucanus:

> Nur durch Zaubergesang, nicht vom ätzenden Gifte bewältigt
> Sinkt die Seele dahin.

Denn nach Herbeiholung der Dämonen wagen sie zu handeln, bis sie durch ihre Künste ihre Feinde vernichten. Daraus ist ersichtlich, dass bei derartigen Werken die Dämonen immer mit den Hexen mitzuwirken haben.

Zweitens: wir können vierfache Strafhandlungen annehmen: dienliche, schädliche, zauberische, natürliche. Dienliche heißen solche, die durch den Dienst guter Engel, schädliche, die durch den Dienst böser Engel geschehen. Moses traf Ägypten mit den zehn Plagen durch den Dienst guter Engel, wo die Zauberer nur in neun, unterstützt durch böse Geister, konkurrierten; die dreitägige Pest wegen Davids Sünde, um der Zählung des Volkes willen, und wegen der Zweiundsiebzigtausend, welche nachts durch das Heer des Sanherib fielen, dies alles geschah durch Engel des Herrn und zwar durch gute, die den Herrn verehren und ihn kennen. Schädliche Schickungen, die in der Schrift die Schickungen durch böse Engel genannt werden, sind die, durch welche das Volk in der Wüste getroffen wurde. Zauberische heißen die, welche ein Dämon durch Hexen und Zauberer vollbringt; so wie natürliche, die aus den Einflüssen der Himmelskörper und zwar den geringeren unter ihnen hervorgehen in Gestalt von Sterblichkeit, Unfruchtbarkeit der Äcker, Hagelschlag und Ähnlichem. Und unter diesen Erscheinungen herrscht große Verschiedenheit: wenn also Job durch einen Dämon von einem schädlichen Schlage getroffen ward und nicht von einem zauberischen, so gehört das nicht hierher. Wenn aber jemand kurios halsstarrig bliebe, wie denn überhaupt dieser Stoff kuriose Beanstandungen erfährt von den Verteidigern der Hexen, die immer an der Schale der Worte hängen, Lufthiebe tun und niemals zum Kern der Wahrheit gelangen und fragen, warum nicht Job durch einen Dämon, wie von einem schädlichen, so von einem zauberischen Schlage getroffen worden sei; diesem kann man ebenso kurios antworten, dass Job vom Teufel allein getroffen ward, ohne Vermittlung eines Hexenmeisters oder einer Hexe; denn diese Art des Aberglaubens war damals noch nicht bekannt; doch wollte die göttliche Vorsehung, dass die Macht des Dämonen, um sich gegen seine Nachstellungen schützen zu können, zum Ruhme Gottes der Welt bekannt würde, indem er nichts tun kann ohne Zulassung Gottes. Von der Zeit, wo die erste Art des Aberglaubens bekannt ward, wobei ich unter »erster Art« die Anrufung der Dämonen, nicht den eigentlichen Götzendienst verstehe, sagt Vincentius, spec. hist. mit Anführung mehrerer Gelehrten, dass der erste Erfinder der Magie und Astrologie Zoroaster war, der ein Sohn des Cham gewesen sein soll, des Sohnes des Noah. Dieser war nach Augustinus de civ. dei der einzige, der bei der Geburt lachte, was doch nur mit Hilfe des Teufels geschehen konnte. Als dieser König war, wurde er besiegt von Ninus, dem Sohne des Bel, der Ninive erbaute, oder vielmehr, unter dem das assyrische Reich begann, zur Zeit Abrahams.

Dieser Ninus ließ auch aus ungewöhnlicher Liebe zum Vater demselben nach dem Tode eine Bildsäule errichten, und welcher Missetäter dorthin floh, war frei von jeder Strafe, die er verwirkt hatte. Seitdem begannen die Menschen Bilder wie Götter anzubeten, aber dies erst nach dem ersten Zeitalter, weil es zu jener Zeit noch keinen Götzendienst gab, wegen des noch frischen Andenkens an die Schöpfung der Welt, wie S. Thomas sagt, II, 95, 4. Oder auch es war Nimrod der Begründer, welcher die Menschen zwang, das Feuer anzubeten; und so begann im zweiten Zeitalter der Götzendienst, als die erste Art des Aberglaubens; die Weissagung ist die zweite, die dritte ist die Beobachtung. Die Gebräuche aber der Hexen gehen zurück auf die zweite Art des Aberglaubens, nämlich auf die Weissagung, welche geschieht durch ausdrückliche Anrufung der Dämonen; und es gibt drei Arten: nämlich Nigromanten, Planetarier oder vielmehr Astrologen (Mathematici) und die Weissagung durch Träume.

Dies habe ich deshalb hierher gestellt, damit der Leser zuvor einsehen möchte, dass jene schädlichen Künste nicht plötzlich, sondern im Laufe der Zeit bekannt geworden seien, und dass es nicht unsinnig sei zu behaupten, zu Jobs Zeiten habe es keine Hexen gegeben. Wie nämlich mit der Zahl der Jahre, wie es bei Gregorius, Moral, heißt, die Kunde von den Heiligen wuchs, so auch die schädlichen Künste der bösen Geister. Wie die Erde damals erfüllt war von der Kenntnis Gottes, Jesaias 11, so ist die Welt jetzt, wo sie sich zum Untergange neigt, überflutet von jeglicher Bosheit der Dämonen, da die Schlechtigkeit der Menschen zunimmt und die Liebe erlischt.

Aber da Zoroaster selbst eifrigst auf solche Taten aus war, und zwar nur vermittelst der Beobachtung der Sterne, wurde er vom Teufel verbrannt. Soweit dieses a.a.O.

Über die Zeit aber, wo nach den schriftlichen Aufzeichnungen Hexen mit Dämonen behufs Vollbringung von Hexenkünsten zusammengekommen seien, ist schon gesprochen; man findet es Exod. 7, über die Zauberer Pharaos, welche bei den Plagen, die über Ägypten kamen, unter dem Beistande von Dämonen, wie Moses durch die Hilfe guter Engel, viele Zeichen taten.

Daraus wird die gut katholische Wahrheit geschlossen, dass nämlich zur Vollbringung von Hexenwerken, wenn auch nicht von bloß schädlichen Taten, ein Hexer immer mit einem Dämon zu tun haben muss.

Daraus ergibt sich die Antwort auf die Argumente. Denn mit Bezug auf das erste wird nicht geleugnet, dass die schädlichen Taten, welche sichtbarlich an Menschen, Tieren und Feldfrüchten geschehen und auch statt haben infolge von Konstellationen, auch durch Dämonen, mit Zulassung Gottes, beigebracht werden können. Denn Augustinus de civ. dei 3 sagt: »Den Dämonen sind Feuer und Luft Untertan, so weit es ihnen Gott gestattet.« Es erhellt auch aus der Glosse über jenes Wort von den Schickungen durch böse Engel: »Gott straft durch böse Engel.«

Daraus ergibt sich auch die Antwort auf das zweite Argument, Job betreffend, ebenso aus dem, was früher festgestellt ist über den Anfang der Magie.

Bezüglich des dritten Punktes, verfaulten Salbei in den Brunnen werfen usw., wird erwidert, dass wohl eine schädliche Wirkung eintreten könne ohne Hilfe eines Dämonen, aber nicht ohne Einwirkung eines Himmelskörpers. Wir sprechen aber von der Hexentat: daher passt es nicht hierher.

Betreffs des vierten Punktes wird gesagt, dass es wahr sei, dass die Dämonen sich der Hexen nur bedienen zu deren Verderben; und wenn eingewendet wird, dass sie nicht zu strafen seien, da es ja nur Werkzeuge seien, die sich nicht nach eigenem Willen, sondern nach dem des handelnden Herrn bewegen, so ist darauf zu erwidern, dass es beseelte, aus freiem Entschlüsse handelnde Werkzeuge sind, mögen sie auch nach dem ausdrücklich mit den Dämonen abgeschlossenen Pakte nicht mehr Macht über sich haben, weil, wie wir aus ihren Geständnissen wissen, und zwar spreche ich von den verbrannten Weibern, sie zu den meisten Hexentaten gezwungen mitwirken, wenn sie Prügel von den Dämonen vermeiden wollen, sie doch durch die erste Versprechung, durch die sie sich den Dämonen anheimgeben, gebunden bleiben.

Über die andern Argumente, mit denen bewiesen wird, dass Hexenwerke ohne Hilfe von Dämonen durch alte Weiber getan werden könnten, ist zu sagen, dass von einem Teile auf das Ganze zu schließen, der Vernunft widerspricht; und da es scheint, dass in der ganzen Heiligen Schrift nichts derartiges gefunden wird außer hier, wo es sich handelt um Zauberei oder bösen Blick alter Weiber, so ist man nicht imstande, hieraus zu schließen, dass es immer so sein müsse. Überdies ist die Sache wegen der Glosse unsicher: Ob ohne Hilfe der Dämonen eine solche Zauberei geschehen könne, weil dort aus Glossen ersichtlich wird, dass Zauberei dreifach genommen wird: erstens heißt man so die Sinnestäuschung, welche durch zauberische Künste hervorgerufen wird und also auch möglich ist mit Hilfe der Dämonen, wenn sie nicht durch den unmittelbar vermittelnden Gott oder durch die Hilfe der guten Engel gehindert werden. Zweitens kann man so nennen den Neid, wie dort der Apostel sagt: ›Wer hat euch so bezaubert‹, d.h. so mit Hass verfolgt? Drittens findet aus solchem Hass eine Umwandlung zum Schlechten in dem Körper des Betreffenden statt, durch die Augen dessen, der ihn ansieht; und über diese eben genannte Zauberei sprechen die Gelehrten übereinstimmend, wie auch Avicenna und Algazel, wie in den Argumenten hergeleitet wird, gesprochen haben. Auch S. Thomas 1, 97 erläutert diese Zauberei auf folgende Weise: Vielleicht durch die starke Vorstellung der Seele, sagt er, werden die Geister des verbundenen Körpers verändert. Diese Veränderung der Geister geschieht besonders an den Augen, in welche feinere Geister kommen. Die Augen nun infizieren die Luft fort bis zu einem bestimmten Räume. Auf diese Weise bekommen Spiegel, wenn sie neu und rein sind, eine gewisse Trübung durch die Spiegelung eines Weibes, welches die Regel hat, wie Aristoteles de somn. et vigil. sagt. Wenn also eine Seele heftig zur Schlechtigkeit bewegt worden ist, wie es besonders alten Weibern passiert, so geschieht es wie vorhin angegeben. Ihr Blick ist giftig und schädlich, und zwar am meisten für Kinder, die einen zarten Leib haben und leicht empfänglich sind für Eindrücke. Doch, fügt er hinzu, ist es möglich, dass infolge göttlicher Zulassung oder aus irgend einem andern, verborgenen Grunde die Bosheit der Dämonen hierbei mitwirkt, mit denen die Hexenweiber einen Pakt geschlossen haben.

Aber zum weiteren Verständnis der Lösungen werden einige Zweifel behoben, durch deren Beseitigung die Wahrheit noch mehr erhellen wird. Es scheint nämlich erstens das oben Gesagte zu widersprechen, dass geistige Substanzen Körper nicht in irgend eine natürliche Form umwandeln können, außer durch Beihilfe eines anderen Agens; also wird das viel weniger die, wenn auch noch so starke Vorstellung der Seele bewirken können. Außerdem gibt es einen Artikel, der an den meisten Universitäten, besonders aber in Paris, verdammt ist, welcher lautet, dass ein Beschwörer ein Kamel durch den bloßen Blick in die Grube wirft, deshalb, weil, wie höhere Einsichten niedere beeinflussen, so auch eine intellektuelle Seele eine andere und zwar eine sensitive beeinflusst. Ebenso ist noch ein Artikel verdammt, welcher sagt, dass die Außenwelt der geistigen Substanz gehorcht, wenn man es einfach versteht und bezüglich jeder Art der Verwandlung; weil es so allein Gott zusteht, wie früher gezeigt ist.

Nach Erfassung dieser Punkte wird erläutert, in welcher Weise die Zauberei, von der wir reden, möglich sei und wie nicht. Es ist nämlich dem Menschen nicht möglich, durch die natürliche Kraft seiner Seele durch die

Augen hindurch eine solche Kraft ausgehen zu lassen, die ohne Vermittlung einer Veränderung des eigenen noch des zwischenliegenden Körpers dem Leibe des Menschen, den er anblickt, Schaden zufügen könnte; besonders da wir nach der allgemeinen Annahme sehen, dass (die Augen) in sich aufnehmen, aber nichts ausgehen lassen. Auch ist es nicht möglich für einen Menschen, dass er durch die natürliche Kraft seiner Seele nach seinem Willen eine Verwandlung vollbringe durch Vorstellung in seinen Augen, die durch Vermittelung der Veränderung des Mittelkörpers, der Luft, den Körper des Menschen, den er anblickt, in irgend eine Gestalt verwandeln könne, je nachdem es ihm beliebte; und weil nach diesen beiden vorgenannten Arten kein Mensch den andern bezaubern kann, da keinem Menschen infolge der natürlichen Kraft der Seele eine solche Kraft innewohnen kann, deshalb ist der Versuch, zu beweisen, dass Hexenwerke hervorgebracht werden könnten aus einer natürlichen Kraft, um die Werke der Hexen zu entkräften, welche durch die Macht der Dämonen geschehen, ganz und gar der Wahrheit zuwider. So wird ja auch auf diese beiden Weisen die Zauberei und die Hexerei zurückgewiesen, wie auch die beiden genannten Artikel.

Wie sie aber doch möglich sei, soll hier noch deutlicher ausgeführt werden, wiewohl es schon weiter oben festgesetzt ist. Es kann nämlich geschehen, dass ein Mann oder eine Frau, wenn sie den Leib eines Knaben ansehen, ihn durch Vermittlung des bloßen Anblickes und der Einbildung oder irgend einer sinnlichen Leidenschaft erregen; und weil eine solche mit körperlicher Veränderung verknüpft ist, und die Augen sehr zart sind, weshalb sie Eindrücke sehr leicht aufnehmen, deshalb trifft es sich manchmal, dass durch irgend eine innere Erregung die Augen in eine schlechte Beschaffenheit verändert werden, wobei am meisten mitwirkt eine gewisse Einbildung, deren Eindruck schnell in den Augen sich ausdrückt wegen ihrer Zartheit und wegen der Nachbarschaft des Sitzes der Einzelsinne mit dem Organe der Einbildung; wenn aber die Augen in irgend eine schädigende Beschaffenheit verwandelt sind, dann kann es sich ereigenen, dass sie die ihnen benachbarte Luft in eine schlechte Beschaffenheit verwandeln, und dieser Teil andere, und so fort bis zu der Luft, die den Augen des Knaben, den man ansieht, am nächsten ist; und diese Luft wird bisweilen die Augen des Knaben in den disponierten Stoff, zu dem sie passt, mehr als in den nicht disponierten, in eine andere, schlechte Beschaffenheit verwandeln können, und durch Vermittlung der Augen andere, innere Teile des Knaben selbst. Daher wird er unfähig sein, Speise zu verdauen, an den Gliedern zu erstarken und zu wachsen. Dies lässt sich durch die Erfahrung handgreiflich zeigen, weil wir sehen, dass ein an den Augen leidender Mensch bisweilen durch seinen Blick die Augen dessen schädigen kann, der ihn ansieht, was daher kommt, dass die mit der bösen Eigenschaft behafteten Augen die Mitteluft infizieren und die infizierte Luft die Augen infiziert, welche auf die kranken gerichtet sind, sodass in gerader Linie jene Infizierung übertragen wird, gerade in die Augen derer, die (auf die kranken) schauen; wobei die Einbildung des Betreffenden viel tut, welcher meint, er werde durch den Anblick der kranken Augen geschädigt.

Es könnten noch mehr handgreifliche Beispiele angeführt werden, doch lassen wir sie um der Kürze willen weg.

Hiermit stimmt überein eine Glosse über jenes Wort des Psalmisten: »Welche dich fürchten, werden mich sehen«, welche sagt: Große Kraft liegt in den Augen, was sich in der Natur zeigt: ein Tier nämlich, welches gesehen wird, nützt den Gelbsüchtigen; ein Wolf, der zuerst sieht, lässt seine Stimme nicht erschallen. Oder: der Basilisk tötet, wenn er zuerst sieht; er stirbt, wenn er zuerst gesehen wird. Der Grund, weshalb der Basilisk durch seinen Blick den Menschen tötet, ist allein, weil infolge des Anblickes und der Vorstellung in seinem Körper Giftstoff erregt wird, durch welchen zuerst die Augen infiziert werden, dann die umgebende Luft und so ein Teil derselben nach dem andern, bis zu der den Menschen umgebenden Luft; und wenn nun der Mensch diese durch Einatmen in sich aufnimmt, wird er behext und stirbt. Wird aber der Basilisk zuerst vom Menschen gesehen, und der Mensch will ihn töten, so behängt er sich mit Spiegeln; und während der Basilisk hineinblickt, wird die Luft durch die Spiegelung von ihnen aus infiziert und so fort bis sie zum Basilisken kommt, der nun so getötet wird. Aber es ist zweifelhaft, warum der Mensch, der Töter des Tieres, nicht selbst stirbt; hier muss man eine geheime Ursache annehmen.

Dies ist ohne Vorurteil und ohne tollkühne Rechthaberei gesprochen; einzig an die Worte der Heiligen uns haltend, können wir die echt katholische Wahrheit erschließen, dass, was Hexenwerke betrifft, worüber wir gegenwärtig reden, die Hexen immer mit Dämonen zu tun haben und der eine ohne den andern nichts ausrichten kann.

Zu den Argumenten: Betreffs des ersten ist die Antwort über die Zauberei klar.

Über das zweite wird gesagt nach Vincentius, spec. nat. 13, dass die Wunde, infiziert vom Geiste des Mörders durch starke Vorstellung die infizierte Luft anzieht; geht der Mörder vorbei, so fließt das Blut heraus, weil bei der Anwesenheit des Mörders die in der Wunde eingeschlossene Luft, wie sie vom Mörder aus eindrang, bei seiner Gegenwart bewegt wird, durch welche Bewegung das Blut ausfließt. Einige führen noch andere Gründe an, wonach dieses Blutfließen sein (des Ermordeten) Schrei aus der Erde sei über den anwesenden Mörder, und zwar wegen der Verfluchung des ersten Mörders, des Kain.

Zu jener Bemerkung betreffs des Schauders ist zu sagen, dass ein Mensch, der an der Leiche eines getöteten Menschen vorübergeht, von Schauder geschüttelt wird, wenn er jenen auch nicht bemerkt. Das geschieht durch den Geist, der einen wenn auch noch so kleinen Eindruck empfängt und ihn der Seele mitteilt. Aber dies lässt nichts gegen die Werke der Hexen schließen, da alles dies, wie gesagt, auf natürliche Weise geschehen kann.

D r i t t e n s , wie oben gesagt, werden die Gebräuche der Hexen zurückgeführt auf die zweite Art des Aberglaubens, die man Weissagung nennt; aber gewisser Dinge sich abergläubisch bedienen bei bestimmten Beobachtungen, wird auf die dritte Art zurückgeführt, deshalb gehört das Argument nicht hierher; endlich auch, weil sie zurückgeführt werden nicht auf jede beliebige Art von Weissagung, sondern auf die, welche durch ausdrückliche Anrufung der Dämonen geschieht; und da dies auch auf viele Arten geschehen kann, durch Nigromantie, Geomantie, Hydromantie etc., worüber zu vergleichen 2, 2, 95, 5, deshalb hat auch diese Weissagung der Hexer, wenn sie auf Hexenwerk sinnen, wie sie eine sehr hohe Natur unter den Verbrechen einnimmt, so auch ein anderes Gericht zu gewärtigen. Wenn daher in der Weise argumentiert wird, dass, weil wir die verborgenen Kräfte der Dinge nicht erkennen können und auch die Hexer auf Geheimes ausgehen, gesagt wird, wenn sie nach Natürlichem strebten, um aus natürlicher Kraft natürliche Wirkungen hervorgehen zu lassen, dann wäre ihnen das, wie sich von selbst versteht, erlaubt; oder auch zugegeben, dass, wenn sie abergläubisch Natürliches erstrebten, nämlich derartige Dinge, auf die sie bestimmte Charaktere und irgendwelche unbekannten Worte aufschreiben, sie sie gebrauchten, um Gesundheit, Freundschaft oder einen andern Nutzen sich zu verschaffen, aber nicht um irgend einen Schaden zuzufügen, dann könnte solches, wenn ohne ausdrückliche, so doch nicht ohne schweigende Anrufung der Dämonen geschehen und wird für unerlaubt gehalten.

Weil jedoch dies und ähnliches auf die dritte Art des Aberglaubens, nämlich auf die Beobachtung der eitlen Dinge zurückgeführt wird, wie gesagt ist, deshalb trägt dies nichts bei zur Frage über die Ketzerei der Hexen. Auch die Lösung, dass dieser dritten Art vier Unterarten zugeschrieben werden, weil der Betreffende sich der Beobachtung bedient, um ein Wissen zu ergründen oder Vermutungen zu gewinnen über Glück oder Unglück oder zur Umgehung der heiligen Worte oder zur Verwandlung von Körpern in einen besseren Zustand, daher auch S. Thomas in jenem Titel der Frage, ob die zur Veränderung der Körper verordneten Beobachtungen erlaubt seien, 9, 96, a r. 2 der erwähnten Summa, bemerkenswerterweise hinzugefügt, »nämlich zur Gesundheit«; also die Beobachtungen der Hexer, wenn sie hier Platz haben, gehören doch, wie gesagt, unter die zweite Art des Aberglaubens, gehören also nicht hierher.

Danach wird auch auf das v i e r t e Argument geantwortet, dass bei solcher Beobachtung zwiefache Bilder, nigromantische und astronomische, vorkommen können, und unter ihnen ist der Unterschied der: bei den nigromantischen finden immer ausdrückliche Anrufungen der Dämonen statt, wegen der ausdrücklich mit ihnen eingegangenen Pakte, (man sehe die Lösung des zweiten Argumentes der genannten Frage); dagegen bei den astronomischen sind nur stille Pakte und darum keine Anrufung außer vielleicht einer stillen, nämlich wegen der Figuren und der Zeichen der Charaktere, die auf sie geschrieben werden. Und wiederum die nigromantischen Bilder werden entweder gemacht unter bestimmten Konstellationen, um bestimmte Einflüsse und Eindrücke der Himmelskörper aufzunehmen, auch mit bestimmten Figuren und Charakteren versehen, wie an einem Ringe, Steine oder einem andern kostbaren Stoffe; oder sie werden einfach gemacht ohne Beobachtung der Konstellationen, aber ohne Unterschied aus jedem, auch gewöhnlichem Stoffe, um Hexerei zu verüben, wo und wann sie auf bestimmte Stellen gelegt werden; und von solchen Wirkungen samt ihren Bildnissen ist jetzt die Rede und nicht von andern: darum gehört das Argument nicht zur Sache.

Wieso endlich bestimmte Zauberbilder, von denen geredet ist, keine Wirksamkeit haben, insofern sie nur künstlich sind, mögen auch die an ihnen betrachteten Stoffe eine Wirkung haben können, und nicht insofern sie eine natürliche Kraft hätten durch den Eindruck der Himmelskörper, darüber möge, wem's gefällt, den D o k t o r nachsehen. Er sagt jedoch, es sei immer unerlaubt, sich der Bilder zu bedienen. Die Bilder aber der Hexen werden angewendet ohne natürliches Geeigenetsein zur Wirkung; sie legen sie aber nur und verwenden sie auf Befehl der Dämonen, dass sie zur Wirkung mit Hand anlegen, zur größeren Schmach für den Schöpfer, dass das

Böse geschehe zur Rache solcher Schandtaten: Daher sorgen sie, dass derlei auch an den heiligen Tagen des Jahres geschehe.

Zum Fünften ist zu sagen, dass Gregorius dort die Macht der Gnade, nicht der Natur verstand, daher er auch anfügt: Welche Söhne in Gottes Macht sind, wie Johannes sagt, was Wunder, wenn sie Zeichen tun durch seine Macht?

Zum letzten (Argumente) ist zu sagen, dass die Ähnlichkeit nichts gilt, weil die Handlung der Seele am eigenen Körper eine andere ist als am fremden. Denn weil dem eigenen Leibe die Seele vereint wird wie eine Gestalt und der sensitive Trieb der Akt eines körperlichen Organs ist, deshalb kann auf einen Eindruck der menschlichen Seele hin der sensitive Trieb (gleichzeitig) unter einer körperlichen Umwandlung zu Kälte und Hitze, ja auch bis zum Tode erregt werden. Aber zur Verwandlung der äußeren Körper genügt nicht der Eindruck der menschlichen Seele, außer mit Vermittlung der Verwandlung des eigenen Körpers, wie von der Zauberei gesagt ist. Darum auch bewirken die Hexen aus keiner natürlichen Kraft, sondern nur mit Hilfe der Dämonen, und die Dämonen selbst ihre Hexenwerke durch Beihilfe irgend eines anderen Dinges wie Dornen, Knochen, Haare, Holz, Eisen und derartiges, indem sie es senden oder irgend ein Werkzeug niederlegen, wie der Reihe nach klar werden wird.

Nun ist mehr mit Festhaltung an dem geistigen Inhalte der apostolischen Bulle der Ursprung der Hexen und ihre mannigfaltigen Werke zu betrachten: zuerst von den Hexen selbst, dann zweitens von ihren Werken. Hier ist anzumerken, dass zu einer derartigen Ausführung drei Kräfte zusammen zu wirken haben: der Dämon, die Hexe, die göttliche Zulassung; 23. qu. 1: Super sortiarias. Auch Augustinus sagt, dass infolge der verderblichen Gemeinschaft der Menschen und Dämonen dieser abergläubische Wahn bekannt geworden ist. Daher schreibt sich der Ursprung und die Zunahme dieser Ketzerei hier aus dieser verderblichen Gemeinschaft, was auch aus anderem ersichtlich ist.

Denn wohlgemerkt: Diese Hexerketzerei ist nicht nur von anderen Ketzereien darin verschieden, dass sie nicht bloß durch ausdrückliche, sondern auch freiwillig geschlossene Pakte, auf jede Schmähung und Schädigung des Schöpfers und seiner Geschöpfe rasend begierig ist, während doch alle anderen, einfachen Ketzereien ohne stille und ausdrückliche mit den Dämonen geschlossene Pakte, wenn auch nicht ohne Anspornung des Säers alles Neides, den Irrlehren anhangen, wegen der Schwierigkeit des zu Glaubenden; sondern diese Hexenketzerei unterscheidet sich auch von jeder andern schädlichen und abergläubischen Kunst d a r i n , dass sie vor allen Arten der Weissagungen den höchsten Grad von Bosheit besitzt, sodass sie auch den Namen maleficium, wie früher festgesetzt, bekommt von maleficere, d.h. male de fide sentire.

Wohl zu bemerken ferner, dass sie (die Hexen) außer anderen Handlungen zur Stärkung jenes Unglaubens viererlei zu tun haben: den katholischen Glauben ganz oder teilweise mit gotteslästerlichem Munde abzuleugnen und sich selbst mit Leib und Seele zu verkaufen, die noch ungetauften Kinder dem Bösen selbst zu überliefern und teuflische Unflätereien durch fleischlichen Umgang mit den Incubi und Succubi zu treiben.

O, wenn doch alles das fern von aller Wahrheit und erdichtet genannt werden könnte, und wenigstens die Kirche von so schrecklicher Besudelung frei bliebe! Doch dem steht leider entgegen sowohl die Bestimmung der Bulle des Papstes als auch die Lehrmeisterin Erfahrung, die uns nach den eigenen Geständnissen (der Hexen) und den von ihnen begangenen Schandtaten so sicher gemacht hat, dass wir ohne Gefährdung des eigenen Heiles nicht mehr von der Inquisition abstehen können.

Darum wollen wir von ihrem Ursprünge und ihrer verderblichen Vermehrung handeln; und weil es eine schwere Arbeit ist, müssen wir beim Lesen das einzelne mit der größten Sorgfalt so untersuchen, dass das zuzulassen ist, was als mit der Vernunft vereinbar und den Überlieferungen der Schrift nicht zuwider befunden wird. Und weil unter allen Handlungen, die zu ihrer Vervielfältigung dienen, zwei besonders wirksam sind, nämlich die mit den Incubi und Succubi und die schändliche Gelobung der Kinder, deshalb werden wir von ihnen besonders handeln, so zwar, dass zuerst von den Dämonen selbst, zweitens von den Hexen, drittens von der göttlichen Zulassung gesprochen wird; und weil die Dämonen durch Verstand und Willen handeln und mehr unter der einen als unter der andern Konstellation, zu dem Zwecke, dass der Same keimfähig sei, werden die von den Dämonen beobachteten Konstellationen untersucht werden müssen; und so ergeben sich hauptsächlich drei Konstellationen und so ergeben sich hauptsächlich drei Fragen: erstens, ob diese Ketzerei durch die Vermischung mit den Incubi und Succubi ursprünglich vervielfältigt werden könne; zweitens ob nicht durch die Vermischung mit den Himmelskörpern, die auch die Ursache menschlicher Handlungen sind, ihre Werke stark werden können; drittens ob nicht durch die schändliche Auslieferung der Kinder an die Dämonen die Ketzerei verschlimmert werden könne; doch wird zwischen der zweiten und dritten die zweite Hauptfrage behandelt werden, nämlich über die Einflüsse der Himmelskörper, und zwar wegen der passenden Fortsetzung (der Untersuchung) über die Werke der Hexen. Betreffs des ersten Punktes werden sich drei Schwierigkeiten herausstellen, eine allgemeine über jene Incubi; die zweite, spezielle, von welchen Dämonen derartige Taten vollbracht werden; die dritte, ganz besondere, mit Bezug auf die Hexen, die sich den Dämonen unterwerfen.

Dritte Frage

Ob durch Incubi und Succubi Menschen gezeugt werden können

Zuerst erweist es sich als nicht gut katholisch, zu behaupten, durch Incubi und Succubi könnten Menschen erzeugt werden. Die Erzeugung des Menschen ist von Gott vor dem Sündenfall dadurch festgesetzt worden, dass er dem Manne ein Weib als Stütze aus einer Rippe bildete und ihnen sagte: »Wachset und mehret euch,« Gen. 1; und wiederum sagte Adam begeistert: »Es werden die zwei sein ein Fleisch,« Gen. 2. Ähnliches ward auch nach der Sünde im Naturgesetz zu Noah gesagt: »Wachset und mehret euch,« Gen. 9. Auch zur Zeit des neuen Bundes ward diese Verbindung von Christus bestätigt, Matth. 19: »Habt ihr nicht gelesen, dass, der im Anfang den Menschen gemacht hat, der machte, dass ein Mann und Weib sein sollte?« Darum sind andere Arten der Menschenzeugung nicht zulässig.

Wenn es heißt, dass, wenn die Dämonen eifrig mithelfen bei der natürlichen Empfängnis der Menschenkindern sie den Samen empfangen und wieder abgeben, sie nicht als natürliche, sondern als künstliche Prinzipien mitwirken, so ist das zu verneinen, weil der Teufel dies entweder in jedem Stande, nämlich ehelichem Stande und außerhalb dieses könnte oder nur in einem: das erstere ist unmöglich, weil dann des Teufels Werk stärker wäre als das Gottes, der jeden Zustand geschaffen und gefestigt hat, nämlich der Zusammenhaltenden und Vereinigten. Aber ebenso ist das Zweite unmöglich, weil darüber in der Schrift sich nichts findet, dass aus einem Zustande und nicht aus dem andern eine derartige Menschenzeugung entstände.

Außerdem ist das Menschenzeugen die Handlung eines lebendigen Körpers; aber die Dämonen, welche Körpergestalt annehmen, geben kein Leben, weil jene (Zeugung) eben nur förmlich von der Seele fließt, welche die Handlung eines Körpers ist, der Leben hat, durch die Macht eines physischen Organes, de anima 2: Daher können sie durch derartige angenommene Körper keine Werke des Lebens vollbringen.

Wenn es heißt, dass sie die Körpergestalt annehmen, nicht um Leben zu spenden, sondern um natürlichen Samen bei sich zu bewahren und wieder abzugeben, so ist dagegen zu erwidern: Wie in den Werken der guten und schlechten Engel nichts überflüssig ist, so auch nichts in den Werken der Natur. Aber wenn ein Dämon durch natürliche Kraft, die auch die ganze Kraft des Körpers übersteigt, unsichtbar einmal Samen sammeln und dann wieder abgeben könnte, so wird ein Grund angegeben werden, dass er dies nicht unsichtbar tun kann, oder wenn er es kann, dann wird das andere überflüssig sein. Der Grund wird noch verstärkt. Denn es heißt in dem Buche de causis, dass die Kraft des Verstandes unbegrenzt nach unten ist, wiewohl sie begrenzt ist nach oben: aber alle Körper sind unter dem Verstände: daher kann er durch die Unbegrenztheit seiner Macht sie, wie immer er will, verändern. Aber die Verstandeskräfte sind Engel, gute wie böse; also können sie, abgesehen davon, dass sie Körper annehmen, Veränderungen in den Samen hervorbringen.

Außerdem würde den Samen von einem nehmen und an den andern abgeben durch örtliche Bewegung geschehen; aber die Dämonen können die Körper nicht örtlich bewegen. Beweis: Die Seele ist eine geistige Substanz wie der Dämon auch; aber die Seele kann den Körper nicht örtlich bewegen, wenn er nicht von ihr belebt ist: daher wird ein Glied, wenn es abstirbt, unbeweglich. Daher können also auch die Dämonen einen Körper örtlich nur bewegen, wenn er von ihnen belebt ist. Es ist aber schon gesagt und auch so bekannt, dass die Dämonen einen Körper nicht beleben können. Darum werden sie auch den Samen nicht örtlich von Ort zu Ort bewegen können.

Ferner entsteht jede Handlung durch Berührung, wie es ausgeführt wird im 1. de generatione. Es scheint aber nicht, dass ein Dämon irgend eine Berührung mit Bezug auf die Körper haben könne, da er nichts mit ihnen gemein hat. Da nun Samen ergießen und örtlich bewegen eine Handlung ist, so sieht man, dass die Dämonen es nicht tun können.

Ferner können die Dämonen die ihnen in der Ordnung der Natur näher stehenden Körper, wie die Himmelskörper, nicht bewegen, also auch nicht die ferner stehenden. Das Vorhergehende wird bewiesen, weil, da Bewegtes und Bewegendes zusammen sind, Phys. 2, folgen würde, dass die Dämonen, wenn sie die Himmelskörper bewegten, im Himmel wären, was weder bei uns noch bei den Platonikern als Wahrheit gilt.

Aber dagegen: Augustinus de trinit. 3: »Die Dämonen sammeln Samen, welche sie benützen zu körperlichen Handlungen.« Das kann aber nicht geschehen ohne örtliche Bewegung; also können die Dämonen die von den einen genommenen Samen an andere abgeben. Ebenso die Glosse des Strabus zu Exod. 7: »Pharao berief die Weisen usw.« Sie besagt, dass die Dämonen durch die Welt eilen und verschiedene Samen sammeln; und aus ihrer Anwendung können verschiedene Arten hervorgehen. Man sehe auch die Glosse ebendort über die Worte »Pharao berief«; ebenso zu Gen. 6: über die Stelle »die Söhne Gottes sahen an die Töchter der Menschen usw.« Die Glosse sagt zweierlei: erstens, dass unter den Söhnen Gottes die Söhne Seths verstanden werden und unter den Töchtern der Menschen die Töchter Kains; zweitens sagt sie, dass es nicht unglaublich sei, dass nicht von Menschen, sondern von gewissen Dämonen, die nach den Weibern geilen, derartige Menschen, d.h. Giganten, gezeugt worden seien; worüber in der Schrift gesprochen wird: »Giganten aber waren auf Erden,« weil auch nach der Sintflut die Körper nicht nur der Männer, sondern auch der Weiber von wunderherrlicher Schönheit waren.

Antwort. Weil es der Kürze halber geboten ist, vieles über die Macht und die Werke des Teufels, betreffs der Hexenkünste, unerwähnt zu lassen, deshalb wird es dem frommen Leser als an sich ja auch bekannt überlassen; oder, wenn er es kennen lernen will, so wird er wenigstens in den Schriften des Doctor Sent. 2, 5 das einzelne bis aufs Haar genau dargestellt finden. Denn er wird sehen, dass die Dämonen alle ihre Taten vollbringen durch Verstand und Willen; ebensodass diese natürlichen Gaben nicht unverändert sind: sondern nach Dionysius de div. nom. 4. blieben sie unversehrt und in voller Kraft, aber sie können sie nicht benutzen zu guten Taten. Er wird auch finden, dass sie, was den Verstand anbetrifft, durch dreifältige Schärfe des Wissens stark sind, nämlich durch Subtilität der Natur, langjährige Erfahrung und Eingebung seitens höherer Geister. Er wird auch finden, worin und wie sie die Eigenschaften und natürlichen, infolge der Einflüsse der Himmelskörper vorherrschenden Eindrücke der Menschen erkennen, woraus sie auch schließen, dass einige zur Vollbringung von Hexentaten mehr beanlagt sind als die anderen; und jenen setzen sie auch vor allen andern mit der Ausführung derartiger Werke zu.

Was aber seinen Willen anbetrifft, so wird (der Leser) finden, dass er unbeweglich am Bösen haftet, immer zu sündigen mit den Sünden des Übermutes, Hasses und höchsten Missfallens, da Gott ihn gegen seinen Willen benutzt zu seinem eigenen Ruhme. Er wird erkennen, wie er aus diesen beiden, nämlich Einsicht und Willen, Wundertaten vollbringt, sodass keine Macht auf Erden ist, die ihm verglichen werden kann, Job 41: »Es ist keine Macht auf Erden, die ihm verglichen werden kann; er ist gemacht, ohne Furcht zu sein«: wo die Glosse (hinzusetzt): »Und mag er auch niemand fürchten, den Verdiensten der Heiligen ist er doch unterworfen.«

Er wird auch finden, wie er die Gedanken unserer Herzen erkennt; auch wie er die Körper verwandeln kann durch die Beihilfe eines anderen Agens, substanziell und akzidenziell; wie er auch die Körper örtlich bewegen kann, auch die inneren und äußeren Sinne zu verwandeln vermag, dass sie etwas Bestimmtes denken müssen; wie er auch den Verstand und Willen des Menschen beugt, wenn auch nur indirekt.

Wenn auch alles dies zu unserer gegenwärtigen Untersuchung gehört, so wollen wir doch daraus nur auf die Eigenschaften jener schließen, damit wir zur Erörterung unsrer Untersuchung kommen.

Als Eigenschaften sind ihnen aber von den Theologen beigelegt, dass es unreine Geister sind, wenn auch nicht unsauber von Natur. Weil ihnen nach Dionysius innewohnt unvernünftige Wut, sinnlose Begehrlichkeit, schrankenlose Phantasie, nämlich bezüglich ihrer geistigen Sünden, als Stolz, Neid und Zorn, darum sind sie die Feinde des Menschengeschlechtes, vernünftig im Geiste, doch ohne Erörterung begreifend, gerieben in Nichtsnutzigkeit; begierig zu schaden, immer auf neuen Trug bedacht; sie verändern die Sinne, erforschen die Triebe, stören die Wachenden, schrecken die Schlafenden durch Träume, bringen Krankheiten, erregen Stürme, verwandeln sich in Engel des Lichts, tragen immer die Hölle bei sich, verlangen von den Hexern göttliche Verehrung, Zauberkünste geschehen durch sie, über die Guten wollen sie herrschen und bedrängen sie weiterhin nach Kräften; den Auserwählten werden sie zur Prüfung gegeben, suchen immer das Ende der Menschen herbeizuführen. Aber mögen sie tausend Arten und Kunstgriffe zu schaden haben, 16. 9. 2., da (der Teufel) versucht, vom Anfange seines Sturzes an, die Einheit der Kirche zu zerstören, die Liebe zu verletzen, die Süße der Heiligenwerke mit der Galle des Neides zu treffen und auf alle Weisen das Menschengeschlecht zu vernichten und auszurotten: seine Stärke beruht doch in den Lenden und dem Nabel: Job am Vorletzten, weil sie nämlich durch die Üppigkeit des Fleisches mächtig in den Menschen herrschen. Denn der Sitz der Üppigkeit ist bei den Männern in den Lenden, weil von hier der Same abgesondert wird, wie bei den Weibern aus dem Nabel.

Nachdem dies zum Verständnis der Untersuchung über die Incubi und Succubi vorausgeschickt ist, ist zu sagen, dass die Behauptung, durch die Incubi und Succubi könnten bisweilen Menschen gezeugt werden, so gut katholisch ist, dass die Behauptung des Gegenteils nicht bloß den Aussprüchen der Heiligen, sondern auch der Überlieferung der Heiligen Schrift zuwider läuft, was so hergeleitet wird. Augustinus nämlich wirft an der einen Stelle jene Frage auf nicht mit Bezug auf die Hexer, sondern mit Bezug auf die eigentlichen Taten der Dämonen und die Fabeln der Dichter, und lässt sie unentschieden, wenn er sie auch später nach dem Vorgange der Heiligen Schrift erörtert. Er sagt nämlich de civ. dei 3. 2.: Ob Venus infolge des Beilagers mit Anchises den Aeneas habe gebären können, wollen wir unentschieden lassen. Denn fast eine ebensolche Frage wird in der Heiligen Schrift aufgeworfen, wo gefragt wird, ob die gefallenen Engel mit den Töchtern der Menschen fleischlichen Umgang gehabt: Von Giganten, d.h. übermäßig großen und starken Männern, war damals die Erde erfüllt. Aber lib. 5. c. 23. entscheidet er die Frage wie folgt: »Es ist eine oft gehörte Erzählung und viele behaupten, es selbst erlebt oder von solchen, die es erfahren und über deren Glaubwürdigkeit kein Zweifel besteht, gehört zu haben, dass Waldmenschen und Faunen, welche das Volk Incubi nennt, nach den Weibern gegeilt und mit ihnen den Beischlaf erstrebt und ausgeübt hätten; und dass gewisse Dämonen (welche die Gallier Dusen nennen), diese Unflätereien eifrig versuchten und öfters verübten; und die das fest behaupten, sind solche Leute, dass dies zu leugnen eine Frechheit wäre.« Soweit jener.

Dann entscheidet er ebendort die zweite Frage, dass nämlich jene Stelle der Genesis: »Die Söhne Gottes, d.h. Seths, sahen die Töchter der Menschen, d.h. Kains«; nicht bloß von Incubi verstanden wird; dass es aber nicht glaublich sei, dass es Incubi seien. Darüber spricht ebenda eine Glosse so, wie es früher schon gesagt ist: »Es ist nicht unglaublich, dass nicht von Menschen, sondern von Engeln oder gewissen Dämonen, welche nach den Weibern geilen, derartige Männer, d.h. Giganten gezeugt seien, wovon in der Schrift die Rede ist: Giganten aber waren auf Erden, welche auch nach der Sintflut« usw. wie oben. Ebendarauf bezieht sich eine Glosse zu Jesaias 13, wo der Prophet die Verödung des babylonischen Reiches prophezeit und sagt, Untiere sollten darin wohnen. Es heißt dort: »In dir werden Strauße wohnen und Feldgeister werden daselbst springen.« Unter Feldgeistern sind Dämonen zu verstehen. Die Glosse sagt daher: Feldgeister sind Waldmenschen, rau behaart, welche Incubones oder Satyren, bestimmte Arten der Dämonen sind. Und zu Jesaias 34., über die Stelle, wo er die Verödung des Landes der Idumäer prophezeit, welche die Juden bedrängten: »Es wird sein ein Lager der Drachen und eine Weide der Strauße und Dämonen werden (einander) begegnen.« Die Interlinearglosse sagt, d.h. Ungeheuer von Dämonen (werden begegnen) einander; und die Glosse des heiligen Gregor ebendort: die unter anderm Namen als Waldmenschen gehen, (nicht) dieselben, welche die Griechen Pan, die Römer aber Incubi nennen. Ebendarauf bezieht sich der heilige Isidor, der lib. 8. c. ult. sagt: Feldgeister, die griechisch Paniti, lateinisch Incubi heißen. Incubi heißen sie daher von incubare, d.h. Unzucht treiben. Denn oft geilen sie auch nach den Weibern und beschlafen sie, Dämonen, welche die Gallier Dusen nennen, weil sie beständig diese Unsauberkeit treiben. Den man aber gewöhnlich Incubo nennt, den heißen die Römer Faunus ficarius. Mit Bezug auf ihn sagt Horatius:

Faunus, o Liebkoser um scheue Nymphen,
Durch die Feldmark mir und die Sonnenäcker
Wolle sanft hinwandeln!

Ferner das Wort des Apostels, Korinth. I, 11: »Ein Weib soll einen Schleier tragen um ihr Haupt, wegen der Engel.« Viele Katholiken legen das, weil folgt »wegen der Engel«, aus mit »wegen den Incubi«. Ebenso darauf bezieht sich Beda, hist. Angl.; ebenso Guilelmus de universo im letzten Teile, tract. 6 vielfach. Ferner bestimmt der heilige Doctor I, q. 25. und in der zweiten Schrift dist. 8 et quolibet 6, q. 10; über Jesaias 13 und 34. Daher ist solches zu leugnen, sagt S. Thomas, ein Zeichen von Dummheit. Denn das, was vielen (richtig) scheint, kann doch nicht schlechterdings irrig sein, nach dem Philosophen, de somn. et vigil. am Ende und Ethik 2. Ich sage nichts von den vielen und dabei authentischen Erzählungen sowohl der Katholiken als auch der Heiden, welche offen ausgesprochen haben, dass es Incubi gibt.

Der Grund aber, warum sich die Dämonen zu Incubi oder Succubi machen, ist nicht das Lustgefühl, denn als Geister haben sie ja weder Fleisch noch Knochen; sondern der hauptsächlichste Grund ist doch, dass sie durch das Laster der Wollust die Natur des Menschen beiderseits, nämlich den

Leib und die Seele, zerstören, damit so die Menschen um so willfähriger zu allen anderen Lastern werden. Es ist kein Zweifel, dass sie auch wissen, dass unter bestimmten Konstellationen der Samen wächst; die Menschen, die unter diesen empfangen werden, sind dann verderbt durch Hexenkünste.

Nachdem also durch den Höchsten viele Laster der Üppigkeit aufgezählt sind, von denen er sein Volk unberührt wissen wollte, und durch welche die Ungläubigen bestrickt waren, sagt er Leviticus 18: »Ihr sollt euch in dieser keinem verunreinigen, denn in diesem allen haben sich befleckt die Völker die ich vor euerem Anblick will ausstoßen. Und das Land ist dadurch verunreinigt, und ich will ihre Missetaten heimsuchen.« Die Glosse sagt über das Wort »Völker«: Dämonen, welche wegen ihrer Menge Völker genannt werden, alle, die sich an jeglicher Sünde freuen, besonders aber an Zauberei und Götzendienst, weil dabei Leib und Seele befleckt wird, und der ganze Mensch, der »Erde« heißt. Denn alle Sünde, die der Mensch begeht, ist außer dem Körper: wer aber hurt, der sündigt gegen seinen Körper. Wenn jemand die Berichte über die Incubi und Succubi nachsehen will, der nehme wie oben Beda, Hist. Angl., Guilelmus und Thomas Brabantinus in seiner Schrift mit dem Titel de apibus.

Zu den Argumenten.

Zuerst wird betreffs der natürlichen, von Gott auf den Mann und das Weib verteilten Vermehrung gesagt, dass, wie mit Zulassung Gottes das Sakrament der Ehe unter Mitwirkung des Teufels durch die Hexenwerke geschädigt werden kann, wie aus dem früher Gesagten ersichtlich ist, so ähnlich und umso mehr bei jedem beliebigen anderen Liebesakt zwischen Mann und Weib.

Wenn aber gefragt wird, warum es gerade in und bei dem Liebesakte dem Teufel erlaubt sei, Zauberei zu üben und nicht bei andern Handlungen des Menschen, so wird gesagt, dass von den Gelehrten vielfache Gründe angeführt werden, worüber weiter unten, in dem Teile, wo über die Zulassung Gottes gehandelt wird. Für jetzt genügt der Grund, der früher angeführt ist, wonach die Macht des Dämonen in den Lenden der Menschen liegt: weil unter allen Streiten die Schlachten des Streites am härtesten sind, wo ein fortwährender Kampf und selten Sieg ist. Es gilt auch nicht, wenn es heißt, dass dann das Werk des Teufels stärker sei als das Werk Gottes, wenn er die Ehehandlungen, die von Gott eingesetzt sind, schädigen könne: er verletzt sie nicht mit Gewalt, im Gegenteil, er vermag nichts außer mit Zulassung Gottes: deshalb schließt man daraus vielmehr auf seine Ohnmacht.

Zweitens: Es ist wahr, dass die Zeugung des Menschen die Handlung eines lebenden Körpers ist. Aber wenn behauptet wird, dass die Dämonen kein Leben geben können, weil dieses förmlich aus der Seele fließt, so ist es auch wieder wahr, aber nur deshalb, weil es stofflich abfließt vom Samen und der Dämon als Incubus mit Zulassung Gottes ihn durch den Coitus hineintun kann, und zwar nicht als von ihm selbst abgesonderten, sondern durch den dazu genommenen Samen irgend eines Menschen, wie der Heilige Doctor sagt im ersten Teile, qu. 51, art. 3, sodass der Dämon, der bei dem Manne Succubus ist, bei dem Weibe Incubus wird, wie sie auch anderen Samen zur Zeugung anderer Dinge, wie Augustinus de trin. 3. sagt.

Wenn man also fragt, wessen Sohn der auf diese Weise Geborene sei, so ist es klar, dass er nicht der Sohn des Dämonen ist, sondern des Mannes, dessen Same (von der Frau) empfangen ist. Aber wenn dabei geblieben wird, dass nichts überflüssig ist in den Werken der Engel, wie auch der Natur, dann wird das zugegeben. Aber wenn eingeworfen wird, dass ein Dämon unsichtbar Samen aufnehmen und abgeben könne, so ist das wahr; doch dies tut er lieber sichtbar als Succubus und Incubus, um durch solche Unfläterei Leib und Seele zu besudeln, und zwar, wie gesagt ist, an Mann und Weib.

Außerdem könnten die Dämonen noch mehr unsichtbar ausführen, aber es wird ihnen nicht erlaubt, auch wenn sie wollten. Aber sichtbar dürfen sie es, zur Versuchung der Guten und Besserung der Schlechten. Endlich könnte es sich ereigenen, dass anstelle des Succubus ein anderer von ihm den Samen empfinge und anstelle des anderen Dämonen sich zum Incubus machte, und zwar aus dreifachem Grunde. Ein Dämon nämlich könnte, zu einem Weibe geschickt, den Samen empfangen von einem Dämon, der zu einem Manne geschickt ist, sodass also ein jeder für sich vom Fürsten der Dämonen den Auftrag hätte, Zauberei zu üben, indem einem jeden ein Engel zugeteilt wird, auch von den Bösen, sei es wegen der Hässlichkeit der Handlung, vor der ein einzelner Dämon zurückschreckt (denn in der folgenden Frage wird es ersichtlich werden, dass bestimmte Dämonen infolge ihrer höheren Rangordnung vor der Ausführung gewisser Handlungen und Unflätereien zurückschrecken), sei es, dass er unsichtbar anstelle des Samens des Mannes seinen Samen, d.h. den er als Incubus empfing, dem Weibe gibt, dadurch, dass er sich unterschiebt. Dies Unterschieben ist nicht gegen seine Natur und Kraft, da er auch im angenommenen Körper unsichtbar und unfühlbar sich unterschieben kann, wie es sich oben gezeigt hat betreffs des Jünglings, der ein Idol geheiratet hatte.

D r i t t e n s : Wenn da gesagt wird, dass die Kraft der Engel unbegrenzt ist mit Rücksicht auf Höheres, das heißt, dass seine Kraft von Niederem nicht erfasst werden kann; vielmehr übertrifft sie dieselbe immer, sodass sie nicht auf eine Handlung nur beschränkt wird; und zwar deshalb, weil die höchsten Wesen die am meisten universale Kraft haben, so kann deshalb, weil sie unbegrenzt nach oben ist, nicht gesagt werden, dass sie ohne Unterschied jede Handlung vollbringen könne: weil sie sonst auch unbegrenzt nach unten, wie nach oben, hieße. Endlich, weil ein Verhältnis bestehen muss zwischen Handelndem und Leidendem und kein Verhältnis zwischen einer rein geistigen und körperlichen Substanz sein kann, deshalb wären auch die Dämonen keiner Handlung fähig, außer durch Vermittlung eines andern, handelnden Prinzipes. Daher kommt es, dass sie sich der Samen der Dinge bedienen, um Wirkungen hervorzubringen, nach A u g u s t i n u s de trinit. 3. Daher geht dies Argument zurück auf das Vorhergehende und wird dadurch nicht verstärkt, außer wenn jemand eine Erklärung davon haben wollte, warum der Verstand Kräfte haben soll unbegrenzt nach oben, aber nicht nach unten; und sie würde ihm gegeben aus der Ordnung der Körperwelt und der Himmelskörper, die an sich auf viele und unendliche Handlungen einwirken können. Das geschieht aber nicht wegen der Schwäche der Unteren. – Es wird geschlossen, dass, wenn die Dämonen auch, abgesehen davon, dass sie Körpergestalten annehmen, Verwandlungen an den Samen vorbringen können, dies nichts beweist gegen das, was hier behauptet wird von den Incubi und Succubi, deren Handlungen sie nicht vollführen können, außer in angenommenen Körpern, nach dem, was oben gesagt ist.

V i e r t e n s , dass die Dämonen die Körper nicht örtlich bewegen können, also auch den Samen nicht, usw., was dort durch Vergleich mit der Seele bewiesen wird; darüber ist zu sagen: Es ist etwas anderes, von der geistigen Substanz eines Engels oder Dämonen und etwas anderes, von der Seele selbst zu reden. Denn dass die Seele einen Körper nicht örtlich bewegen kann, wenn er nicht von ihr belebt ist oder durch Berührung des einen Körpers mit einem andern, nicht belebten, kommt daher, weil sie den untersten Grad unter den geistigen Substanzen einnimmt; daher kommt es auch, dass der Körper, welcher auch durch Berührung bewegen soll, angepasst sein muss. Nicht so ist es dagegen bei den Dämonen, deren Kraft überhaupt körperliche Kraft übertrifft.

F ü n f t e n s ist zu sagen, dass die Berührung des Dämonen mit dem Körper des Samens oder was es sonst für einer sei, keine körperliche, sondern virtuelle Berührung ist; und sie geschieht nach dem dem Bewegenden wie Zubewegenden entsprechenden Verhältnis, sodass der Körper, welcher bewegt wird, nicht das Kraftverhältnis des Dämonen übersteigt, wie es die Himmelskörper, die ganze Erde und die Elemente der Welt tun. Und warum das seine Kräfte übersteigt, können wir beantworten, wie S. T h o m a s sagt in den Quaestiones, de malo, q. 10 de daemonibus: Dies geschieht entweder wegen der natürlichen Verhältnisse oder wegen der Verdammnis der Schuld. Es besteht nämlich unter den Dingen eine Ordnung, wie nach ihrer Natur, so nach der Bewegung: und wie die höheren Himmelskörper bewegt werden von höheren geistigen Wesen, welches die guten Engel sind, so können die niederen Körper von niederen geistigen Wesen, als den Dämonen, bewegt werden. Und wenn ihnen dies zukommt nach dem Verhältnis der Natur, wonach einige behaupteten, die Dämonen kämen nicht von jenen höheren Engeln, sondern von jenen, die von Gott für diese Erdenordnung vorgesetzt werden, wie es die Meinung der Philosophen war, oder auch wenn es sich herschreibt aus der Strafe für die Sünde, wie die Theologen wollen, dann können sie, aus den himmlischen Sitzen gleichsam zur Strafe in diese Atmosphäre verstoßen, weder diese noch die Erde bewegen.

Dies ist beigefügt wegen zweier Argumente, die schweigend gelöst werden, nämlich betreffs der Himmelskörper, dass sie auch diese bewegen könnten, wenn sie die Körper örtlich bewegen könnten, weil sie ihnen näher sind, wie auch das letzte Argument behauptet. Es wird nämlich geantwortet, dass dies nicht gilt, weil jene Körper ihr Kraftmaß überschreiten; falls nämlich die erste Meinung Raum haben sollte; wenn nicht, sondern die zweite, dann können sie es doch auch nicht, wegen der Strafe für die Sünde.

Es gehört auch hierher, wenn jemand einwerfen sollte, es sei dasselbe, das Ganze oder einen Teil zu bewegen, wie die Erde und die Scholle, Phys. 3. Wenn also die Dämonen einen Teil der Erde bewegen könnten, so könnten sie auch die ganze Erde bewegen. Das gilt nicht, wie demjenigen klar wird, der auf den Unterschied achtet. Aber Samen von Dingen sammeln und ihn zu bestimmten Handlungen gebrauchen übersteigt ihre natürliche Kraft nicht, wenn es Gott zulässt, wie sich von selbst versteht.

In Summa kann geschlossen werden: Unbeschadet der Meinung einiger, die behaupten, dass die Dämonen in den angenommenen Körpern auf keine Weise zeugen können und dass mit den Söhnen Gottes bezeichnet werden die Söhne Seths und nicht die Incubi, sowie auch mit den Töchtern der Menschen diejenigen, welche aus dem Stamme Kains geboren waren; weil jedoch das Gegenteil, wie gezeigt, von vielen behauptet wird, und was viele glauben, nicht schlechterdings fälschlich sein kann, nach dem Philosophen, Ethik 7 und de somno et vigil. am Ende; auch in unseren Tagen Taten und Worte der Hexen bezeugt werden, die wirklich und wahrhaftig derartiges taten, so sagen wir dreierlei: Erstens, dass durch solche Dämonen die gar unflätigen fleischlichen Handlungen nicht der Lust wegen geübt werden, sondern um die Seele und den Leib derer zu beflecken, denen sie als Incubi oder Succubi dienen. Zweitens, dass durch eine solche Handlung die Weiber wirklich empfangen und gebären können; insofern sie den menschlichen Samen an dem gehörigen Orte des Frauenleibes an den dort schon vorher vorhandenen passenden Stoff bringen können; wie sie in ähnlicher Weise auch den Samen anderer Dinge sammeln können, um irgendwelche Taten zu vollführen. Drittens, dass den Dämonen bei solcher Zeugung nur die örtliche Bewegung gegeben ist, aber nicht die Zeugung selbst, deren Prinzip nicht in der Macht der Dämonen oder des von ihm angenommenen Körpers liegt, sondern in der Macht dessen, wessen Same es war: daher ist auch das Geborene nicht das Kind des Dämonen, sondern eines Menschen.

Aus diesem ergibt sich auch die Antwort auf die Argumente, wenn jemand argumentieren wollte, z.B. dass die Dämonen aus zwei Gründen nicht zeugen könnten: erstens, weil die Zeugung vollzogen wird durch formende Kraft, die in den aus einem lebenden Körper abgesonderten Samen liegt; weil nun der von den Dämonen angenommene Körper kein solcher ist, deshalb usw. Die Antwort ist klar, weil der Dämon durch die Kraft des Samens die formende an den gehörigen Ort legt usw. Zweitens, wenn es heißt, dass der Samen nur Zeugungskraft hat, so lange die Wärme der Seele in ihm bleibt; sie muss aber entweichen, weil der Same durch weite Strecken gebracht wird: so lautet die Antwort, dass die Dämonen ihn irgendwo aufbewahren können zur Frischerhaltung des Samens, sodass die Lebenswärme nicht entweichen kann; oder auch, dass sie sich sehr schnell bewegen wegen des Sieges des Bewegenden über das Bewegte. Darum wird er nicht so schnell erkalten können.

Vierte Frage

Von welchen Dämonen derartiges, nämlich das Incubat und Succubat, verübt wird

Ob es gut katholisch sei, zu behaupten, dass die Handlungen der Incubi und Succubi allen unreinen Geistern ohne Unterschied und gleichermaßen zukommen?

Und es scheint ja, weil das Gegenteil behaupten, eine gewisse gute Ordnung unter ihnen annehmen hieße. Beweis:

1. Wie zum Begriff des Guten Maß und Ordnung gehört, Augustinus de natura, so gehört zum Begriffe des Bösen Unordnung. Aber bei den guten Engeln ist nichts ohne Ordnung: folglich kann auch bei den bösen keine Ordnung sein. Deshalb haben sie ohne Unterschied solche Handlungen zu vollbringen.
2. Daher auch jenes Wort: »In dem Lande, da keine Ordnung, sondern ewiger Schauder wohnt, nämlich des Elendes und der Finsternis«, Hiob 10.
3. Außerdem, wenn nicht alle ohne Unterschied solche Handlungen vollbringen, so geschieht das entweder nach ihrer Natur, oder wegen der Schuld, oder infolge einer Strafe: nicht nach ihrer Natur, weil alle ohne Unterschied, wie in der vorigen Frage festgestellt ist, sündigen können: sie sind nämlich ihrer Natur nach unreine Geister, wenn auch nicht unsauber bezüglich der Minderung der natürlichen Güter. Sie sind gerieben in Nichtsnutzigkeit, begierig zu schaden, schwellend von Stolz usw. Daher kommt nur ihre Schuld oder Strafe in Betracht. Dann heißt es so: Wo die Schuld größer ist, da ist auch die Strafe größer: aber höhere Engel haben schlimmer gesündigt, darum haben sie sich zur Strafe dafür mehr zu solchen Unflätereien herzugeben. Trifft das nicht zu, so wird ein anderer Grund angegeben werden, warum sie nicht ohne Unterschied jene Taten vollbringen.
4. Ferner: wo keine Unterwürfigkeit ist und kein Gehorsam, da handeln alle ohne Unterschied; aber bei den Dämonen ist weder Unterwürfigkeit noch Gehorsam. Beweis: weil das nicht ohne Eintracht möglich

ist: aber bei den Dämonen ist keine Eintracht: Sprüche 13: »Unter Stolzen ist immer Streit.«

5. Ferner: Wie alle wegen ihrer Schuld in gleicher Weise nach dem Tage des Gerichts in die Hölle gestoßen werden, so werden sie vor dieser Zeit in der dunklen Luft zur Ausführung jener Dinge festgehalten. Man liest nirgends, dass unter ihnen Ungleichheit herrsche im Punkte der Verstoßung; also auch keine Ungleichheit in den Pflichten und der Versuchung.

Aber dagegen die Glosse zu Korinther I, 15: Solange die Welt dauert, steht ein Engel über dem andern, ein Mensch über dem andern, ein Dämon über dem andern. Ebenso heißt es Job 11 von den Schuppen des Leviathan, mit denen die Glieder des Teufels gemeint sind, dass eine an der andern hängt; also ist unter ihnen Verschiedenheit der Ordnung und des Handelns.

Nebenbei wird gefragt, ob die Dämonen an der Ausführung ihrer derartigen Unflätereien bisweilen von guten Engeln gehindert werden oder nicht? Und es ist zu sagen, dass, weil die Mächte Engel genannt werden, deren Botmäßigkeit die entgegengesetzten Mächte Untertan sind, wie Gregorius sagt und Augustinus de trinit. 3: Geist des Lebens, der Verlasser und Sünder wird gelenkt durch den vernünftigen, frommen und gerechten Geist des Lebens; und wie jene Kreaturen Einfluss haben auf die anderen, da sie vollkommen und Gott näher sind, weil die Ordnung des Vorzugs zuerst und ursprünglich in Gott ist und die Kreaturen daran teil haben, je nachdem sie ihm näher sind: dass also deshalb auch die guten Engel, die Gott am nächsten stehen, wegen ihres Anteils an ihm, dessen die Dämonen entbehren, den Vorzug haben vor den Dämonen selbst und diese von ihnen regiert werden.

Wenn behauptet wird, dass die Dämonen unter Vermittlung von Medien viele schlimme Taten vollbringen, also entweder nicht gehindert werden, weil sie den guten Engeln nicht untertan sind, die sie hindern könnten, oder, falls sie ihnen untertan sind, es scheinen könnte, dass die Engel etwas nachlässig seien, da ja schlechte Taten der Untergebenen auf Nachlässigkeit des Herrn zu deuten scheinen; so ist zu antworten, dass die heiligen Engel Diener der göttlichen Weisheit sind. Wie also die göttliche Weisheit erlaubt, dass einige böse Taten durch böse Engel oder Menschen geschehen, wegen des Guten, das er daraus gewinnt, so verhindern auch die guten Engel böse Menschen oder Dämonen nicht gänzlich, zu schaden.

Antwort. Es ist gut katholisch, zu behaupten, dass eine gewisse

Ordnung der Handlungen, innerer und äußerer, ja sogar mit einem gewissen Vorzuge, unter den Dämonen sei. Daher werden auch gewisse Unflätereien von niederen Dämonen ausgeführt, von denen die höheren wegen ihrer edleren Natur ausgeschlossen sind. Und dies wird zuerst im allgemeinen erklärt aus der dreifachen Übereinstimmung, wonach solches übereinstimmt mit ihrer Natur, der göttlichen Weisheit und der eigenen Schlechtigkeit.

Dann mehr im besonderen: auf Grund (ihrer) Natur: Es steht nämlich fest, dass von Beginn der Schöpfung an immer einige von Natur höher standen als die anderen, da sie in der Art voneinander verschieden sind; und es gibt nicht zwei Engel, die von einundderselben Art wären, wobei wir der allgemeiner verbreiteten Ansicht folgen, die auch mit den Aussprüchen der Philosophen übereinstimmt; und auch Dionysius stellt coelest. hierarch. c. 10 die Behauptung auf, in derselben Ordnung seien erste, mittlere und letzte; dem man auch notgedrungen beistimmen muss, sowohl wegen ihrer Immaterialität, als ihrer Inkorporalität. Wer Lust hat, sehe nach die Worte des Doctor, 2. dist. 2. Und weil die Sünde die Natur nicht aufhebt, und die Dämonen nach dem Sündenfalle die natürlichen Gaben nicht verloren haben, wie oben festgestellt ist, und ihre Taten sich nach ihren natürlichen Verhältnissen richten, daher sind sie, wie ihrer Natur, so auch ihren Taten nach verschieden und vielfältig.

Dies stimmt auch überein mit der göttlichen Weisheit, dass das, was von ihm stammt, geordnet sei. Römer 13: »Was von Gott ist, das ist geordnet.« Und weil die Dämonen von Gott abgeschickt sind, die Menschen zu üben und die Verdammten zu strafen, deshalb sind sie äußerlich in ihren Handlungen, welche die Menschen betreffen, verschieden und mannigfaltig.

Es stimmt auch mit ihrer eigenen Schlechtigkeit überein. Denn weil sie dem Menschengeschlechte entgegen sind, glauben sie, wenn sie geordnet dasselbe bekämpfen, um so mehr schaden zu können, wie sie denn auch wirklich tun. Daher steht fest, dass sie nicht gleichermaßen jene nichtswürdigsten Unflätereien begehen.

Dies wird noch mehr spezialisiert auf folgende Weise. Da nämlich, wie gesagt wurde, die Handlung bestimmt ist durch die Natur, so folgt, dass die, deren Naturen einander untergeordnet sind, auch in ihrer Handlungsweise sich einander unterordnen, wie es aus der Körperwelt ersichtlich. Weil nämlich die niederen Körper natürlicher Ordnung nach unter den Himmelskörpern stehen, so sind auch ihre Handlungen und Bewegungen den Handlungen und Bewegungen der Himmelskörper untergeordnet; und weil, wie gesagt wurde, die Dämonen unter sich nach natürlicher Ordnung verschieden sind, deshalb sind sie es auch in ihren natürlichen Handlungen, äußeren wie inneren, besonders in der Ausführung vorliegender Unflätereien.

Daraus wird geschlossen, dass derartige Unflätereien am meisten außerhalb der hohen Natur der Engel verübt werden, da sie auch unter den menschlichen Handlungen für die niedrigsten und scheußlichsten erachtet werden, an sich betrachtet, nicht unter dem Gesichtspunkte der Pflicht der Natur und der Fortpflanzung.

Endlich, da einige (der Engel) aus einer wie immer gearteten Ordnung gefallen sind, wie man glaubt, so ist es nicht unpassend, zu behaupten, dass diejenigen Dämonen, welche aus der letzten Schar gefallen, und wiederum die, welche die Letzten darin sind, von den anderen zu solchen Unflätereien abgeschickt werden und darauf versessen sind.

Auch das ist sehr wohl zu bemerken, dass, wenn auch die Schrift von Incubae und Succubae berichtet, man doch unter den unnatürlichen Lastern, was für welche es seien, nicht nur zu reden von der Sodomiterei, sondern auch jedem anderen Laster (des Coitus) außerhalb des gebotenen Gefäßes, nirgends liest, dass sie sich zu Incubi und Succubi gemacht hätten. Darin zeigt sich die Furchtbarkeit jener Sünden am deutlichsten, da ohne Unterschied alle Dämonen, jeder Ordnung, vor ihrer Ausführung zurückschaudern und sie für scheußlich halten. Dies scheint auch die Glosse zu Hesekiel 19 zu bedeuten, wo es heißt: »Ich werde dich geben in die Hand der Palästiner, d.h. der Dämonen, die sogar erröten über dein Schandleben«, worunter sie Laster gegen die Natur versteht. Und wer Augen hat, der sieht, dass man betreffs der Dämonen die Autorität (der Bibel) anerkennen muss. Denn keine Sünde hat Gott so häufig durch plötzlichen Tod an Vielen gerächt (als diese).

Es sagen auch einige, und es wird wirklich geglaubt, dass keiner, der diesem Laster ergeben ist, nachdem er die Zeit des sterblichen Lebens Christi, die sich auf 33 Jahre beläuft, in diesem Schandleben beharrend überschritten hat, erlöst werden kann, außer durch besondere Gnade des Erlösers. Das erhellt daraus, dass man oft unter Achtzigjährigen und Hundertjährigen welche in diesem Laster verstrickt findet, die die Lebenszeit Christi, weil sie eine Zucht sittlichen Lebens war, verachten und kaum jemals ohne die größte Schwierigkeit sich dieses Verbrechens enthalten werden. (??)

Dass aber auch eine Ordnung unter ihnen bestehe auch in Bezug auf die äußeren Pflichten in Hinsicht auf die Anfechtungen, das zeigen ihre Namen. Denn mag auch ein und derselbe Name, nämlich Diabolus, vielfach in der Schrift ausgedrückt werden und zwar wegen ihrer verschiedenen Eigenschaften, so wird doch in der Schrift überliefert, dass diesen unsauberen Taten einer vorstehe, wie auch bei bestimmten andern Lastern. Es ist nämlich der Brauch der Schrift und der Rede, jeden beliebigen unsauberen Geist Diabolus zu nennen, von Dia, d.h. duo (zwei) und bolus, d.h. morsellus (Biss, Tod), weil er zweierlei tötet, nämlich Leib und Seele; und mag es nach der Etymologie griechisch übersetzt werden mit »im Gefängnis eingeschlossen«, stimmt das auch zu ihm, denn es wird ihm nicht erlaubt, zu schaden, so viel er möchte. Oder Diabolus gleich Defluens, weil er herabgeflossen oder zusammengestürzt ist, gestaltlich und örtlich. Man nennt ihn auch Daemon, d.h. nach Blut riechend oder blutig, nach Sünden nämlich, nach denen er dürstet und die er begehen lässt durch dreifaches Wissen, wodurch er stark ist, nämlich durch Feinheit seiner Natur, langjährige Erfahrung und Eingebung seitens der guten Geister. Er heißt auch Belial, was verdolmetscht wird mit »ohne Joch«, oder »ohne Herrn«, weil er nach Kräften gegen den ankämpft, dem er Untertan sein müsste. Er wird ferner auch Beelzebub genannt, welches übersetzt wird mit »Mann der Fliegen«, d.h. der sündigen Seelen, welche ihren wahren Bräutigam Christus verlassen haben. Ebenso heißt er Satanas, d.h. »Gegner«. Daher Petr. I, 2: »Euer Gegner, der Teufel, geht um« usw. Auch Behemoth, d.h. Bestie, weil er die Menschen bestialisch macht. Der eigentliche Dämon aber der Hurerei und der Fürst jener Unfläterei heißt Asmodeus, was verdolmetscht wird mit »Bringer des Gerichts«, weil wegen eines derartigen Lasters ein furchtbares Gericht erging über Sodom und noch vier andere Städte. Der Dämon des Übermutes wird Leviathan genannt, was übersetzt wird mit »Zugabe«, weil der Teufel, als er die ersten Eltern versuchte, ihnen im Übermute die Zugabe der Göttlichkeit versprach. Über ihn spricht auch durch Jesaias Mund der Herr: »Ich werde heimsuchen durch Leviathan, die alte, gewundene Schlange.« Der Dämon des Geizes und des Reichtums heißt Mammon, von dem auch Christus im Evangelium gesprochen hat: Matthäus 6: »Ihr könnt nicht Gott dienen usw.«

Zu den Argumenten: Erstens, dass das Gute ohne das Schlechte gefunden werden kann, aber das Schlechte niemals ohne das Gute gefunden wird, was gegründet ist auf die Kreatur, die an sich gut ist;

und deshalb sind die Dämonen, so weit sie eine gute Natur haben, geordnet in ihren natürlichen (Arten) und in ihren Handlungen.

Zu jener Stelle J o b 10 kann man sagen, dass die Dämonen, welche zur Übung abgeschickt sind, nicht in der Hölle, sondern hier in unserer dunklen Luft sind; deshalb haben sie hier unter sich eine Ordnung, die sie in der Hölle nicht haben werden. Oder man kann auch sagen, dass auch schon alle Ordnung in ihnen aufhört, mit Bezug auf Seligkeitserlangung, wenn sie aus solcher Ordnung unwiederbringlich gefallen sind. Auch kann gesagt werden, dass sie auch in der Hölle eine Machtordnung haben werden, und Ordnung in den Strafen, insofern einige zur Qual der Seelen geschickt werden, und andere nicht. Diese Ordnung wird mehr von Gott sein als von ihnen selbst, wie auch ihre Qualen.

Wenn d r i t t e n s gesagt wird, dass die höheren Dämonen, weil sie schlimmer gefehlt haben, härter bestraft werden und sie auch diese unreinen Handlungen mehr besorgen müssten, so wird geantwortet: weil die Schuld geordnet wird durch die Strafe, und nicht durch die Tat oder Handlung der Natur, deshalb vermeiden sie solche unsaubern Unflätereien wegen ihrer hohen Natur, nicht wegen ihrer Schuld oder Strafe. Und mögen alle unrein und auf Schädigung erpichte Geister sein, so doch einer mehr als der andere, je nachdem die vorzüglicheren Naturgaben verdunkelt sind.

Zum v i e r t e n wird gesagt, dass Eintracht unter den Dämonen herrscht, nicht der Freundschaft, sondern der Bosheit, mit der sie die Menschen hassen und, soweit sie können, Gottes Gerechtigkeit entgegenarbeiten. Denn solche Eintracht findet man unter den Gottlosen, dass sie denen sich anschließen und sich unterwerfen zur Ausübung der eigenen Schlechtigkeit, die sie vorzüglicher an Kräften finden.

Zum f ü n f t e n : Mag allen gleichermaßen die Sklavenkette schon in der Luft und dann in der Hölle zugeteilt sein, so sind doch deshalb ihre Naturen keineswegs gleichermaßen bestimmt zu gleichen Strafen und gleichen Diensten; im Gegenteil: je höher sie stehen ihrer Natur nach und tüchtiger sind in ihrem Amte, einer umso schwereren Qual sind sie auch unterworfen. Daher W e i s h e i t 6: »Die Mächtigen werden mächtig Qualen erdulden.«

Es dreht sich also die Frage um die Einflüsse der Himmelskörper, wobei drei weitere Irrtümer zurückgewiesen werden, und zwar ist es die fünfte der Reihe nach. Aber zur weiteren Erklärung der Prämissen ist auch jedweden vorgebrachten Einwürfen zu begegnen.

Man fragt nach den Werken der Hexer mit Bezug auf die fünffache

Ursache, wobei vier davon zurückgewiesen werden, aus denen sie keinen Einfluss haben können, während die fünfte erschlossen wird, nämlich die Einbildungskraft, aus der sie zu fließen haben, die zwar ihrer Natur nach gut sein mag, dem Willen nach jedoch schlecht ist.

Vier Ursachen aber werden zurückgewiesen gegenüber jenen, die entweder die Existenz der Hexen oder die ihrer Werke leugnen; und zwar sind es die Einflüsse der Himmelskörper, die Motoren dieser Körper und Kreise, die zunehmende Bosheit der Menschen, und die Wirksamkeit von Bildern, Schriftzeichen und Worten.

Fünfte Frage

Woher die Vermehrung der Hexenkünste stamme

Ob es in jeder Hinsicht für gut katholisch erachtet werden könne, dass der Ursprung und die Vermehrung der Hexenwerke sich aus den Einflüssen der Himmelskörper oder der überhand nehmenden Bosheit der Menschen und nicht aus den Unflätereien der Incubi und Succubi herschreibe:

und es scheint, aus der eigenen Bosheit. Denn Augustinus sagt in dem Buche 9, 83, dass auch die Ursache der Verderbtheit des Menschen auf den Willen zurückgeht, mag dieser nun mit oder ohne Überredungskunst verderbt sein. Der Hexer aber wird verdorben durch die Sünde, also ist die Ursache jener (Tatsache) nicht der Teufel, sondern der menschliche Wille. Ebendavon spricht er im Buche de libero arbitrio, dass jeder selbst der Grund seiner Bosheit ist. Das wird auch mit einer Begründung bewiesen. Die Sünde des Menschen geht aus dem freien Willen hervor, aber der Teufel kann den freien Willen nicht bewegen, denn das würde ja der Freiheit widersprechen. Also kann der Teufel daran nicht schuld sein, so wenig wie an jeder anderen Sünde. Außerdem heißt es im Buche de eccles. dogm.: »Nicht alle unsre bösen Gedanken werden vom Teufel erweckt, sondern sie erheben sich oftmals aus der Bewegung unsres eigenen Willens.«

Endlich wird bewiesen, dass (die Hexenwerke) entstehen können aus dem Einflusse der Himmelskörper, nicht durch die Dämonen. Wie jede Menge zurückgeht auf die Einheit, so alles Vielförmige auf ein einförmiges Prinzip. Die Handlungen nun der Menschen sind verschieden und vielgestaltig, sowohl in Hinsicht auf Laster, wie auf Tugenden; daher scheint es, dass sie auf irgendwelche einförmig bewegte und bewegende Prinzipien zurückgeführt werden. Aber dies kann nur behauptet werden aus den Bewegungen der Himmelskörper, die einförmig sind; und also sind diese Körper die Ursachen solcher Handlungen.

Ferner: Wären die Himmelskörper nicht die Ursachen der Handlungen der Menschen in Hinsicht der Tugend und Sünde, so würden die Astrologen nicht so häufig die Wahrheit über den Ausgang der Kriege und anderer menschlicher Handlungen voraussagen: (die Himmelskörper) sind also in gewisser Hinsicht die Ursache.

Außerdem werden die Himmelskörper nach allen Theologen und Philosophen von geistigen Substanzen bewegt. Nun sind diese Geister unseren Seelen ebenso überlegen wie die Himmelskörper unseren Körpern: daher haben beide gleichermaßen auf Leib und Seele des Menschen zur Verursachung irgendwelcher menschlicher Handlungen einzuwirken.

Ferner können die Himmelskörper die Dämonen selbst so beeinflussen, dass sie bestimmte Hexenkünste verursachen; umso mehr also die Menschen selbst. Diese Annahme wird mit dreierlei bewiesen. Gewisse Menschen, die man Mondsüchtige nennt, werden von den Dämonen zu der einen Zeit mehr geplagt als zu der anderen, was sie nicht tun würden (sondern vielmehr sie zu jeder Zeit belästigen), wenn nicht bei bestimmten Monderscheinungen die Dämonen durch diese ebenfalls zur Verursachung derartiger (Zustände) beunruhigt würden. Ebenso wird es bewiesen durch die Nigromantiker, welche zur Beschwörung der Dämonen bestimmte Konstellationen beobachten, was sie nicht tun würden, wenn sie nicht wüssten, dass jene Dämonen den Himmelskörpern unterworfen seien.

Es wird auch dadurch bewiesen, dass die Dämonen nach Augustinus de civ. dei 10 durch gewisse niedere Körper herbeigeholt werden, wie Kräuter, Steine, Tiere, bestimmte Laute und Stimmen und Zeichen. Da aber die Himmelskörper mächtiger sind als die niederen Körper, um so mehr sind diese den Handlungen der Himmelskörper und wiederum mehr die Hexer unterworfen, sodass also ihre Werke aus dem Einflüsse jener (Himmels-) Körper und nicht aus dem Beistande der bösen Geister hervorgehen. Das Argument wird verstärkt durch Könige I, 16: wenn Saul vom Dämon beunruhigt wurde, fand er Erleichterung, so oft David vor ihm die Harfe spielte, wo ihn dann der böse Geist verließ.

Aber dagegen: Es ist unmöglich, eine Tat ohne ihre Ursache vorzubringen: die Werke der Hexer aber sind derart, dass sie nicht ohne Hilfe der Dämonen bewirkt werden können. Dies ist ersichtlich aus der Beschreibung der Hexenwerke: Isidorus Etym. 8: »Hexer heißen sie wegen der Größe ihrer Taten; sie verwirren die Elemente, stören den Geist der Menschen und vernichten ohne einen Tropfen Gift, bloß durch die Gewalt des Zauberspruchs die Seelen« usw. Derartige Taten aber können nicht durch den Einfluß der Himmelskörper mit Vermittlung eines Menschen verursacht werden.

Außerdem sagt der Philosoph in seiner Ethik: »Es ist schwer zu sagen, was das Prinzip des Handelns in der Seele sei.« Er zeigt, dass es etwas Äußerliches sein müsse. Denn alles, was von Neuem beginnt, hat eine bestimmte Ursache. Es beginnt nämlich ein Mensch zu handeln, weil er will; er beginnt zu wollen, weil er vorher überlegt; wenn er aber vorher überlegt wegen eines vorhergehenden Planes, so muss man entweder in infinitum vorgehen, oder man muss irgend ein äußeres Prinzip setzen, welches die Menschen erstmalig zum Überlegen bringt, wenn nicht etwa jemand sagte, dies geschehe durch das Schicksal: woraus folgte, dass alle menschlichen Handlungen Schicksalshandlungen seien, was absurd ist. Er sagt also, die Ursache zum Guten bei dem Guten sei Gott, der nicht die Ursache zur Sünde ist; bei den Bösen aber, wenn ein Mensch anfängt, zu handeln, zu wollen und über das Sündigen nachzudenken, muss die Ursache dessen auch eine äußerliche sein; und es kann keine andere sein als der Teufel, besonders bei den Hexen, wie oben gezeigt wurde, weil ein Himmelskörper nicht auf solche Handlungen einwirken kann. Also ist die Wahrheit am Tage.

Außerdem, wessen Macht das Bewegende unterworfen ist, dessen Macht ist auch die Bewegung unterworfen, weil diese vom Bewegenden verursacht wird. Das Bewegende beim Willen ist etwas durch den Sinn oder den Verstand Erfasstes, die beide der Macht des Teufels unterworfen sind. Denn es sagt Augustinus q. 83: »Dies Übel (welches der Teufel ist) schleicht sich ein durch alle Sinneseingänge, stellt sich dar in Figuren, passt sich den Farben an, haftet an den Tönen, liegt verborgen im Zorn und in trügerischer Rede, birgt sich in Gerüchen, dringt ein mit Dünsten und erfüllt mit Nebeln alle Zugänge zum Verstande.« Daher ist es klar, dass es in der Macht des Teufels liegt, den Willen zu bewegen, der unmittelbar die Ursache der Sünde ist.

Ferner: Alles, was zu etwas neigt, bedarf eines Bestimmenden, dass es in Handlung trete. Nun neigt der freie Wille des Menschen zu beidem, nämlich zum Guten wie zum Bösen; also dazu, dass er zum sündigen Handeln schreite, ist es nötig, dass er von etwas zum Bösen bestimmt werde. Am meisten aber scheint dies durch den Teufel zu geschehen, besonders in den Werken der Hexer, da sein Wille zum Bösen geneigt ist. Daher scheint der böse Wille des Teufels die Ursache des bösen Willens zu sein, besonders bei den Hexen. Dieser Grund kann noch dadurch verstärkt werden, dass, wie ein guter Engel zum Guten neigt, so ein böser zum Bösen. Nun führt jener die Menschen zum Guten: also dieser zum Bösen. Es ist nämlich, sagt Dionysius, das Gesetz der Gottheit unwandelbar bestimmt, dass das Unterste von den Höchsten vollbracht werde.

Antwort. Weil die Frage betreffs des Ursprungs der Hexenwerke sich stützt auf den Einfluss der Himmelslichter, so wird durch Zurückweisung der drei Irrlehrer, die denselben annehmen wollen, der Planetarier, Genethliaker und Schicksalslehrer, gezeigt, dass dies nicht möglich sein könne. Zum ersten: Denn wenn man fragt, ob infolge des Einflusses der Himmelsleuchten in den Menschen das Laster der Hexer verursacht werde, dann muss man mit Rücksicht auf die verschiedenen Sitten und mit Wahrung der Wahrheit des Glaubens mit Unterscheidung darüber sprechen, nämlich, dass man die Änderung der Sitten der Menschen durch die Gestirne verstehen könne auf zwiefache Weise: entweder notwendig und hinreichend, oder stellenweise und zufällig. Sagt man, auf die erste Art, dann ist es nicht nur falsch, sondern auch ketzerisch, weil es der christlichen Religion so sehr widerstreitet, dass auch die Wahrheit des Glaubens bei solcher Irrlehre nicht bestehen bleiben kann. Grund: Wenn man (die Behauptung) aufstellt, dass notwendigerweise alles von den Sternen ausgehe, dann hebt man dadurch das Verdienst und damit auch das Nichtverdienst auf; dann hebt man auch die Gnade und damit die Verherrlichung auf. Weil dann die Sittlichkeit der Menschen durch solche Irrlehre einen schlimmen Ausgang finden muss, da die Schuld des Sünders die Sterne trifft, so wird zügellose Hexerei ohne Tadel zugelassen und der Mensch zur Verehrung und Anbetung der Sterne gezwungen.

Sagt man dagegen, dass die Sitten der Menschen von den Stellungen der Sterne nur stellenweise und zufällig verändert werden, so kann man auf die Wahrheit stoßen, weil das weder dem Glauben noch der Vernunft widerspricht. Denn es liegt auf der Hand, dass der verschiedene Zustand des Körpers viel tut zur Veränderung der Affekte und Sitten der Seele, wie denn die

Seele die Komplexion des Körpers sehr stark nachahmt, wie es in den Sechs Prinzipien heißt. Darum sind auch die Choleriker jähzornig, die Sanguiniker freundlich, die Melancholiker neidisch, die Pflegmatiker träge. – Das ist aber nicht aus Notwendigkeit so: denn die Seele beherrscht ihren Körper, und zwar besonders, wenn sie von der Gnade unterstützt ist: viele Choleriker sehen wir freundlich und Melancholiker gütig. Wenn also die Kraft der Himmelskörper die Mischung und Qualität der Komplexionen bewirkt, so kommt daher, dass sie folglich in gewisser Weise einwirkt auf die Beschaffenheit der Sitten, freilich sehr aus der Ferne; denn mehr tut zur Beschaffenheit der Komplexion die Kraft der niederen Natur als die des Sternes. Daher empfiehlt A u g u s t i n u s de civ. dei 5, bei der Lösung einer Frage über zwei Brüder, die gleichzeitig krank waren und geheilt wurden (als man fragte, woher dies käme), mehr den Grund des Hippokrates als des Astronomen. Hippokrates nämlich antwortete, dies sei geschehen wegen der Ähnlichkeit der Komplexion; der Astronom antwortete, wegen der Identität der Konstellation. Der Arzt antwortete besser, weil er eine mehr wirkliche und näher liegende Ursache angab. – So muss man also sagen, dass die Eindrücke der Gestirne in gewisser Weise zur Hexenbosheit disponieren, wenn in ihren Körpern ein Einfluss mehr zu derartigen Schändlichkeiten als zu andern, seien es gute, seien es schlechte Taten, vorherrscht. Aber diese Disposition darf man nicht notwendig, nächstliegend und ausreichend nennen, sondern fernliegend und zufällig.

Es hat nichts zu sagen, wenn jemand die Worte des Philosophen, de proprietatibus, elementorum, entgegenhalten wollte, wo er sagt, dass Reiche verödet und Länder entvölkert sein bei der Konstellation von Jupiter und Saturn, beweisend gleichsam, dass, weil derartiges von dem freien Willen der Menschen abhing, die Einflüsse der Sterne auch über den freien Willen Macht hätten. Darauf wird nämlich geantwortet, dass der Philosoph mit diesem Ausspruch nicht sagen will, dass jene Menschen dem Einfluss jener Konstellation, welche zur Zwietracht führte, nicht widerstehen k o n n t e n, sondern dass sie es nicht w o l l t e n, weil, wie P t o l e m a e u s in Almagesti sagt, der weise Mann sich von den Sternen leiten lassen wird. Wiewohl nämlich die Konstellation von Jupiter und Saturn dadurch, dass Saturn einen melancholisch (wirkenden) und bösen, Jupiter aber einen sehr guten Einfluss hat, die Leute zu Streit und Zwietracht bringen kann, so können doch die Menschen dieser Neigung nach der Freiheit des Willens widerstehen, und zwar sehr leicht mit Hilfe der Gnade Gottes.

Nichts bedeutet es auch ferner, wenn einer den Ausspruch des (Joannes) Damascenus II, 6, anführen wollte, wo er sagt: »Es zeigen sich oft Kometen und gewisse Zeichen, dass Könige sterben.« Denn es wird darauf erwidert, dass, wenn man auch der Ansicht des Damascenus, der, wie im vorgenannten Buche sich klar ergibt, eine der Philosophenart entgegengesetzte Ansicht hatte, folgt oder nicht, doch nichts dadurch geschlossen wird bezüglich der Notwendigkeit (der Beeinflussung der menschlichen Handlungen?) Denn Damascenus meint, dass ein Komet weder auf natürliche Weise entsteht, noch zu den Sternen gehört, die am Firmamente stehen, weshalb weder seine Ankündigung noch sein Einfluss natürlich ist. Denn er sagt, dass die Kometen nicht zu den Sternen gehören, welche von Anfang an als Sterne geschaffen wurden; sondern sie werden auf göttlichen Befehl nach der Zeit aufgestellt und wieder aufgelöst. So Damascenus. Es verkündet aber Gott durch ein solches Zeichen eher den Tod eines Königs, als eines anderen, einmal, weil es eine allgemein bekannte Person ist, dann, weil daraus eine Störung des Reiches entstehen kann. Um seine Bewachung mühen sich die Engel mehr, um des gemeinsamen Wohles willen, mit deren Beistande (die Kometen) auch entstehen und (wieder) aufgelöst werden.

Aber auch die Meinung der Philosophen steht nicht im Wege, welche sagen, ein Komet sei ein heißer und trockener Körper, entstanden im oberen Teile der Luft, nahe bei dem Feuer, aus dessen finsterem und trockenem Dampf geeint die Kugel jenes Dampfes wie ein Sternkörper erscheint, die Teile jenes Dampfes aber, die um die Kugel sich verbreiten und weit ausgedehnt an den Enden der Kugel angefügt sind, sind gleichsam seine Haare (comae); und gemäß dieser Stellung bedeutet und verursacht er nicht durch sich selbst, sondern durch Akzidens eine Sterblichkeit, die aus heißen und trockenen Krankheiten hervorgeht. Und weil meistens die Reichen sich von Heißem und Trockenem nähren, deshalb sterben zu solcher Zeit viele Reiche, darunter ist der Tod der Könige und Fürsten besonders bemerkenswert. Diese Behauptung ist auch von der des Damascenus nicht verschieden, wenn man recht überlegt, außer betreffs der Hilfe und Mitwirkung des Engels, die auch die Philosophen nicht ausschließen können. Im Gegenteil: wo jene Dämpfe in ihrer Trockenheit und Hitze niemals zur Schaffung des Kometen tätig wären, haben sie nach vorausgeschickten Ursachen durch Beihilfe des Engels oft noch mitzuhelfen; so auch der Stern, welcher des Doktors S. Thomas Ende verkündete; der keineswegs aus den oberen Sternen am Firmamente hervortrat, sondern unter Beihilfe eines Engels aus einer vorliegenden Masse geformt und nach erfüllter Pflicht wieder aufgelöst ward.

Daraus sehen wir, dass nach keiner dieser Meinungen die Leuchten des Himmels überhaupt irgend eine Herrschaft über den freien Willen ausüben und folglich auch nicht über die Bosheit und die Sitten der Menschen.

Ferner beachte man, warum die Astronomen öfters Wahres vorhersagen und ihre Urteile meist an e i n e r Provinz oder dem Volke e i n e s Landes sich bewähren. Der Grund davon ist, weil sie ihre Urteile aus den Sternen nehmen, welche auch größeren Einfluss haben, d.h. a n n e h m b a r e n, k e i n e n z w i n g e n d e n, in den Handlungen der Natur sowohl wie des Willens und in den Haupthandlungen der Menschen, wie eines Volkes oder einer Provinz, mehr als in den Einzelhandlungen einer Person. Denn weil der Einfluss der Sterne auf ein ganzes Volk größer ist als auf einen einzelnen Menschen, und weil der größere Teil eines Volkes den natürlichen Affekten des Körpers mehr folgt als ein einzelner Mensch, deshalb usw. Doch ist dies nur als nebensächlich aufgestellt.

Der zweite Weg, wie unsere angegebene katholische Behauptung erklärt wird, liegt in der Zurückweisung der Irrtümer der Genethliaker und der Astrologen, die eine Göttin Fortuna verehren. Darüber I s i d o r u s Ethic. VIII, 9. Genethliaker heißen sie wegen der Beobachtung der Geburtssterne; gewöhnlich heißen sie Astrologen; die Fortuna aber soll, wie er ibid. 2 sagt, ihre Namen von fortuitum (»Zufall«) haben. Sie ist gleichsam eine Göttin, die das Treiben der Menschen durch Wechselfälle und Zufälligkeiten verspottet. Deshalb nennt man sie auch blind, weil sie hier und dort, auf jeden zu eilt, ohne Prüfung des Verdienstes, und zu Guten wie Bösen kommt. So Isidorus. Aber wie es Götzendienst ist, an eine solche Göttin zu glauben, auch dass die Schädigungen an den Leibern (der Menschen) und den Geschöpfen, welche durch Hexenwerk geschehen, nicht von den Hexen selbst, sondern von der Göttin Fortuna herrühren, ebenso widerspricht auch die Behauptung, die Hexen selbst seien dazu geschaffen, dass derartiges durch sie in der Welt verübt werden könne, in ähnlicher Weise dem Glauben, ja auch der gemeinsamen Überlieferung der Philosophen. Wer Lust hat, sehe nach den heiligen Doctor, Summa fidei contra gentiles III, 87 ff, wo er mehreres finden wird.

Dies eine möge um derentwillen, denen Büchervorrat vielleicht nicht zu Gebote steht, nicht unerwähnt bleiben, dass nämlich, wie dort bemerkt wird, im Menschen dreierlei sei, was von drei himmlischen Ursachen geleitet wird: Handlung des Willens, Handlung des Verstandes und Handlung des Körpers, wovon das erste nur von Gott und unmittelbar, das zweite von einem Engel und das dritte von einem Himmelskörper geleitet wird. Denn das Wählen und Wollen wird in den guten Werken unmittelbar von Gott geleitet, wie die Schrift sagt Sprüche 21: »Das Herz des Königs (nämlich: weil es mit größerer Macht widerstehen kann, desto weniger können es andere, weil es) ist in der Hand des Herrn, und er neigt es, wohin er will.« Auch der Apostel sagt: »Gott ist es, der in uns Wollen und Vollbringen wirkt nach dem guten Willen.«

Aber die intellektuelle menschliche Erkenntnis wird von Gott durch Vermittlung der Engel verwaltet. Was aber mit den Körpern zusammenhängt, mag es nun äußerlich oder innerlich sein, und dem Menschen zum Gebrauche dient, wird durch Gott unter Vermittlung der Engel und der Himmelskörper verwaltet. Denn es sagt der heilige Dionysius, de div. nom. 4, dass die Himmelskörper die Ursachen sind von dem, was auf Erden geschieht, ohne jedoch einen unumstößlichen Zwang auszuüben. Und da der Mensch hinsichtlich des Körpers unter die Himmelskörper, hinsichtlich des Verstandes jedoch unter die Engel, hinsichtlich des Willens jedoch unter Gott geordnet ist, so kann es geschehen, dass der Mensch, mit Verachtung der Eingebung Gottes zum Guten und der Erleuchtung des guten Engels, durch einen körperlichen Affekt dahin geführt wird, wozu ihn die Einflüsse der Himmelskörper neigen, sodass damit sowohl der Wille als der Verstand in Bosheit und Irrtümer verstrickt werden.

Es ist aber nicht möglich, in solche Irrtümer, in welche die Hexen verstrickt sind, durch die Einflüsse der Sterne des Himmels verwickelt zu werden, mag jemand infolge derselben geneigt werden können, Blutvergießen, Diebstahl, Räuberei oder auch die hässlichsten Ausschweifungen, ebenso wie auch andere gewisse natürliche Dinge auszuführen. Wie auch Guilelmus de universo sagt, was durch Erfahrung bestätigt ist: wenn eine Hure einen Olivenbaum zu pflanzen bestrebt ist, wird er nicht fruchtbar; pflanzt ihn eine Keusche, dann wird er fruchtbar; und ebenso bewirkt ein Arzt beim Heilen, ein Landmann beim Pflanzen, ein Soldat beim Stürmen etwas infolge des Einflusses eines Himmelskörpers, was andere, die ebensolche Werke betreiben, nicht vollbringen können.

Der dritte Weg wird genommen durch Zurückweisung der »zufälligen Erscheinungen«. Hier ist zu bemerken, dass (hier) die Existenz des Schicksals (fatum) nur im katholischen Sinne gelehrt wird; es auf andere Weise zu lehren ist durchaus ketzerisch. Wenn man nämlich Schicksal verstände nach der Meinung gewisser Heiden und gewisser Astrologen, welche meinten, dass infolge der Kraft der Stellung der Gestirne unfehlbar die Verschiedenheit der Sitten verursacht werde, sodass der und der notwendigerweise ein Zauberer oder aber ein Sittenheld würde, weil ihn dazu die Kraft zwänge, welche in der Stellung der Sterne läge, unter welcher ein solcher empfangen oder geboren wäre; und diese Kraft nannten sie eben mit Namen Schicksal: so wäre diese Meinung nicht nur falsch, sondern auch ketzerisch und durchaus zu verfluchen wegen der Unzuträglichkeiten, die daraus folgen würden, wie oben bei der Zurückweisung des ersten Irrtums festgestellt ist, weil nämlich damit das Verhältnis von Verdienst und Nichtverdienst, ja auch von Gnade und Verherrlichung aufgehoben würde, auch dass Gott (dann) der Urheber unsres Übels sei und vieles andere. So wird das Schicksal als (in diesem Sinne) nichts seiend zurückgewiesen, nach welcher Annahme auch Gregorius sagt in Hom. Epiphaniae: »Fern sei von den Herzen der Gläubigen, dass sie dem Schicksale irgend eine Bedeutung beimessen.«

Und mag auch diese Meinung dieselbe sein wie die erste, die der Planetarier, und zwar wegen derselben Unzuträglichkeit, die auf beiden Seiten sich zeigt, so sind sie doch verschieden, da die Kraft der Sterne und der allgemeine Einfluss der sieben Planeten unter sich verschieden sind.

Wenn man meint, das Schicksal habe eine Existenz hinsichtlich einer gewissen Disposition oder Waltung der zweiten Ursachen zur Bewirkung der von Gott vorgesehenen Wirkungen, so ist auf diese Weise das Schicksal wirklich etwas, insofern als die Vorsehung Gottes ihre Wirkungen durch Mittelursachen vollbringt; bei denen nämlich, die den Mittelursachen unterworfen sind, wenn auch nicht bei anderen, wie z.B. der Schöpfung der Seelen, die Verherrlichung und die Häufung der Gnade; mögen auch die Engel mitwirken können zur Ausgießung der Gnade, indem sie den Verstand und die Fasslichkeit des Willens erleuchten und disponieren. Und so wird ein gewisses Walten über den Wirkungen zugleich Vorsehung und auch Schicksal genannt. Wenn es nämlich betrachtet wird, wie es in Gott liegt, so heißt es Vorsehung, wenn aber nach dem, was an den von Gott zur Hervorbringung gewisser Wirkungen geordneten Mittelursachen ist, dann hat es die Weise des Schicksals. Und so sagt Boëtius, de consol. 4, wo er vom Schicksal spricht: »Schicksal ist die den beweglichen Dingen anhaftende Anordnung, durch welche die Vorsehung alles in die richtige Reihe bringt.«

Dennoch wollten die heiligen Doktoren diesen Namen nicht gebrauchen um derentwillen, die denselben auf die Kraft der Stellung der Gestirne bezogen wissen wollten. Darum meint Augustinus de civ. dei 5: »Wenn deshalb jemand die menschlichen Angelegenheiten vom Schicksale abhängig machen wollte, weil er Gottes Willen oder Macht selbst Schicksal nennt, dann möge er sein Urteil an sich halten und seine Zunge verbessern.«

Es erhellt auch aus dem Vorausgeschickten eine schweigende Antwort auf die Frage, ob alles dem Schicksale untergeben und ob auch die Werke der Hexer ihm untergeben seien: weil, wenn Schicksal heißt das Walten der zweiten Ursachen zum Vollbringen der von Gott vorgesehenen Taten, d.h. wenn Gott angeordnet hat, solche Taten durch zweite Ursachen zu vollbringen, sie insofern dem Schicksale untergeben sind, d.h. den zweiten Ursachen, die dazu von Gott angeordnet sind, wie es die Einflüsse der Himmelskörper sind; dasjenige aber, was durch Gott unmittelbar geschieht, wie es die Schöpfung der Welt ist, die Verherrlichung der geistigen Substanzen und anderes der Art, ist dem Schicksal nicht untergeben; und das ist es, was Boëtius sagt, a.a.O., dass das, was der höchsten Gottheit am nächsten steht, über die Bewegung durch die Schicksalsordnung hinausgeht. Daher sind die Werke der Hexer, weil sie nicht den zweiten Ursachen unterworfen sind, da ja solches gegen den gewöhnlichen Lauf und die Ordnung der Natur ist, nicht dem Schicksale, sondern anderen Ursachen, was ihren Ursprung betrifft, notwendigerweise untergeben.

Folgt, dass derartige Hexenwerke auch nicht entstehen oder verursacht werden können von gesonderten Substanzen, die die Motoren der Himmelswelten oder -Körper sind, welcher Meinung Avicenna war und seine Anhänger, die sich von dem Grunde leiten ließen, dass nämlich jene gesonderten Substanzen von höherer Macht sind als unsre Seelen, und dass von der Seele selbst, wenn sie in ihrer Vorstellung befangen war, auf irgend eine bloße innere Wahrnehmung von etwas Äußerlichem hin, der eigene Körper, bisweilen auch ein fremder oder äußerer verwandelt wird. Zum Beispiel: Jemand, der über einen in der Höhe hingelegten Balken geht, fällt leicht herunter, weil er sich in seiner Furcht das Fallen vorstellt; er würde aber nicht fallen, wenn jener Balken auf die Erde gelegt wäre, wo der Betreffende das Fallen nicht fürchten könnte. Item erglüht auf die bloße Wahrnehmung der Seele hin der Körper, wie bei den Begehrlichen, oder den Zornigen oder aber er erstarrt, wie bei den Furchtsamen. Er kann auch verwandelt werden bis zur Krankheit, wie Fieber oder Aussatz, infolge lebhafter Vorstellung und Wahrnehmung bezüglich solcher Krankheiten; und wie am eigenen, so auch kann am fremden Körper diese Veränderung eintreten, nach der Seite der Gesundung oder Erkrankung hin; und dies stellt er hin als Grund auch der Zauberei, worüber weiter oben geredet ist. Und weil nach dieser Feststellung die Taten der Hexen auf die Motoren der Welten, wenn auch nicht gerade auf die Himmelskörper selbst, zurückgeführt werden müssten, so wollen wir außer dem, was dort festgestellt ist, noch sagen, dass derartiges unmöglich so geschehen kann, weil die Motoren der Welten intellektuelle Substanzen sind und gut nach der Natur wie nach dem Willen, was sich aus ihren Handlungen zum Besten des ganzen Universum ergibt. Aber die Kreatur, mit deren Hilfe die Zauberwerke geschehen, kann auch, wenn sie ihrer Natur nach gut wäre, doch nicht ihrem Willen nach gut sein. Darum kann nicht dasselbe Urteil über die beiden Substanzen gelten.

Dass jene Kreatur nicht gut sein könne dem Willen nach, wird bewiesen. Denn einem darin Unterstützung gewähren, was gegen die Tugend ist, ist nicht Zeichen eines wohl veranlagten Verstandes: solcherlei geschieht aber in derartigen Taten der Hexer. Wie nämlich im zweiten Teile klar wird, geschehen sehr viele Mordtaten, Hurerei, Tötung von Kindern und Vieh, und andere Hexentaten werden vollbracht. Daher werden auch diejenigen, die sich solcher Künste bedienen, malefici (Hexer) genannt von maleficare (Böses tun, hexen). Also eine solche intellektuelle Natur, mit deren Hilfe derartige Hexenkünste geschehen, ist bezüglich der Tugend nicht gut angelegt, mag sie auch der Natur nach gut sein, weil sie es zu sein hat, und alles danach strebt, wie jedem Sehenden klar ist. – Item ist es nicht Zeichen eines wohl angelegten Verstandes, mit Verbrechern vertraut zu sein und ihnen Unterstützung zu gewähren und nicht den Tugendhaften. Aber der von ihm stammenden Werke der Hexer bedienen sich die verbrecherischen Menschen, weil sie an den Früchten erkannt werden.

Mit Hilfe aber der Substanzen, welche die Welten bewegen, neigt jede Kreatur von Natur zum Guten, mag sie auch oft durch ein Akzidens verdorben werden: also können jene Substanzen nicht die ursprüngliche Ursache der Hexen sein.

Außerdem ist es das Zeichen eines wohl angelegten Verstandes, die Menschen zu dem zu führen, was dem Menschen eigene Güter sind, d.h. die Güter der Vernunft; ihn also davon abzulenken und zu den kleinsten Gütern zu führen ist Zeichen eines schändlich angelegten Verstandes. Durch diese Künste dieses aber erlangen die Menschen nicht irgendwelchen Vorschritt in den Gütern der Vernunft, welche sind Wissen und Tugenden, sondern in gewissen ganz niederen, welche sind Betrügereien, Ausübungen von Räuberei und tausend anderer Schädigungen. Also schreibt der Ursprung (der Zauberei) sich nicht her von gesonderten Substanzen, sondern von irgend einer anderen, der Tugend nach schlecht beanlagten Kraft.

Ferner ist der hinsichtlich des Verstandes nicht wohl angelegt, der sich rufen lässt, um durch Begehung irgend welcher Verbrechen jemand Hilfe zu bringen. Dieses geschieht aber in diesen Künsten der Hexer. Denn wie es sich in der Verurteilung derselben zeigen wird, verleugnen sie den Glauben und töten unschuldige Kinder. Die gesonderten Substanzen nämlich, welche die Motoren der Welten sind, leisten wegen ihrer Gutheit bei diesen Hexentaten keine Hilfe. Also ist zu schließen, dass derartige Künste, wie sie nicht durch Himmelskörper, so auch nicht durch deren Motoren entstehen können; und da sie notwendig entstehen müssen aus irgend einer Kraft, die irgend einer Kreatur innewohnt, und sie auch hinsichtlich des Willens nicht gut sein kann, mag sie es auch der Natur nach sein, und derartige Kreaturen eben die Dämonen sind, so bleibt nur übrig, dass durch ihre Kraft derartige Taten entstehen, es müsste denn vielleicht noch die frivole Meinung dem entgegen sein, dass sie infolge der menschlichen Bosheit im Vereine mit den beschwörenden Worten der Hexen und den an bestimmten Orten niedergelegten Zeichen durch eine gewisse Kraft der Sterne geschähen, wie z.B. wenn ein Zauberer ein Bildnis niederlegte und sagte: »Ich mache dich blind und lahm« und diese geschähe. Dann also träfe es sich, dass ein solcher Zauberer durch die Kraft der Sterne infolge seiner Nativität von den übrigen Menschen eine solche Kraft bekäme; wie sehr aber andere auch solche Worte vorbrächten und in der Kunst, sie vorzubringen, unterrichtet wären, so würden sie doch mit solchem Treiben keinen Erfolg haben. Auf alle diese Einzelheiten soll durch Antwort Licht verbreitet werden: erstens, dass durch die Bosheit der Menschen derartige Taten nicht verursacht werden können, zweitens auch nicht durch die Worte welcher Menschen auch immer, unter Mitwirkung einer bestimmten Konstellation mit gewissen Bildern.

E r s t e n s , dass nicht durch die menschliche Bosheit, wäre sie auch noch so groß, derartige Hexenwerke entstehen können, wird so erklärt. Sei die Bosheit des Menschen eine gewohnheitsmäßige, insofern jemand durch häufige Handlungen sich eine Gewohnheit erwirbt, die ihn zur Begehung von Sünden führt, nicht aus Unwissenheit noch Schwachheit, wo man dafür hält, er sündige aus Bosheit; oder sei sie eine gelegentliche Bosheit, welche heißt die Auswahl des Schlechten, welche auch als die Sünde gegen den heiligen Geist gesetzt wird – niemals kann sie an dem Zauberer selbst so viel bewirken, dass solche Taten, wie Verwandlungen der Elemente und Verletzungen an den Körpern, ohne Unterschied, ob der Menschen oder der Tiere, ohne Beistand einer anderen höheren Kraft sich ereigenen können, was erklärt wird erstens bezüglich der Ursache, zweitens bezüglich der Hexentat. Denn das, was ein Mensch ohne Bosheit nicht tun kann, nämlich durch seine ungeminderte Naturkraft, kann er noch weniger durch die bereits geminderte Naturkraft. Das ist klar, da schon die handelnde Kraft sogar schon geschwächt ist. Aber ein Mensch wird durch seine, gleichgültig wie, in Bosheit begangenen Sünden an seinen guten natürlichen Kräften geschwächt. Das wird durch Autorität und Grund bewiesen: Dionysius de div. nom. 4 sagt: »Das Böse ist eine natürliche Tat der Gewohnheit«; und er spricht vom Bösen der Schuld. Daher tut auch niemand das Böse wissentlich: weil er, wenn er es tut, es infolge eines Mangels tut. – Der Grund ist der: Wie sich das Gute der Gnade zum Schlechten der Natur verhält, so verhält sich das Schlechte der Schuld zum Guten der Natur; aber durch die Gnade wird das Schlechte der Natur vermindert wie Zunder, welcher ist Neigung zur Schuld; also durch die Schuld wird um so mehr das Gute der Natur gemindert. Es steht dem nicht entgegen, wenn man von der Zauberei redet, die manchmal geschieht durch Ansehen oder Blick irgend einer bösen Vettel, die einen Knaben ansieht, wodurch der Knabe verändert und verzaubert wird, weil, wie oben festgestellt, dies an den Knaben nur wegen der zarten Komplexion geschehen kann. Hier aber reden wir von der Veränderung der Körper aller beliebigen Menschen und Tiere und auch der Elemente, dass Hagel fällt (usw.). Wenn das jemand noch weiter einsehen will, so lese er den heiligen Doctor nach in seinen Fragen über das Böse: ob die Sünde das ganze Gute der Natur vernichten könne usw.

Endlich wird (die Sache) erklärt von den Wirkungen der Hexen aus. Denn von den Wirkungen gelangt man zur Erkenntnis der Ursache. Wie also jene Wirkungen, welche mit Bezug auf uns außer der Ordnung der geschaffenen, uns bekannten Natur durch die Kraft einer uns unbekannten Kreatur geschehen – mögen sie auch nicht eigentlich Wunder sein, wie diejenigen, welche außer der Ordnung der ganzen geschaffenen Natur geschehen, wie derartiges nach seiner Macht tut derjenige, welcher ist über aller Ordnung der ganzen geschaffenen Natur, welcher ist der gebenedeite Gott, nach welchem Glauben man sagt: »Du bist es, der allein Wunder tut« – so werden auch die hexenhaften Wirkungen wunderbar genannt, insofern sie durch eine uns unbekannte Ursache und außer der Ordnung der geschaffenen, uns bekannten Natur bewirkt werden. Daraus ergibt sich, dass die körperliche Kraft des Menschen sich nicht auf die Verursachung derartiger Taten erstrecken kann, die immer darin besteht, dass die Ursache samt ihrer natürlichen Wirkung natürlich, ohne Wunder bekannt sei; und dass die Hexenkünste in gewisser Hinsicht Wunder genannt werden können, insofern sie die menschliche Erkenntnisfähigkeit übersteigen, das leuchtet an und für sich ein, da sie nicht natürlich geschehen; es leuchtet auch ein durch die (Ausführungen) aller Gelehrten, besonders des Augustinus 83, wo er sagt, dass durch zauberische Künste Wunder geschehen, fast ähnlich den Wundern, die durch die Diener Gottes geschehen; und ferner ebenda: »Die Zauberer tun Wunder durch private Kontrakte; gute Christen durch die öffentliche Gerechtigkeit, schlechte Christen durch Zeichen der öffentlichen Gerechtigkeit«; was alles so erklärt wird: Die göttliche Gerechtigkeit nämlich ist im ganzen Universum, wie das öffentliche Gesetz im Staate. Die Kraft aber jeder beliebigen Kreatur verhält sich im Universum wie die Kraft irgend einer Privatperson im Staate. Daher sagt man: gute Christen, soweit sie durch die göttliche Gerechtigkeit Wunder tun, tun die Wunder durch die öffentliche Gerechtigkeit; der Zauberer aber, weil er handelt auf Grund eines mit einem Dämon eingegangenen Paktes, handelt, wie man sagt, durch einen privaten Kontrakt, weil er durch einen Dämon handelt, welcher vermöge seiner natürlichen Kraft etwas tun kann außer der Ordnung der geschaffenen, uns bekannten Natur, durch die Kraft einer uns unbekannten Kreatur; und es wird für uns ein Wunder sein, aber nicht schlechthin, weil er nicht außer der Ordnung der ganzen geschaffenen Natur und durch alle Kräfte der uns unbekannten Kreaturen handeln kann. Denn so kann allein Gott Wunder tun, wie man sagt, nach dem Worte: »Du bist Gott, der allein große Wunder tut.« Aber böse Christen tun es bloß durch Zeichen der öffentlichen Gerechtigkeit, wie durch Anrufen des Namens Christi oder Ausübung einiger Sakramente. Wer Lust hat, sehe nach bei Thomas Quaest. I, 111, 4; er kann auch vergleichen, was weiter unten, im zweiten Teile des Werkes, Kapitel 6, hergeleitet wird.

Endlich: auch nicht aus Worten irgend welcher Menschen, unter Mitwirkung irgend einer Konstellation über gewissen Figuren. Denn da der Verstand des Menschen so angelegt ist, dass sein Erkennen aus den Dingen entsteht, da ein Verstandbesitzender notwendig Phantasiegebilde sich vorstellen muss: so ist es nicht sein Wesen, dass er aus seinem Erkennen oder seiner inneren Verstandeshandlung heraus, wo er sie allein durch Worte ausdrückte, Dinge von außen zu verursachen habe, oder dass das Erkennen des Verstandes durch ausdrückliche Worte die Körper zu verändern habe. Denn solche Menschen, die solche Kraft besäßen, wären nicht einer Art mit uns: sondern hießen Menschen dem Namen nach.

Wenn man ferner sagt, dass sie jenes tun durch Worte, unter Mitwirkung der Kraft der Sterne infolge der Nativität, woher es kommt, dass sie vor den übrigen Menschen, während sie die Worte vorbringen, etwas dadurch erreichen, während jedoch andere, ebendieselben vorbringend, keine Verwandlung vorbringen könnten, weil die Kraft der Sterne infolge der Nativität ihnen nicht gedient hat: so erhellt aus dem Vorhergehenden, dass jenes falsch sei, nämlich aus der Zurückweisung der drei Irrlehren der Planetarier, Genethliaker und derer, die eine Schicksalsordnung behaupten.

Ferner, wenn die Worte eine Erfassung des Geistes ausdrücken und weder die Himmelskörper noch auch deren Motoren den Verstand beeinflussen können, außer wenn sie für sich, ohne Bewegung der Himmelskörper, den Verstand erleuchten wollten, was nur zu guten Werken geschehen würde, weil zur Ausführung schlechter der Verstand nicht erleuchtet, sondern umnachtet wird, was nicht das Amt guter, sondern böser Geister ist, so steht es fest, dass, wenn ihre Worte etwas bewirken, dies nicht durch die Kraft eines Himmelskörpers, sondern unter dem Beistande irgend einer Verstandeskraft geschieht, welche, wenn sie auch der Natur nach gut wäre, doch nicht gut sein kann dem Willen nach, insofern sie immer Böses beabsichtigt; und das wird der Dämon sein, wie oben gezeigt ist.

Und dass sie auch nicht durch Bildnisse so etwas erreichen können, als wenn die Himmelskörper darauf irgend einen Einfluss hätten (ist klar), weil derartige Bildnisse, wenn auch noch so sehr mit Charakteren und Figuren versehen, nur Werke eines künstlich zu Werke gehenden Menschen sind; Himmelskörper aber verursachen natürliche Wirkungen, der Art die Wirkungen der Hexer, die man hexenhaft nennt, nicht sind, da sie zum Unheile der Kreaturen gegen die gewohnte Ordnung der Natur geschehen; daher gehört das nicht zur Sache.

Außerdem ist oben gezeigt worden, dass die Bildnisse zwiefach sind: astrologische und magische, die auch zur Erlangung irgend eines persönlichen Vorteils, aber nicht zum Verderben (anderer) angewendet werden. Die Bildnisse aber der Hexer sind durchaus von der zweiten Art, da sie immer zur Schädigung der Kreaturen und auf Geheiß der Dämonen förmlich an einen bestimmten Ort gelegt werden, damit die darüber Wandelnden oder darauf Schlafenden geschädigt werden, wie die Hexen selbst gestehen. Daher bewirken sie alles, was sie verursachen, durch die Dämonen und nicht infolge der Einflüsse der Himmelskörper.

Zu den Argumenten:

Erstens ist der Ausspruch des Augustinus so zu verstehen, dass der Grund der Verschlechterung des Menschen auf den Willen des Menschen als auf die die Wirkung hervorbringende Ursache zurückgeht, die recht eigentlich Ursache heißt; aber nicht ist es eine Ursache, als sie die Wirkung erlaubt, oder vorbereitet, rät, vorschreibt, auf welche Weisen, nämlich ratend, vorbereitend und vorschreibend der Teufel die Ursache der Sünde und der Verschlechterung heißt; Gott aber allein zulassend, der ja das Böse nur zulässt um des Guten willen, nach Augustinus, Ench.: Der Teufel aber disponiert den Menschen durch inneres Anraten; er überredet innerlich und reizt äußerlich heftiger. Er befiehlt aber denen, die sich ihm gänzlich ergeben haben, wie die Hexer getan, die innerlich noch anzuspornen nicht nötig ist, wohl aber äußerlich usw.

Dadurch kommen wir zum zweiten: Dass jeder einzelne direkt verstanden die Ursache seiner Bosheit ist. Auf die Beweise ergibt sich dieselbe Antwort: dass, wenn es auch dem Begriffe des freien Willens widerstreitet, bewegt zu werden von einem Befehlenden, es nicht widerstreitet, von einem Disponierenden bewegt zu werden.

Drittens: Die Bewegungen zur Tugend oder zu den Lastern können von den Einflüssen der Himmelskörper durch Disponieren verursacht werden; und es wird diese Bewegung im Sinne einer bestimmten natürlichen Neigung zu den menschlichen Tugenden oder Lastern genommen; die Werke aber der Hexer, weil sie die gewöhnliche Ordnung der Natur überschreiten, können jenen Einflüssen nicht unterworfen sein.

Zum Vierten ist es ebenso klar, dass die Ursachen der menschlichen Handlungen die Himmelskörper sind; aber jene Werke (der Hexen) sind nicht als Menschenwerke befunden.

Fünftens: Dass die Motoren der Welten Einfluss auf die Seelen haben könnten: wenn man meint, unmittelbar, so beeinflussen sie durch Erleuchtung zum Guten und nicht zu Hexenwerken, wie oben festgestellt ist; wenn aber mittelbar, dann beeinflussen sie nach dem Einflüsse der Himmelskörper indirekt und disponierend.

Zum Sechsten: Dass die Dämonen nach gewissen Zunahmen des

Mondes die Menschen beunruhigen, geschieht aus zwei Gründen, erstens darum, dass sie die Kreatur Gottes schänden, nämlich den Mond, wie Hieronymus und Chrysostomus sagen; zweitens, weil sie nicht handeln können ohne die Vermittlung der natürlichen Kräfte, wie oben gesagt ist, deshalb erwägen sie die Geschicktheit der Körper zur Herbeiführung von Wirkungen; und weil das Gehirn der feuchteste aller Teile des Körpers ist, wie Aristoteles sagt, und mit ihm alle Naturforscher, deshalb ist es am meisten der Macht des Mondes unterworfen, weil dieser durch seine eigentümliche Beschaffenheit die Fähigkeit hat, Flüssigkeiten zu bewegen. Im Gehirn aber werden die Kräfte der Seele vollendet; und darum stören die Dämonen je nach dem Zunehmen des Mondes die Phantasie des Menschen, wenn sie sehen, dass sein Gehirn dazu gut disponiert ist.

Mit Bezug auf das andere, dass die Dämonen kommen, wenn sie unter gewissen Konstellationen angerufen werden, (ist zu sagen,) dass sie es aus zwei Gründen tun: erstens um die Menschen zu der irrigen Meinung zu bringen, in den Sternen wohne eine Götterkraft; zweitens, weil sie sehen, dass entsprechend gewissen Konstellationen die körperliche Materie mehr zu den Taten disponiert ist, zu deren Vollbringung sie angerufen werden. Drittens werden zwar, wie Augustinus de civ. dei 36 sagt, die Dämonen durch verschiedene Arten von Steinen, Kräutern, Hölzern, Tieren, Sprüchen und Musikinstrumenten angelockt, nicht wie die Tiere durch Speise, sondern wie Geister durch Zeichen, insofern ihnen das dargebracht wird wie ein Beweis göttlicher Ehrerweisung, wonach sie selbst sehr begierig sind; weil jedoch oft entgegengehalten wird, dass die Dämonen durch Kräuter und Harmonien an der Beunruhigung der Menschen gehindert werden können, wie in dem Argumente vorgebracht wird von Saul, (der) durch die Harmonie der Harfe (geheilt ward); weshalb sie es auch verteidigen wollen, dass irgend jemand ohne Hilfe der Dämonen Hexenwerke bewirken könnte durch bestimmte Kräuter und verborgene Ursachen, allein infolge des Einflusses der Himmelskörper, welche solche körperlichen Dinge mehr beeinflussen können zur Bewirkung körperlicher Taten, als auch die Dämonen selbst zur Vollbringung solcher Zauberwerke; deshalb, weil weitschweifiger zu antworten, ist zu bemerken, dass Kräuter und Harmonien durch ihre natürliche Kraft nicht ganz die Beunruhigung verhindern können, womit der Teufel den Menschen beunruhigen kann, wenn es ihm von Gott oder von den guten Engeln erlaubt wird. Sie können aber jene Beunruhigung mildern; und so klein könnte die Beunruhigung sein, dass sie dieselbe gänzlich verhindern könnten. Aber das würden sie tun, indem sie nicht gegen den Dämon selbst handeln, da er ja ein gesonderter Geist ist, gegen den sein wie auch immer beschaffener Körper auf natürliche Weise nicht handeln kann, sondern indem sie gegen den vom Dämon Beunruhigten selbst handeln. Denn jede Ursache von beschränkter Kraft kann auf eine disponierte Materie eine stärkere Wirkung ausüben als auf eine nicht disponierte, womit auch jenes Wort des Philosophen stimmt, de anima 2: »Die Handlungen der Handelnden geschehen an dem vorher disponierten Leidenden.« Der Dämon aber ist ein Agens von beschränkter Kraft: daher kann der Teufel stärkere Beunruhigung hervorbringen in einem Menschen, der disponiert ist zu dieser Beunruhigung oder dazu, wozu der Teufel ihn führen will, als in einem Menschen von der entgegengesetzten Disposition; z.B. kann der Teufel den Menschen heftiger mit Melancholie beunruhigen, der dazu neigt, als einen Menschen von der entgegengesetzten Disposition.

Es ist aber sicher, dass Kräuter und Harmonien die Disposition des Körpers und folglich Bewegungen der Empfindung sehr verändern können. Das ist klar betreffs der Kräuter, da einige zur Freude, andere zur Traurigkeit stimmen, und ebenso von den übrigen Dingen. Das ist auch klar betreffs der Harmonien, aus den Worten des Philosophen, Polit. 8, wo er will, dass die verschiedenen Harmonien auch verschiedene Leidenschaften im Menschen hervorrufen können. Dasselbe meint Boëtius in seiner Musica. Ebenso sagt der Autor des Buches de ortu scientiarum, da er von dem Nutzen der Musik spricht, sie sei gut zur Heilung oder Erleichterung verschiedener Krankheiten; und so kann es klar sein, dass ceteris paribus die Beunruhigung schwächer wird.

Ich sehe aber nicht, wieso Kräuter und Harmonien im Menschen irgend eine Disposition verursachen könnten, um derentwillen der Mensch auf keine Weise vom Teufel beunruhigt werden könnte, wenn es ihm nur erlaubt würde; weil der Teufel nur örtlich die Dämpfe und Geister bewegend durch ungewöhnliche Bewegung den Menschen sehr beunruhigen könnte. Kräuter aber und Harmonien können keine Disposition im Menschen durch ihre natürliche Kraft verursachen, durch welche der Teufel abgehalten wird, die genannte Bewegung zu bewirken. Dennoch trifft es sich bisweilen, dass es dem Teufel nicht gestattet wird, den Menschen zu beunruhigen, außer mit so kleiner Beunruhigung, dass sie durch irgend eine starke Disposition zum Gegenteil gänzlich aufgehoben würde, und dann könnten irgend welche Kräuter oder Harmonien den Körper des Menschen so zum Gegenteile disponieren, dass jene Beunruhigung vollständig beseitigt würde. Zum Beispiel könnte der Teufel manchmal einen Menschen mit Beunruhigung durch Traurigkeit so schwach beunruhigen, dass durch irgend welche Kräuter oder Harmonien, welche Beseitigung und Zerstreuung der Geister verursachen könnten, welche Bewegungen der Traurigkeit entgegen sind, jene Traurigkeit beseitigt würde.

Dass aber Augustinus de doctr. christ. 2 die Ligaturen und anderes verdammt, worüber er dort weitläufig schreibt, indem er dies zur Zauberkunst rechnet, dies bezieht sich darauf, dass sie nichts vermögen durch ihre natürliche Kraft. Dies erhellt aus seinen Worten, da er so spricht: »Dazu gehören alle Ligaturen und Mittel, welche die Schule der Ärzte verwirft.« Hierbei ist hinreichend klar, dass er dieselben verwirft mit Rücksicht auf den Gebrauch, hinsichtlich dessen sie aus ihrer natürlichen Kraft durchaus keine Wirkung haben.

Mit Bezug aber darauf, dass Könige I, 6 steht, dass Saul, der von Dämonen geplagt wurde, Erleichterung spürte, so oft David die Harfe vor ihm spielte, und dass der böse Geist von ihm wich usw., muss man wissen, dass es wohl wahr ist, dass durch das Spielen der Harfe infolge der natürlichen Kraft der Harmonie die Schwermut Sauls ein wenig gelindert wurde, insofern diese Harmonie in gewisser Hinsicht sein böses Trachten durch das Hören stillte, durch welche Stillung er weniger geneigt zu jener Beunruhigung ward. Da aber der böse Geist von ihm wich, wenn David die Harfe spielte, geschah durch die Kraft des Kreuzes, was ziemlich deutlich in der Glosse gesagt wird, wo es heißt: »David war in den musikalischen Gesängen erfahren, verstand sich auf die verschiedenen Tonleitern und war unterrichtet im Konzertieren. Es bedeutet die Einheit der Wesenheit, welche täglich tönt in verschiedenen Weisen. David bezähmte den bösen Geist durch die Harfe, nicht weil so große Kraft in der Harfe wohnte, sondern im Zeichen des Kreuzes (des Gekreuzigten)[7], welcher auf dem Holze der Harfe und mit Ausspannung der Saiten, d.h. der Adern, getragen ward, was schon damals die Dämonen verscheuchte.

7 Meine Texte lesen: sed in signo crucis qui in ligno crucis et cordarum extensione id est venarum gerebatur quae iam tunc demones effugebat

Sechste Frage

Über die Hexen selbst, die sich den Dämonen unterwerfen

Bezüglich der dritten, hierher gehörenden Schwierigkeit, bezüglich der Hexen selbst, die sich den Dämonen unterwerfen, lassen sich mehrere schwierige Fragen aufstellen über die Art, an solche Unflätereien heranzugehen: erstens bezüglich des Dämonen und des von ihm angenommenen Körpers, aus welchen Elementen er gebildet sei; zweitens bezüglich des Aktus, ob immer mit Ergießung des von einem andern empfangenen Samens; drittens bezüglich der Zeit und des Ortes, ob er es lieber tue zu der einen Zeit als zu einer anderen; viertens ob er sich dabei für die Umstehenden sichtbar verhält; mit Bezug auf die Weiber, ob nur die von den Dämonen besucht werden, welche aus solchen Unflätereien hervorgehen; (oder) zweitens, ob diejenigen, welche von den Hebammen zur Zeit der Geburt den Dämonen preisgegeben werden; drittens ob bei solchen der Liebesgenuss nur gering sei. Da auf dies alles für jetzt nicht zu antworten ist, weil wir (hier) nur auf das Allgemeine bedacht sind und im zweiten Teile des Werkes das Einzelne durch ihre Werke dargelegt wird, wie es erhellen wird aus dem vierten Kapitel, wo von den einzelnen Arten Meldung geschieht, deshalb wollen wir zur zweiten Hauptfrage schreiten, und zwar zuerst, warum bei dem so gebrechlichen Geschlechte diese Art der Verruchtheit mehr sich findet als bei den Männern; und es wird die erste allgemeine Frage sein über die Haupteigenschaften der Weiber; die zweite spezielle, was für Weiber häufiger als abergläubisch und Hexen befunden werden; die dritte, besondere, handelt von den Hebammen selbst, welche alle andern an Bosheit übertreffen.

Bezüglich des ersten Punktes, warum in dem so gebrechlichen Geschlechte der Weiber eine größere Menge Hexen sich findet als unter den Männern, frommt es nicht, Argumente für das Gegenteil herzuleiten, da außer den Zeugnissen der Schriften und glaubwürdiger (Männer) die Erfahrung selbst solches glaubwürdig macht. Wir wollen, ohne das Geschlecht zu verachten, in welchem Gott stets Großes schuf, um Starkes zu verwirren, davon sprechen, dass hierüber von Verschiedenen auch verschiedene, doch in der Hauptsache übereinstimmende Gründe angegeben werden, daher ist auch zur Ermahnung der Weiber dieser Stoff selbst wohl zu Predigten geeigenet; und sie sind begierig zu hören, wie die Erfahrung oft gelehrt, wenn man solches nur diskret vorbringt.

Einige Gelehrte nämlich geben diesen Grund an: sie sagen, es gebe dreierlei in der Welt, was im Guten und Bösen kein Maß zu halten weiß: die Zunge, der Geistliche und das Weib, die vielmehr, wenn sie die Grenzen ihrer Beschaffenheit überschreiten, dann eine Art Gipfel und höchsten Grad im Guten und Bösen einnehmen; im Guten, wenn sie von einem guten Geiste geleitet werden, daher auch die besten (Werke) stammen; im Bösen aber, wenn sie von einem schlechten Geiste geleitet werden, wodurch auch die schlechtesten Dinge vollbracht werden.

Von der Zunge steht es fest, da durch ihre Hilfe die meisten Reiche dem christlichen Glauben unterworfen sind, daher auch der heilige Geist den Aposteln Christi in feurigen Zungen erschien. Auch an anderen weisen Predigern zeigt sich täglich die Zunge der Hunde, welche die Wunden und Schwären des kranken Lazarus leckten: nach dem Worte: »Die Zunge deiner Hunde, die aus den Feinden die Seelen reißen.« Daher wurde auch der Leiter und Vater des Predigerordens in der Gestalt eines bellenden Hundes, der eine brennende Fackel im Maule trägt, dargestellt, damit er bis auf den heutigen Tag durch sein Bellen die ketzerischen Wölfe von den Herden der Schafe Christi zu vertreiben habe.

Es erhellt auch aus der täglichen Erfahrung, weil durch die Zunge eines klugen Mannes oft der Tod unendlich vieler Menschen verhindert wird, weshalb Salomon nicht mit Unrecht zu ihrem Lobe Sprüche 10 mehreres gedichtet: »Auf den Lippen des Weisen findet sich Weisheit« und ferner: »Auserlesenes Silber ist die Zunge des Gerechten, das Herz des Gottlosen gilt nichts«; ferner: »Die Lippen des Gerechten unterweisen sehr viele, die aber ungelehrt sind, werden sterben in der Dürftigkeit ihres Herzens.« Der Grund davon wird ebendort 16 angegeben, weil es Sache des Menschen ist, den Geist vorzubereiten und Gott die Zunge leiten muss.

Über die böse Zunge aber wirst du gesprochen finden Prediger 28: »Die dritte Zunge erregte viele und zerstreute sie von Volk zu Volk, vernichtete befestigte Städte und stürzte die Häuser der Großen.« Es heißt dritte Zunge die Zunge derer, welche zwischen zwei entgegengesetzten Teilen unvorsichtig und tadelnswert reden.

Zweitens, die Geistlichen betreffend (verstehe Kleriker und Religiöse in beiden Geschlechtern), (sagt) Chrysostomus über das Wort: »Er warf hinaus die Verkäufer und Käufer aus dem Tempel«: Wie alles Gute, so kommt auch alles Schlechte von der Priesterschaft.« Hieronymus, Epist. ad Nepotianum: »Einen geistlichen Wucherer; einer, der aus einem Armen reich, aus einem Unbekannten bekannt wurde, den fliehe wie die Pest«; und der heilige Bernardus, Homil. 23 super Canti., wo er von den Klerikern spricht, sagt: »Wenn ein offenkundiger Ketzer sich erhöbe, würde er ausgestoßen und verkäme; wenn ein wilder Feind, so verbärgen sich vielleicht vor ihm die Guten. Jetzt aber, wie werden sie sie vertreiben? Wie sich verbergen? Alle sind Freunde und doch Feinde; alle sind Hausgenossen und keine Friedfertigen; alle sind unsre Nächsten, und jeder sucht das Seine.« Und an einer anderen Stelle: »Unsere Prälaten sind geworden zu Pilaten, unsre Seelsorger zu Geldsorgern.« Er spricht auch von den Vorgesetzten der Religiösen, welche den Untergebenen schwere Lasten aufbürden, ohne selbst auch nur mit dem kleinen Finger daran zu rühren. Gregorius sagt im Pasto.: »Niemand schadet in der Kirche mehr, als wer den Namen oder Rang der Heiligkeit hat und dabei verkehrt handelt; denn solchen Delinquenten anzuklagen, wagt niemand, und zu bösem Beispiele wird die Schuld noch recht vergrößert, wenn der Sünder aus Ehrfurcht vor seinem Range noch geehrt wird.« Von den Religiösen spricht auch Augustinus, ad Vincentium Donatistam: »Einfach gestehe ich eurer Liebden vor dem Herrn, meinem Gotte, welcher Zeuge ist über meine Seele, seit ich anfing, Gott zu dienen, wie ich schwerlich Schlechtere, ebenso keine Besseren gefunden habe als die, welche in den Klöstern sündigten oder fromm lebten.«

Von der Bosheit aber der Weiber wird gesprochen Prediger 25: »Es ist kein schlimmeres Haupt über dem Zorne des Weibes. Mit einem Löwen oder Drachen zusammen zu sein wird nicht mehr frommen als zu wohnen bei einem nichtsnutzigen Weibe.« Und neben mehreren, was ebendort über das nichtsnutzige Weib vorangeht und folgt heißt es zum Schlusse: »Klein ist jede Bosheit gegen die Bosheit des Weibes.« Daher (sagt) Chrysostomus über Matth. 19: »Es frommt nicht, zu heiraten. Was ist das Weib anders als die Feindin der Freundschaft, eine unentrinnbare Strafe, ein notwendiges Übel, eine natürliche Versuchung, ein wünschenswertes Unglück, eine häusliche Gefahr, ein ergötzlicher Schade, ein Mangel der Natur, mit schöner Farbe gemalt? Wenn sie entlassen Sünde ist, wenn man sie einmal behalten muss, dann ist notwendig Qual zu erwarten, darum dass wir, entweder sie entlassend, Ehebruch treiben, oder aber tägliche Kämpfe haben.«

Tullius endlich sagt Rhetor. 2: »Die Männer treiben zu einem jeden Schandwerke einzelne, d.h. mehrere Ursachen an, die Weiber zu allen Schandwerken nur eine Begierde: denn aller Weiberlaster Grund ist die Habsucht«; und Seneca sagt in seinen Tragödien: »Entweder liebt oder hasst das Weib; es gibt kein Drittes. Dass ein Weib weint, ist trügerisch. Zwei Arten von Tränen sind in den Augen der Weiber, die einen für wahren Schmerz, die andern für Hinterlist; sinnt das Weib allein, dann sinnt es Böses.«

Von den guten Weibern aber geht so großes Lob, dass man liest, sie hätten Männer beglückt, und Völker, Länder und Städte gerettet. Das ist bekannt von Judith, Deborah und Esther. Daher sagt der Apostel, Korinther I, 7: »Wenn ein Weib einen Mann hat, und dieser will mit ihr leben, soll sie den Mann nicht lassen; geheiligt ist nämlich der ungläubige Mann durch das gläubige Weib.« Daher sagt der Prediger 26: »Glücklich ist der Mann eines guten Weibes, denn die Zahl seiner Jahre ist doppelt.« Vielerlei sehr Rühmliches führt er dort fast durch das ganze Kapitel hindurch von der Herrlichkeit der guten Frauen aus; und Sprüche am letzten von der tapferen Frau.

Das alles hat sich auch im Neuen Testamente an den Frauen klar gezeigt, wie z.B. an den Jungfrauen und anderen heiligen Frauen, welche ungläubige Völker und Reiche vom Götzendienste der christlichen Religion zugeführt haben. Wenn jemand Vincentius, spec. hist. XXVI, 9, nachsehen will, möge er vom Reiche Ungarn, das durch die allerchristlichste Gilia, und vom Reiche der Franken, das durch die Jungfrau Clotilde, die dem Chlodwig verlobt war, viel Wunderbares finden. Was man daher immer an Tadeln liest, können sie verstanden werden von der Begehrlichkeit des Fleisches, sodass unter Weib verstanden wird die Begehrlichkeit des Fleisches, nach dem Worte: »Ich fand das Weib bitterer als den Tod, und selbst ein gutes Weib ist unterlegen der Begehrlichkeit des Fleisches.«

Andere führen noch andere Gründe an, weshalb sich die Weiber in größerer Zahl als die Männer abergläubisch zeigen; und zwar sagen sie, dass es drei Gründe seien: der erste ist der, dass sie leichtgläubig sind; und weil der Dämon hauptsächlich den Glauben zu verderben sucht, deshalb sucht er lieber diese auf. Daher auch Prediger 13: »Wer schnell glaubt, ist zu leicht im Herzen und wird gemindert werden.« Der zweite Grund ist, weil sie von Natur wegen der Flüssigkeit ihrer Komplexion leichter zu beeinflussen sind zur Aufnahme von Eingebungen durch den Eindruck gesonderter Geister; infolge dieser Komplexion sind viele, wenn sie sie gut anwenden, gut; wenn schlecht, um so schlechter. – Der dritte Grund ist, dass ihre Zunge schlüpfrig ist, und sie das, was sie durch schlechte Kunst erfahren, ihren Genossinnen kaum verheimlichen können und sich heimlich, da sie keine Kräfte haben, leicht durch Hexenwerke zu rächen suchen; daher der Prediger wie oben: »Mit einem Löwen oder Drachen zusammen zu sein wird besser sein als zu wohnen bei einem nichtsnutzigen Weibe. Gering ist alle Bosheit gegen die Bosheit des Weibes.« – Item kann auch der Grund angefügt werden, dass, da sie hinfällig sind, sie auch [desto schneller den Dämonen Kinder opfern können, wie sie denn auch] so handeln.

Drittens gibt es einige, die noch andere Gründe anführen, welche die Prediger nur vorsichtig vorlegen und besprechen dürfen. Denn mögen auch die Schriften im Alten Testamente von den Weibern meist Schlechtes erzählen und zwar wegen der ersten Sünderin, nämlich Eva und ihrer Nachahmerinnen, so ist doch wegen der späteren Veränderung des Wortes, nämlich Eva in Ave, im Neuen Testamente und weil, wie Hieronymus sagt: »Alles, was der Fluch der Eva Böses gebracht, hat der Segen der Maria hinweggenommen« – daher über sie sehr vieles und zwar immer Lobenswertes zu predigen. Aber weil noch in den jetzigen Zeiten jene Ruchlosigkeit mehr unter den Weibern als unter den Männern sich findet, wie die Erfahrung selbst lehrt, können wir bei genauerer Prüfung der Ursache über das Vorausgeschickte hinaus sagen, dass, da sie in allen Kräften, der Seele wie des Leibes, mangelhaft sind, es kein Wunder ist, wenn sie gegen die, mit denen sie wetteifern, mehr Schandtaten geschehen lassen. Denn was den Verstand betrifft, oder das Verstehen des Geistigen, scheinen sie von anderer Art zu sein als die Männer, worauf Autoritäten, ein Grund und verschiedene Beispiele in der Schrift hindeuten. Terentius sagt: »Die Weiber sind leichten Verstandes, fast wie Knaben«; und Lactantius, Institutiones 3 sagt, niemals habe ein Weib Philosophie verstanden außer Temeste; und Sprüche 11 heißt es, gleichsam das Weib beschreibend: »Ein schönes und zuchtloses Weib ist wie ein goldner Reif in der Nase der Sau.« Der Grund ist ein von der Natur entnommener: weil es fleischlicher gesinnt ist als der Mann, wie es aus den vielen fleischlichen Unflätereien ersichtlich ist. Diese Mängel werden auch gekennzeichnet bei der Schaffung des ersten Weibes, indem sie aus einer krummen Rippe geformt wurde, d.h. aus einer Brustrippe, die gekrümmt und gleichsam dem Mann entgegen geneigt ist. Aus diesem Mangel geht auch hervor, dass, da das Weib nur ein unvollkommenes Tier ist, es immer täuscht. Denn es sagt Cato:

»Weint ein Weib, so sinnt es gewiss auf listige Tücke.« Auch heißt es: »Wenn ein Weib weint, es den Mann zu täuschen meint.« Das zeigt sich am Weibe des Simson, welches ihm sehr zusetzte, ihr das Rätsel zu sagen, welches er ihren Genossen aufgegeben hatte, und als er es getan, es ihnen enthüllte und ihn so betrog. Es erhellt auch bezüglich des ersten Weibes, dass sie von Natur geringeren Glauben haben; denn sie sagte der Schlange auf ihre Frage, warum sie nicht von jedem Baume des Paradieses äßen? »Wir essen von jedem, nur nicht usw., damit wir nicht etwa sterben«, wobei sie zeigt, dass sie zweifle und keinen Glauben habe an die Worte Gottes, was alles auch die Etymologie des Wortes sagt: das Wort femina nämlich kommt von fe und minus (fe = fides, Glaube, minus = weniger, also femina = die weniger Glauben hat), weil sie immer geringeren Glauben hat und bewahrt, und zwar aus ihrer natürlichen Anlage zur Leichtgläubigkeit, mag auch infolge der Gnade zugleich und der Natur, der Glaube in der hochgebenedeieten Jungfrau niemals gewankt haben, während er doch in allen Männern zur Zeit des Leidens Christi gewankt hatte.

Also schlecht ist das Weib von Natur, da es schneller am Glauben zweifelt, auch schneller den Glauben ableugnet, was die Grundlage für die Hexerei ist.

Was endlich die andere Kraft der Seele, den Willen, betrifft, so schäumt das Weib infolge seiner Natur, wenn es den hasst, den es vorher geliebt, vor Zorn und Unduldsamkeit; und wie die Meeresflut immer brandet und wogt, so ist eine solche Frau ganz unduldsam. Darauf spielen verschiedene Autoritäten an: Prediger 25: »Es ist kein Groll über dem Groll des Weibes«; Seneca, Trag.8:

»Nicht Gewalt des Feuers, nicht Sturmesbrausen,
Ist zu fürchten so, noch auch Blitzesflammen,
Als wenn wild im Zorn die verlass'ne Gattin
Glühet und hasset.«

Es zeigt sich an dem Weibe, welches Joseph falsch beschuldigte und ihn einkerkern ließ, weil er ihr nicht in das Verbrechen des Ehebruchs willigen wollte, Genesis 30. Und wahrlich, die Hauptursache, welche zur Vermehrung der Hexen dient, ist der klägliche Zwist zwischen verheirateten und nicht verheirateten Frauen und Männern; ja auch unter den heiligen Frauen: was soll es dann mit den übrigen sein? Du siehst ja in der Genesis, wie groß die Unduldsamkeit und der Neid der Sarah gegen Hagar war, da diese empfangen hatte: Genesis 21; wie der Rahel gegen Lea, wegen der Söhne, welche Rahel nicht hatte, Genesis 30; wie der Anna gegen Fennena, die fruchtbar war, während sie selbst unfruchtbar blieb, Samuelis I, 1: wie der Mirjam gegen Moses Numeri 12, daher sie murrte und Moses verkleinerte, weshalb sie auch mit Aussatz geschlagen wurde; wie der Martha gegen Magdalene, die saß, während Martha diente: Lucas 10. Daher auch Prediger 37 (?): »Verhandle mit dem Weibe darüber, wonach sie eifert«; als wenn er sagte, es ist nicht mit ihr zu verhandeln, weil immer Eifer, d.h. Neid in einem bösen Weibe ist. – Und die es so unter sich treiben, wieviel mehr gegenüber den Männern!

So erzählt darum auch Valerius: Foroneus, König der Griechen, an dem Tage, da er starb, sprach er zu seinem Bruder Leontius: »Am höchsten Glücke würde mir nichts fehlen, wenn mir immer das Weib gefehlt hätte.« Zu ihm sagte Leontius: »Und wieso steht das Weib der Glückseligkeit im Wege?« Und jener sprach: »Alle verheirateten Männer wissen das.« – Sokrates, gefragt, ob man ein Weib nehmen müsse, antwortete: »Wenn du es nicht nimmst, wird Denkereinsamkeit dich aufnehmen: dein Geschlecht geht dann unter, ein fremder Erbe übernimmt dein Vermögen. Aber wenn du eines nimmst, dann hast du ewige Aufregung, Klagen und Streitereien; Vorhalten der Mitgift; böse Stirnfalten der Verwandten; geschwätzige Zunge der Schwiegermutter; Nachfolger einer fremden Ehe; unsichere Aussichten der Kinder.« Das sagte er aus Erfahrung. Denn wie Hieronymus contra Jovinianum sagt, hatte dieser Sokrates zwei Weiber, welche er mit ungeheurer Geduld ertrug; doch konnte er nicht frei werden von ihrem Keifen, Schreien und Schmähen. Eines Tages also, als sie gegen ihn loszogen, und er deshalb aus dem Hause ging, um ihre Belästigungen los zu werden und sich vor dem Hause niedersetzte, gossen diese Weiber schmutziges Wasser auf ihn, worüber er als Philosoph nicht weiter erregt wurde; er sprach: »Ich wusste, dass auf den Donner Regen folgen würde.« Und von einem Manne liest man (folgende Geschichte): Sein Weib war im Flusse ertrunken. Als er ihren Leichnam suchte, um ihn aus dem Wasser zu ziehen, ging er am Flusse entlang, gegen den Strom; und nach dem Grunde gefragt, warum er, da doch schwere Sachen abwärts und nicht aufwärts schwämmen, stromaufwärts suche, aufwertete er: »Dieses mein Weib war bei Lebzeiten meinen Worten, Taten und Befehlen entgegen; deshalb suche ich in der entgegengesetzten Weise, ob sie vielleicht auch im Tode noch den entgegengesetzten Willen behauptet gegen die sonstige Gewohnheit.«[8]

Und wie sie aus dem ersten Mangel, dem des Verstandes, leichter als Männer den Glauben ableugnen, so suchen, ersinnen und vollführen sie infolge des zweiten Punktes, der außergewöhnlichen Affekte und Leidenschaften, verschiedene Rache [sei es durch Hexerei, sei es durch irgendwelche andern Mittel]. Daher ist es kein Wunder, dass es eine solche Menge Hexen in diesem Geschlechte gibt.

Was außerdem ihren Mangel an memorativer Kraft anlangt, da es in ihnen ein Laster von Natur ist, sich nicht regieren zu lassen, sondern ihren Eingebungen zu folgen, ohne irgend welche Rücksicht, so strebt sie danach und disponiert alles im Gedächtnis. Daher sagt Theophrastus: »Wenn du ihr das ganze Haus zum Dienste überlassen und dir auch nur ein ganz Kleines oder Großes vorbehalten hast, wird sie glauben, man schenke ihr keinen Glauben; sie wird Streit erwecken; wenn du nicht schnell Rat schaffst, bereitet sie Gift, befragt Wahrsager und Seher.« Daher die Hexenkünste.

Wie aber die Herrschaft des Weibes aussieht, darüber höre den Tullius, Paradoxa: »Ist der etwa frei, dem sein Weib befiehlt, Gesetze auferlegt, vorschreibt, gebietet, verbietet, wie ihr gut dünkt, dass er ihr, wenn sie befiehlt, nichts abschlagen kann noch es wagt? Ich meine, der müsse nicht nur ein Sklave sein, sondern ein ganz erbärmlicher Sklave genannt werden, mag er auch aus angesehenster Familie stammen.« Daher sagt auch Seneca in der Person der rasenden Medea: »Was zögerst du noch? Folge dem glücklichen Ansturm! Wie groß ist dieser Teil der Rache, an der du Freude hast« usw., wo er noch vielerlei aufstellt und zeigt, dass das Weib sich nicht lenken lassen, sondern nach eigenem Antriebe vorgehen will; selbst in ihr Verderben, wie man von vielen Weibern liest, welche aus Liebe oder Schmerz sich selbst töteten, weil sie sich keine Rache verschaffen konnten; wie auch von der Laodike Hieronymus (in seinem Buche) über Daniel erzählt. Diese, das Weib des Königs Antiochus von Syrien, voll Eifersucht, er möchte die Berenike mehr lieben, die er auch zum Weibe hatte, ließ zuerst die Berenike und deren Sohn, den sie von Antiochus hatte, töten und tötete sich dann selbst durch Gift. Daher, weil sie nicht regiert sein, sondern aus eigenem Entschluss vorschreiten will, daher sagt Chrysostomus nicht mit Unrecht: »O Übel, schlimmer als alles

8 Vgl. Pogge, Fazetien. Deutsch von A. Semerau, p. 65. Leipzig 1905

Übel, ein schlechtes Weib, mag es arm sein oder reich. Wenn es nämlich das Weib eines Reichen ist, hört es nicht auf, bei Tag und Nacht den Mann mit schlauer Rede zu spornen, nichtsnutzig in ihrer Schmeichelei, unerträglich in Heftigkeit. Wenn es aber einen armen Mann hat, lässt es nicht ab, auch ihn zu Zorn und Streit zu reizen. Und wenn es Witwe ist, verachtet es für sich alle allenthalben und lässt sich durch den Geist des Stolzes zu allem Übermut entflammen.«

Suchen wir nach, so finden wir, dass fast alle Reiche der Erde durch die Weiber zerstört worden sind. Das erste nämlich, welches ein glückliches Reich war, nämlich Troja, wurde zerstört wegen des Raubes einer Frau, der Helena, und viele Tausende von Griechen kamen dabei um. Das Reich der Juden erlebte viel Unglück und Zerstörung wegen der ganz schlechten Königin Jezabel und ihrer Tochter Athalia, Königin in Juda, welche die Söhne des Sohnes töten ließ, damit sie nach des letzteren Tode selbst herrsche; aber beide Weiber wurden ermordet. Das römische Reich hatte viele Übel auszustehen wegen der Kleopatra, der Königin von Ägypten, eines ganz schlechten Weibes, ebenso die anderen Reiche. Daher ist es auch kein Wunder, wenn die Welt jetzt leidet unter der Boshaftigkeit der Weiber.

Endlich mit Untersuchung der fleischlichen Begierden des Körpers selbst: daraus kommen unzählige Schäden des menschlichen Lebens, sodass wir mit Recht mit Cato Uticensis sprechen können: »Wenn die Welt ohne Weiber sein könnte, würden wir mit den Göttern verkehren«; da in der Tat, wenn der Weiber Bosheiten nicht wären, auch zu schweigen von den Hexen, die Welt noch von unzähligen Gefahren frei bleiben würde. Valerius ad Rufinum: »Du weißt nicht, dass das Weib eine Chimaira ist; aber wissen musst du, dass jenes dreigestaltige Ungeheuer geschmückt ist mit dem herrlichen Antlitz des Löwen, entstellt wird durch den Leib der stinkenden Ziege, bewaffnet ist mit dem giftigen Schwanze einer Viper. Das will sagen: ihr Anblick ist schön, die Berührung garstig, der Umgang tödlich.«

Hören wir noch von einer anderen Eigenschaft: der Stimme. Wie nämlich die Frau von Natur lügnerisch ist, so auch beim Sprechen. Denn sie sticht und ergötzt zugleich: daher wird auch ihre Stimme dem Gesange der Sirenen verglichen, welche durch ihre süße Melodie die Vorübersegelnden anlocken und dann töten. Sie töten, weil sie den Geldbeutel entleeren, die Kräfte rauben und Gott zu verachten zwingen. Nochmals Valerius ad

Rufinum: Bei solchen Worten gefällt die Ergötzung, und sie sticht den Ergötzten. Die Blume der Liebe ist die Rose, weil unter ihrem Purpur viele Dornen verborgen sind. Sprüche 5: »Ihre Kehle, d.h. ihre Rede, ist glatter denn Öl und zuletzt bitter wie Absinth.«

Hören wir weiter von ihrem Einherschreiten, ihrer Haltung und ihrem Wesen: da ist Eitelkeit der Eitelkeiten! Es ist kein Mann auf Erden, welcher so sich abmüht, dem gütigen Gotte zu gefallen, als wie ein auch nur mäßig hübsches Weib sich abarbeitet, mit ihren Eitelkeiten den Männern zu gefallen. Davon ein Beispiel in dem Leben der Pelagia, als sie, der Welt ergeben, gar geschmückt durch Antiochien zog. Als ein heiliger Vater, Nonius mit Namen, sie sah, fing er an zu weinen und sagte seinen Gefährten, dass er in der ganzen Zeit seines Lebens solchen Fleiß niemals verwendet habe, Gott zu gefallen usw. Sie wurde endlich bekehrt durch seine Gebete.

So ist das Weib, von dem der Prediger 7 spricht und über das jetzt die Kirche jammert wegen der ungeheuren Menge der Hexen: »Ich fand das Weib bitterer als den Tod; sie ist eine Schlinge des Jägers; ein Netz ist ihr Herz; Fesseln sind ihre Hände; wer Gott gefällt, wird sie fliehen; wer aber ein Sünder ist, wird von ihr gefangen werden.« Es ist bitterer als der Tod, d.h. der Teufel. Apokalypse 6: Ihr Name ist Tod. Denn mag auch der Teufel Eva zur Sünde verführt haben, so hat doch Eva Adam verleitet. Und wie die Sünde der Eva uns weder leiblichen noch seelischen Tod gebracht hätte, wenn nicht in Adam die Schuld gefolgt wäre, wozu Eva und nicht der Teufel ihn verleitete, deshalb ist sie bitterer als der Tod.

Nochmals bitterer als der Tod, weil dieser natürlich ist und nur den Leib vernichtet; aber die Sünde, vom Weibe begonnen, tötet die Seele durch Beraubung der Gnade und ebenso den Leib zur Strafe der Sünde.

Nochmals bitterer als der Tod, weil der Tod des Körpers ein offener, schrecklicher Feind ist; das Weib aber ein heimlicher, schmeichelnder Feind. – Und daher heißt man sie nicht mehr eine bittere und gefährlichere Schlinge der Jäger, als vielmehr der Dämonen, weil die Menschen nicht bloß gefangen werden durch fleischliche Lüste, wenn sie sehen und hören, da, nach Bernardus, ihr Gesicht ist ein heißer Wind und die Stimme das Zischen der Schlange, sondern auch weil sie unzählige Menschen und Tiere behexen. Ein Netz heißt ihr Herz: d.h. die unergründliche Bosheit, die in ihrem Herzen herrscht; und die Hände sind Fesseln zum Festhalten; wenn sie die Hand anlegen zur Behexung einer Kreatur, dann bewirken sie, was sie erstreben, mit Hilfe des Teufels.

Schließen wir: Alles geschieht aus fleischlicher Begierde, die bei ihnen unersättlich ist. Sprüche am Vorletzten: »Dreierlei ist unersättlich (usw.) und das vierte, das niemals spricht: es ist genug, nämlich die Öffnung der Gebärmutter.« Darum haben sie auch mit den Dämonen zu schaffen, um ihre Begierden zu stillen. – Hier könnte noch mehr ausgeführt werden; aber den Verständigen ist hinreichende Klarheit geworden, dass es kein Wunder, wenn von der Ketzerei der Hexer mehr Weiber als Männer besudelt gefunden werden. Daher ist auch folgerichtig die Ketzerei nicht zu nennen die der Hexer, sondern der Hexen, damit sie den Namen bekomme a potiori; und gepriesen sei der Höchste, der das männliche Geschlecht vor solcher Schändlichkeit bis heute so wohl bewahrte: da er in demselben für uns geboren werden und leiden wollte, hat er es deshalb auch so bevorzugt.

Mit Bezug auf den zweiten Punkt, was für Weiber vor den andern sich als abergläubisch und mit Hexerei besudelt erweisen, ist zu sagen, wie aus der vorhergehenden Frage erhellt, dass, weil drei Hauptlaster: nämlich Ungläubigkeit, Ehrgeiz und Üppigkeit besonders in schlechten Weibern zu herrschen scheinen, deshalb die vor den andern auf Hexenwerke sinnen, welche vor allen andern jenen Lastern ergeben sind. Ferner, weil unter diesen drei das letzte am meisten vorherrscht, darum weil es (nach dem Prediger) unersättlich ist usw., deshalb sind auch diejenigen unter den Ehrgeizigen mehr infiziert, die für die Erfüllung ihrer bösen Lüste mehr entbrennen; als da sind Ehebrecherinnen, Huren und Konkubinen der Großen: und zwar aus siebenfacher Hexerei, wie in der Bulle (Summis desiderantes) berührt wird, indem sie den Liebesakt und die Empfängnis im Mutterleibe mit verschiedenen Behexungen infizieren: erstens, dass sie die Herzen der Menschen zu außergewöhnlicher Liebe use. verändern; zweitens, dass sie die Zeugungskraft hemmen; drittens, die zu diesem Akte gehörigen Glieder entfernen; viertens die Menschen durch Gaukelkunst in Tiergestalten verwandeln; fünftens, die Zeugungskraft seitens der weiblichen Wesen vernichten; sechstens, Frühgeburten bewirken; siebentens, die Kinder den Dämonen opfern; abgesehen von den vielfachen Schädigungen, die sie anderen, Tieren und Feldfrüchten, zufügen. Darüber wird im Folgenden gehandelt werden; für jetzt aber wollen wir Gründe geben über die Schädigungen der Menschen. Zuerst (kommt) der Schluss über die, welche sie zu ungewöhnlicher Liebe oder Hass behexen; und dann ist derselbe Stoff zu größerem Verständnis unter (dem Gesichtspunkte) einer Schwierigkeit zu erörtern. Der Schluss aber ist der. Wie nämlich S. Thomas, Distinct. IV, 34, da er von der Hexenhinderung redet, zeigt, warum dem Teufel von Gott größere Hexenmacht über den Beischlaf als über andere menschliche Handlungen gegeben wird, wo er auch Gründe angibt, so muss man in ähnlicher Weise sagen, dass diejenigen Weiber mehr beunruhigt werden, welche diesen Handlungen mehr nachgehen. Er sagt nämlich, dass, weil die erste Verderbnis der Sünde, durch welche der Mensch der Sklave des Teufels geworden ist, durch den Zeugungsakt in uns hineingekommen ist, deshalb die Hexengewalt dem Teufel von Gott bei diesem Akte mehr gegeben ist als bei einem anderen, so wie sich auch bei den Schlangen, wie man sagt, die Kraft der Hexenkünste mehr zeigt als bei anderen Tieren, weil der Teufel durch eine Schlange, gleichsam durch sein Werkzeug, das Weib versuchte. Wenn also auch, wie er später hinzufügt, die Ehe ein Werk Gottes sein mag, da sie gleichsam durch ihn eingesetzt ist, so wird sie doch bisweilen durch die Werke des Teufels zerstört; nicht zwar durch Gewalt, da er ja sonst für stärker als Gott gelten würde, sondern nur mit Zulassung Gottes, durch zeitweilige oder beständige Verhinderung des ehelichen Aktes.

Daher können wir sagen, was die Erfahrung lehrt, dass sie um der Vollbringung solcher Unflätereien willen sowohl an sich als an den Mächtigen der Zeit, aus welcher Stellung und welchen Standes sie auch sind, unzählige Hexentaten vollbringen, indem sie ihre Herzen zu ungewöhnlicher Liebe oder Liebesraserei so wandeln, dass sie durch keine Störung und Überredung bewogen werden können, von ihnen zu lassen. Daraus droht auch Vernichtung des Glaubens, auch täglich unerträgliche Gefahr, weil sie die Herzen jener so zu verwandeln wissen, dass sie ihnen keinen Schaden zufügen lassen, weder durch sich, noch durch andere, und so täglich zunehmen. Hätte uns doch die Erfahrung gar nicht belehrt! Im Gegenteil aber (wissen wir): es ist solcher Hass im Sakramente der Ehe unter den Gatten durch die Hexen erregt worden, auch durch Erkaltenlassen der Zeugungskraft, dass sie nicht imstande sind, für die Nachkommenschaft durch Gewährung und Erfüllung der ehelichen Pflicht zu sorgen.

Weil aber Hass und Liebe in der Seele entsteht, in welche auch ein Dämon nicht eindringen kann, soll dies, damit es keinem unglaublich erscheine, in einer (besonderen) Frage erörtert werden, da dann auch Entgegengesetztes, nebeneinander gesetzt, eher klar wird.

Siebente Frage

Ob die Hexer die Herzen der Menschen zu Liebe oder Hass reizen können

Es wird gefragt, ob die Dämonen durch die Hexen die Herzen der Menschen zu ungewöhnlicher Liebe oder Hass wandeln und reizen können?

Und der Beweis wird geliefert, dass sie es nicht können, nach dem Vorausgeschickten. Dreierlei ist am Menschen: Wille, Verstand und Leib. Wie Gott den ersteren durch sich selbst zu leiten hat, weil »das Herz des Königs in der Hand des Herrn ist«, so muss er den Verstand durch einen Engel erleuchten und den Leib selbst durch den Einfluss von Himmelskörpern leiten.

2. Ferner können die Dämonen nicht innerhalb der Körper, sie verwandelnd, sein; noch weniger also in der Seele, indem sie deren Kräften Liebe oder Hass einflößen. Das ist klar aus der Folgerung: weil sie von Natur größere Macht haben über Körperliches als über Geistiges. Dass sie sie nicht verwandeln können, hat sich oben an mehreren Stellen gezeigt, weil sie keine substanzielle oder akzidenzielle Gestalt verleihen können, außer mit der Beihilfe eines anderen Agens, wie auch jeder andere Künstler. Ebendarauf bezieht sich auch Episc. XXVI, 5 am Ende: »Wer da glaubt, ein Geschöpf könne in einen besseren oder schlechteren Zustand verwandelt werden außer vom Allschöpfer, ist schlimmer als ein Heide und Ungläubiger.«

3. Ferner: Jedes Agens erkennt seine Wirkung aus dem Vorsatz. Wenn also der Teufel die Herzen der Menschen zu Hass oder Liebe reizen könnte, so könnte er die inneren Gedanken der Seele sehen, was gegen das geht, was in dem Buche De eccles. Dogmatibus gesagt wird: »Der Teufel kann die inneren Gedanken nicht sehen.« Ebenso heißt es dort: »Nicht alle unsere bösen Gedanken werden vom Teufel erregt, sondern bisweilen tauchen sie aus der Bewegung unseres freien Willens auf.«

4. Ferner: Liebe und Hass betreffen den Willen, der in der Seele wurzelt: also können sie vom Teufel durch keine Kunst verursacht werden: es gilt die Folgerung, dass »in die Seele schlüpfen«, wie Augustinus sagt, dem allein möglich ist, der sie geschaffen hat.

5. Ferner: Wenn man sagt, dass er die inneren sensitiven (Kräfte) und folglich also den Willen bewegen könne, so gilt das nicht, weil die sensitive Kraft würdiger ist als die nährende. Nun kann der Teufel kein Werk der nährenden Kraft schaffen, dass er also etwa Fleisch oder Knochen schüfe: also kann er auch keinen Akt der inneren Kräfte der Seele verursachen.

Aber dagegen: Der Teufel soll nicht nur sichtbar, sondern auch unsichtbar die Menschen versuchen; dies wäre aber falsch, wenn er nicht innerlich, bezüglich der Seele und ihrer Kräfte etwas verursachen könnte. Außerdem sagt Damascenus in seinen Sententiae: »Alle Bosheit und alle Unreinheit ist vom Teufel ersonnen«; und Dionysius, de div. nom. 4: »Die Menge der Dämonen ist sich und anderen die Ursache alles Übels.«

Antwort. Hier ist zuerst eine Untersuchung über den (Begriff) Ursache zu geben; zweitens, wie der Dämon die inneren Kräfte der Seele, die innere Sensitive genannt werden, verändern kann; und so wird drittens die Untersuchung geschlossen werden.

Bei dem ersten Punkte ist zu erwägen, dass »Ursache von etwas« zwiefach also genannt werden kann, einmal direkt und dann indirekt. Indirekt, wenn z.B. irgend ein Agens eine Neigung zu einer Handlung verursacht; man nennt das dann gelegenheitgebend und indirekt die Ursache der Wirkung, wie wenn man sagt, dass der, welcher Holz sägt, der Gelegenheitgeber der Verbrennung desselben ist; und auf diese Weise können wir sagen, dass der Teufel die Ursache aller unsrer Sünden ist, weil er selbst den ersten Menschen zum Sündigen angereizt hat, aus dessen Sünde im ganzen Menschengeschlechte eine gewisse Geneigtheit zu allerlei Sünden gefolgt ist. Und so sind zu verstehen die Worte des Damascenus und Dionysius.

Direkt aber nennt man etwas die Ursache von etwas insofern es direkt dabei handelt: und in diesem Sinne ist der Teufel nicht die Ursache jeglicher Sünde. Denn nicht alle Sünden werden auf Antreiben des Teufels begangen; sondern einige auch aus der Freiheit des Willens und der Verderbtheit des Fleisches, weil, wie Origenes sagt: »Auch wenn der Teufel nicht wäre, würden die Menschen Verlangen nach Speise, Liebesgenüssen und derartigem haben, wobei viel Zügellosigkeit herrscht, und zwar am meisten infolge der vorangenommenen Verderbtheit der Natur, wenn nicht durch die Vernunft solches Verlangen gezügelt wird.« Aber ein derartiges Verlangen zu zügeln und in Ordnung zu bringen, unterliegt dem freien Willen, worüber auch der Teufel weniger Macht hat.

Aber weil wir aufgrund dieser Unterscheidung nicht entscheiden können, wie bisweilen Liebeswahn oder Liebesraserei erregt werden kann, ist weiter zu bemerken, dass der Teufel, mag er auch nicht direkt, indem er den Willen des Menschen zwingt, die Ursache dieser ungewöhnlichen Liebe sein können, es doch sein kann durch das Mittel der Überredung und zwar dies wiederum zwiefach: nämlich sichtbar und unsichtbar. Sichtbar, wenn er z.B. in irgend einer menschlichen Gestalt den Hexen selbst sinnfällig erscheint und sinnfällig mit ihnen redet und zur Sünde überredet, wie er die ersten Eltern im Paradiese in der Gestalt einer Schlange und Christum in der Wüste versuchte, indem er ihm sichtbar in einer gewissen Gestalt erschien. Und weil es nicht zu glauben ist, dass er nur so den Menschen überrede, weil daraus folgen würde, dass infolge der Anleitung des Teufels keine anderen Sünden geschähen, außer denen, zu denen der Teufel sichtbar erscheinend überredet, so muss man sagen, dass er auch unsichtbar den Menschen zum Sündigen anreizt, was zwiefach geschieht: durch das Mittel des Überredens und durch das Mittel des Disponierens. Durch das Mittel des Überredens, wenn z.B. der erkennenden Kraft etwas als gut dargestellt wird: und das kann auf dreifache Weise geschehen, weil es dargestellt wird mit Bezug auf den Verstand, oder mit Bezug auf den inneren, oder mit Bezug auf den äußeren Sinn. Was den Verstand betrifft, (so ist zu sagen): weil der menschliche Verstand von dem Verstände eines guten Engels unterstützt werden kann, oder, wie Dionysius sagt, etwas zu erkennen ist durch das Mittel einer wie immer beschaffenen Erleuchtung (des Betreffenden), aus dem Grunde, weil, wie »einsehen« nach dem Philosophen »etwas leiden« ist, deshalb (der gute Engel) in den Verstand eine Erscheinung eindrücken kann, woraus dann die Handlung des Einsehens folgt. Und wenn man sagt, dass auch der Teufel dies durch seine natürliche Kraft tun könne, welche, wie aus dem Vorhergehenden ersichtlich, nicht vermindert ist, so ist zu sagen, dass er es nicht kann durch das Mittel der Erleuchtung, sondern durch das Mittel der Überredung. Der Grund: weil der Verstand des Menschen von der Beschaffenheit ist, dass, je mehr er erleuchtet wird, er desto mehr das Wahre erkennt, und je mehr er das Wahre erkennt, er sich desto mehr vor Täuschung hüten kann; und weil der Teufel diese Täuschung endgültig bezweckt: deshalb kann alle seine Überredung nicht Erleuchtung genannt werden, mag man sie auch Eingebung nennen, insofern er durch irgend einen Eindruck auf die sensitiven inneren oder äußeren Kräfte, wo er dann sichtbar überreden würde, etwas einprägte, wodurch die intellektuelle Erkenntnis überredet würde, irgend eine Handlung zu vollbringen.

Über das wie, nämlich, wie es geschehen kann, dass er einen Eindruck auf die inneren Kräfte hervorbringen kann, ist zu bemerken, dass die körperliche Natur naturgemäß dazu geschaffen ist, von einer geistigen örtlich bewegt zu werden. Das zeigt sich an unseren Leibern, die von den Seelen bewegt werden, ferner an den Himmelskörpern. Aber sie ist nicht geschickt dazu geschaffen, von ihr unmittelbar geformt zu werden, und zwar reden wir hauptsächlich von Formen, sofern sie nach dem foris manendo, nicht nach dem informando so genannt werden. Daher ist es nötig, dass irgend ein körperliches Agens dazu komme, wie bewiesen wird Metaph. 7: »Eine körperliche Materie gehorcht natürlicherweise immer guten oder schlechten Engeln bezüglich der örtlichen Bewegung«, und wenn das feststeht, dass die Dämonen auf diese Weise durch örtliche Bewegung Samen sammeln, vereinigen, oder bei Ausführung gewisser wunderbaren Taten anwenden können, wie es bei den Zauberern Pharaos geschah, wo sie Schlangen erzeugten, und zwar wirkliche Tiere, wobei sie den gehörigen Passiven die gehörigen Aktiven gesellten, so hindert nichts, dass alles, was auch immer aus der örtlichen körperlichen Bewegung der Materie erfolgen kann, durch die Dämonen geschehe, außer wenn sie von Gott gehindert werden.

Wenn dies wiederum feststeht und wir einsehen wollen, wie er die Phantasie des Menschen und die inneren sensitiven Kräfte durch die örtliche Bewegung zu Erscheinungen und heftigen Handlungen reizen kann, so ist zu bemerken, dass z.B. der Philosoph in seinem Buche de somno et vigilia die Ursache der Erscheinung der Träume durch örtliche Bewegung erklärt; deshalb, weil, wenn ein Geschöpf schläft, das meiste Blut nach dem Hauptsitze des Fühlens hinabsteigt und zugleich die Bewegungen oder Eindrücke mit hinabsteigen, die aus den voraufgegangenen Bewegungen der sensibeln (Kräfte) zurückgeblieben und im Geiste oder den sensibeln inneren Kräften aufgespeichert worden sind, welche die Phantasie der Einbildung ausmachen, was, wie sich zeigen wird, nach S. Thomas dasselbe ist. Es ist nämlich die Phantasie oder die Einbildung gleichsam die Schatzkammer der durch die Sinne aufgenommenen Formen. Daher kommt es, dass sie das Fassungsvermögen, d.h. die die Gestalten aufbewahrende Kraft, so bewegen, dass sie in der Phantasie so frisch erscheinen, als wenn eben erst der Hauptsitz des Sensitiven von den Außendingen selbst frisch gereizt würde.

Wahr ist, dass nicht alle dies sehen; aber wenn jemand sich bemühen wollte, hätte er die Zahl und Betätigung der inneren Sinne zu betrachten, die nach Avicenna de anima fünf betragen, nämlich den gemeinen Sinn, die Phantasie, die Einbildung, die Meinung und das Gedächtnis; nach dem heiligen Thomas I, 79 jedoch sind es nur vier, weil er Einbildungskraft und Phantasie nur für eine gelten lässt. Aus Furcht vor der Weitschweifigkeit unterbleibt eine Erklärung; auch deshalb, weil an sehr vielen Stellen davon gehandelt wird. Nur darüber (soll einiges bemerkt werden), dass gesagt worden ist, die Phantasie sei eine Schatzkammer von Gestalten, und es jemandem scheinen könnte, das sei die Gedächtniskraft. Unterscheide, dass Phantasie die Schatzkammer oder der Aufbewahrungsort der durch den Sinn aufgenommenen Formen ist, das Gedächtnis aber der Schatz der Intentionen, die durch den Sinn nicht aufgenommen werden. Wer einen Wolf sieht, flieht nicht wegen der Hässlichkeit der Farbe oder der Gestalt, welches von den äußeren Sinnen aufgenommen und in der Phantasie aufgespeicherte Formen sind; sondern er flieht, weil jener ein Feind seiner Natur ist; und das hat er durch eine gewisse Intention und Wahrnehmung der Meinungskraft, welche jenen als schädlich, den Hund als Freund erkannt hat. Der Aufbewahrungsort jener Intentionen ist das Gedächtnis, weil aufnehmen und behalten in der Körperwelt auf gewisse Prinzipien zurückgeführt wird: denn feuchte (Körper) nehmen leicht auf, aber behalten schlecht; umgekehrt ist es aber mit den trockenen.

Zur Sache. Was sich bei Schlafenden bezüglich der Erscheinungen von Träumen (durch Bewegung) der Geister ereigenet, d.h. der im Aufbewahrungsorte aufgespeicherten Gestalten, und zwar durch natürliche körperliche Bewegung, wegen der Bewegung des Blutes und der Säfte nach jenen Hauptpunkten, d.h. nach den inneren sensitiven Kräften hin, und zwar sprechen wir von einer örtlichen, inneren Bewegung im Kopfe und der Zellen des Kopfes – dies kann auch infolge einer ähnlichen durch die Dämonen bewirkten örtlichen Bewegung geschehen und nicht nur bei Schlafenden, sondern auch bei Wachenden, in denen die Dämonen die inneren Geister und Säfte bewegen und erregen können, sodass die in den Aufbewahrungsorten aufgespeicherten Gestalten aus den Schatzkammern zu den sensitiven Hauptsitzen, d.h. zu jenen Kräften, nämlich der Einbildungskraft und Phantasie, herausgeführt werden, sodass solche sich irgendwelche Dinge einzubilden hat; und eine solche wird eine innere Versuchung genannt werden.

Und es ist kein Wunder, dass der Dämon das durch seine natürliche Kraft vermag, wenn jedweder Mensch, wenn er wacht und im Gebrauche der Vernunft ist, durch freiwillige Erregung der aufgespeicherten Gestalten aus seinen Schatzkammern oder Aufbewahrungsorten derartige Gestalten durch sich selbst heraufführen kann, sodass er sich nach Wunsch irgendwelche Dinge vorstellt. Steht das fest, so ist auch die Sache mit dem Liebeswahne klar. Denn weil die Dämonen, wie gesagt, derartige Gestalten bewegen können usw., tun sie es zwiefach: einmal ohne Hemmung des Gebrauches des Verstandes, wie von der Versuchung gesagt ist und durch das Beispiel von dem freiwilligen Anhangen, das bisweilen vorkommt; manchmal aber so, dass der Gebrauch der Vernunft gänzlich gehemmt ist: und auch das können wir mit Beispielen belegen vermittelst gewisser natürlicher Defekte wie bei Gehirnkranken und Trunkenen; weshalb es nicht verwunderlich ist, dass die Dämonen mit Gottes Zulassung den Gebrauch der Vernunft hemmen. Und solche heißen arreptitii, und daher arreptitius von arripio, arripis, weil arreptum (besessen) vom Teufel; und zwar in doppelter Weise: entweder ohne Hexe und Hexerei oder mit ihr und mit[9] Hexerei; denn wie der P h i l o s o p h in dem erwähnten Buche sagt, weil jemand in seiner Leidenschaft (schon) von Ähnlichkeit bewegt wird, wie der Liebende durch geringe Ähnlichkeit (jemandes) mit der geliebten Person, und so auch der Hassende, deshalb stacheln die Dämonen, welche durch die Handlungen der Menschen erfahren, welchen Leidenschaften sie mehr ergeben sind, sie zu so ungewöhnlicher Liebe oder Hass an, indem sie um so stärker und wirksamer das, was sie erstreben, in ihre Einbildung einprägen, je leichter sie das können. Aber sie können es um so leichter, je leichter auch der Liebende die aufgespeicherte Gestalt zum Sitze des Fühlens, d.h. zur Vorstellung herausführt und je entzückter er bei der Betrachtung jener verweilt.

Mit Hexerei jedoch (geschieht derlei), wenn er derartiges durch die Hexen und auf Bitten der Hexen wegen des mit ihnen eingegangenen Paktes besorgt, worüber ausführlich zu berichten bei der Menge sowohl auf geistlichem als auch weltlichem Gebiete nicht möglich ist. Denn wie viele Ehebrecher lassen nicht die schönsten Weiber und entbrennen für andere, gar scheußliche?

Wir kennen ein altes Weib, das nacheinander drei Äbte, wie alle Brüder des betreffenden Klosters bis auf den heutigen Tag laut und offen berichten, nicht nur in solcher Weise behexte, sondern auch tötete. Einen vierten hatte

---

9 Meine Texte lesen hier a b s q u e

sie schon auf ähnliche Weise verrückt gemacht, was sie selbst auch offen eingesteht; scheut sich auch nicht, laut zu sagen: »Ich habe es getan und tue es noch; und sie werden nicht von der Liebe zu mir lassen können, denn sie haben so viel von meinem Kote gegessen«, wobei sie die Menge durch Ausstrecken der Arme angibt. Ich gestehe aber, dass uns die Macht noch nicht zu stand, sie zu strafen, und über sie zu inquirieren, weshalb sie noch am Leben ist.

Und weil am Anfange der Unterscheidung gesagt wurde, dass der Teufel unsichtbar den Menschen zum Sündigen ansporne nicht nur durch das Mittel der Überredung, wie gesagt ist, sondern auch durch das Mittel des Disponierens, so wird das so erklärt, wenn es auch vielleicht nicht zur Sache gehört. Durch eine ähnliche Erregung der Geister und Säfte nämlich macht er einige mehr geneigt zum Zürnen oder zur Begehrlichkeit oder ähnlichem. Denn es ist offenbar, dass, wenn der Körper irgendwie disponiert ist, der Mensch mehr zur Begehrlichkeit, zum Zorn und ähnlichen Leidenschaften geneigt ist; und wenn sie sich erheben, dann wird der Mensch zum Beistimmen disponiert.

Aber weil es schwer ist, über das Vorhergehende zu predigen, deshalb ist es in leichterer Weise zur Belehrung des Volkes zu erklären; und durch welche Mittel solche Behexte geheilt werden können, wird im dritten Teile behandelt werden.

Der Prediger stellt über das oben Gesagte folgendermaßen eine Untersuchung an: Ob es gut katholisch sei, zu behaupten, dass die Hexen imstande wären, die Gemüter der Menschen zu ungewöhnlicher Liebe zu fremden Frauen zu reizen und ihre Herzen so zu entflammen, dass sie durch keine Ablenkung, nicht durch Schläge, Worte oder Taten zum Ablassen gezwungen werden können; dass sie gleichermaßen zwischen ehelich Verbundenen Hass erregten, dass sie nicht imstande seien, durch Gewährung und Erfüllung der ehelichen Pflichten für Nachkommenschaft zu sorgen; dass sie im Gegenteil bisweilen in tiefer Nacht durch weite Länderstrecken zu ihren Geliebten eilen müssen.

Wenn er will, kann er darüber einige Argumente aus der vorhergehenden Untersuchung entnehmen; wenn nicht, dann sage er bloß, dass diese Untersuchungen auf Schwierigkeiten stoßen bezüglich der Liebe und des Hasses. Denn weil diese im Willen ihren Grund haben, der in seinem Handeln immer frei ist und nicht durch irgend eine Kreatur gezwungen werden kann, außer von Gott, der ihn lenken kann, deshalb scheint der Dämon, so wenig wie eine Hexe durch dessen Kraft, den Willen zu Liebe oder zu Hass zwingen zu können. Item, weil der Wille wie auch der Verstand subjektiv in der'Seele existiert und in die Seele schlüpfen nur dem möglich ist, der sie geschaffen hat, deshalb stößt die Frage auf Schwierigkeiten, mit Bezug auf die Entwicklung der Wahrheiten in ihren einzelnen Teilen.

Doch abgesehen hiervon ist zuerst zu reden von der Liebesraserei und dem Hass, zweitens von der Behexung der Zeugungskraft.

Erstens: Mag auch gegen den Verstand und Willen des Menschen der Dämon nicht unmittelbar handeln können, so sind die Dämonen doch nach allen Theologen – Sent. 2, von der Kraft der Dämonen, gegen den Körper und die Kräfte des Körpers, oder die dem Körper angefügten, seien es äußere oder seien es innere Sinne zu handeln – imstande, mit Zulassung Gottes so zu handeln. Dies beweisen Autorität und Grund, die (d)er (Prediger), wenn er will, aus der vorhergenden Frage entnehmen kann; wenn nicht, dann bringe er als Autorität und Grund Job 2. Hier sagt Gott zu dem Dämon: »Siehe, in deiner Hand (d.h. Macht) ist Job«; und zwar war er es mit dem Körper, was klar ist, da er ihm (Macht über) die Seele nicht geben wollte, daher er sagte: »Aber seine Seele bewahre«, d.h. lass sie ungeschädigt. Grund: weil er ihm den Leib gab, gab er ihm auch Macht über alle dem Körper angefügten Kräfte: welche sind fünf äußere und vier innere, nämlich gemeiner Sinn, Phantasie oder Vorstellung, Meinung und Gedächtnis.

Wenn es nicht anders klargemacht werden kann, gebe er das Beispiel von den Schweinen und Schafen, wo die Schweine vermöge des Gedächtnisses in den Stall heimkehren können; und die Schafe durch natürliche Vorstellung den Wolf und Hund unterscheiden: den einen als Feind, den andern als Freund ihrer Natur.

Folglich, wenn alle unsre intellektuelle Erkenntnis ihren Ursprung im Sinne hat (da nach dem Philosophen de anima 2 ein Verstehender Bilder der Vorstellung schauen muss), so kann der Dämon, wie er imstande ist, die innere Phantasie zu wandeln, auch den Verstand verdunkeln; und zwar wird das kein unmittelbares Einwirken sein, sondern ein Einwirken unter Vermittlung der Erscheinungen. – Item gebe man nach Gefallen Beispiele, dass nur Bekanntes geliebt wird: vom Golde, welches der Geizige liebt, weil er dessen Wert kennt, usw. Darum wird durch Verdunkelung des Verstandes auch der Wille in seinen Affekten verdunkelt. Dies aber kann der Dämon tun entweder ohne Hexe oder mit Hexe, ja es kann sich ereigenen durch bloße Unvorsichtigkeit der Augen. Wir werden von den einzelnen

(Fällen) Beispiele geben. Denn wie es J a c . 1 heißt: »Ein jeder wird versucht, gereizt und gelockt von seiner Begehrlichkeit; die Begehrlichkeit aber, wenn sie empfangen hat, gebiert sie die Sünde, die Sünde aber, wenn sie vollendet ist, gebiert sie den Tod.« S i c h e m , als er die D i n a ausgehen sah, um die Weiber des Landes zu sehen, verliebte sich in sie, raubte sie und schlief bei ihr und seine Seele wuchs zusammen mit ihr: G e n e s i s XXXIV; und die Glosse: »Einer schwachen Seele ergeht es so, wenn sie, wie Dina, mit Vernachlässigung eigener Geschäfte die anderer besorgt: sie wird verführt durch den Umgang und wird eines Sinnes mit den Verführten.«

Z w e i t e n s , dass derlei bisweilen auch ohne Hexe, durch Versuchung der Dämonen im allgemeinen geschieht, wird so erklärt. A m m o n liebte seine sehr schöne Schwester T h a m a r , und er war so sehr weg in sie, dass er wegen seiner Verliebtheit krank ward: K ö n i g e II, 13. Wer möchte wohl zu solch schändlicher Unzucht herabsinken, der nicht gänzlich verdorben und schwer vom Teufel versucht ist? Daher dort die G l o s s e : »Dies ermahnt uns, und deshalb hat es Gott zugelassen, dass wir immer vorsichtig handeln, dass nicht Laster in uns herrschen, und der Fürst der Sünde, der einen falschen Frieden schließt mit den Gefährdeten, uns nicht unversehens tötet, wenn er uns bereit findet.«

Von dieser zweiten Art der Liebe ist das Buch von den heiligen Vätern voll, welches berichtet, dass, wenn sie sich auch aller Versuchung der fleischlichen Lust entzogen hätten, sie doch mehr als glaublich ist, von der Lust nach Weibern versucht wurden. Daher sagt auch der Apostel K o r i n t h e r II, 12: »Mir ist gegeben der Stachel meines Fleisches, der Engel des Satans, der mich mit Fäusten schlage«, wo die G l o s s e sagt: »Er ist mir gegeben zur Versuchung durch die Lust.« Die Versuchung aber, der man widersteht, ist keine Sünde, sondern eine Art Prüfung der Tugend; und dies wird verstanden von der Versuchung durch den Feind, nicht durch das Fleisch, welche immer zum wenigsten verzeihliche Sünde ist, auch wenn man ihr nicht nachgibt.

Der Prediger kann, wenn er Lust hat, noch einige Beispiele anführen.

Von dem d r i t t e n Punkte, dass Liebeswahnsinn aus Hexentaten der Dämonen komme, ist oben gesprochen, und von dieser Versuchung reden wir. Und wenn jemand sagte, wie man unterscheiden könne, dass nicht vom Teufel, sondern allein durch Hexenkunst eine solche ungewöhnliche Liebe entstehe, so ist zu sagen: auf viele Weisen. E r s t e n s , wenn ein also Versuchter ein schönes, ehrbares Weib hat und von dem anderen (Weibe, das er liebt) das Gegenteil feststeht usw. Z w e i t e n s , wenn die Urteilskraft der Vernunft gänzlich gebunden wird, dass er nicht durch Schläge, Worte, Taten oder auch Ablenkungen dazu gebracht werden kann, von ihr zu lassen. Drittens: Besonders wenn er sich nicht halten kann, sodass er manchmal unerwartet sich auch über eine weite Länderstrecke, ungeachtet der Rauheit des Weges, wie es aus dem Geständnisse solcher ein jeder erfahren kann, (zur Geliebten) begeben muss, am Tage wie bei Nacht; wie nämlich Chrysostomus über Matth. 21 sagt, von der Eselin, auf der Christus ritt, dass, wenn der Dämon den Willen des Menschen durch Sünde einnimmt, er ihn nach Gefallen zieht, wohin er will. Er gibt das Beispiel von dem Schiffe auf dem Meere, das das Steuer verloren hat und vom Winde umhergeschleudert wird, und wie wer auf dem Rosse machtvoll sitzt und ein König, mit dem Besitze eines Gewaltherrschers. (?)

Viertens erkennt man es daran, dass sie unerwartet und plötzlich ausfahren und bisweilen sich verwandeln, dass ihnen nichts widerstehen kann. Es folgt auch aus dem üblen Leumunde der Person selbst.

Bevor wir zur nächsten Frage übergehen, über die Behexung der Zeugungskraft, die dann angefügt ist, sind zuvor die Argumente zu lösen.

Als Antwort zu den Argumenten ist betreffs des ersten, dass der Wille des Menschen von Gott regiert wird, wie der Verstand von einem guten Engel, zu sagen, dass da die Lösung klar ist. Wie nämlich der Verstand nur von einem guten Engel zur Erkenntnis des Wahren erleuchtet wird, woraus Liebe zum Guten folgt, weil Wahres und Seiendes zusammenfallen, so kann der Verstand auch von einem bösen verdunkelt werden zur Erkenntnis des (nur) scheinbar Wahren, und zwar durch Vermischung der Gestalten in den Sitzen des Sinnes, d.h. den (oben) vorgeführten inneren sensitiven Kräften und Mächten, woraus eine ungewöhnliche Liebe zum scheinbar Guten folgt, nämlich körperlicher Ergötzung, welche solche denn auch suchen.

Über das zweite Argument: Dass sie innerhalb der Körper, sie verwandelnd, nicht sein können, ist teils wahr, teils nicht, und zwar hinsichtlich der dreifachen Verwandlung. Sie können sie nämlich nicht verändern in der Weise, dass sie irgend eine Form hervorbrächten, sei sie substanziell oder akzidenziell, was auch mehr eine Hervorbringung als Verwandlung zu nennen ist – ohne Mithilfe eines anderen Agens oder auch ohne göttliche Zulassung. Wenn wir aber von qualitativer Veränderung, wie Hervorbringung von Gesundheit oder Krankheit sprechen, so können sie, wie aus Obigem hervorgeht, verschiedene Krankheiten, sogar bis zur Bindung der Vernunft hervorbringen und so ungewöhnliche Liebe und Hass bewirken.

Es kann auch die dritte Art der Veränderung noch hinzugefügt werden, die geschieht, wenn ein guter oder schlechter Engel in den Körper schlüpft, so wie wir sagen, dass Gott allein in die Seele schlüpfen kann, d.h. in die Wesenheit der Seele. Aber wenn wir sagen, dass ein Engel in den Körper schlüpft, besonders ein schlechter, wie bei Besessenen, da schlüpft er nicht in den Kreis der Wesenheit des Körpers, da so nur der hineinschlüpfen kann, der das Dasein gibt, nämlich Gott Schöpfer, und wird gehalten gleichsam als habe er eine innere Macht der Seele. Doch sagt man, er schlüpfe in den Körper, wenn er etwas an dem Körper wirkt, weil er dort ist, wo er arbeitet, wie Damascenus sagt; und dann arbeitet er innerhalb der Grenzen der körperlichen Quantität und der Grenzen der körperlichen Wesenheit.

Daraus ergibt sich, dass der Körper Grenzen hat im doppelten Sinne: der Quantität und der Wesenheit, und ist ein Unterschied wie zwischen suppositum und Natur. Wie sie also in den Körper schlüpfen können, so auch in die den körperlichen Organen angehefteten Kräfte; und folglich können sie Eindrücke machen auf die Kräfte; daher folgt per accidens eine solche Handlung und ein solcher Eindruck auf den Verstand, da sein Objekt die Vorstellung ist, wie Farbe, Aussehen, wie es heißt de anima 3, und folglich weiter auf den Willen, weil der Wille seine Objekte empfängt vom Verstände nach seiner Auffassung des Guten, je nachdem der Verstand etwas erfasst als wahrhaft gut oder (nur so) scheinend.

Bezüglich des dritten Argumentes, die Gedanken des Herzens zu erkennen, gibt es ein zwiefaches Erkennen, entweder an ihrer Wirkung oder wie sie im Verstände leben. Auf die erste Weise kann nicht nur ein Engel, sondern auch ein Mensch das erkennen; ein Engel, wie sich zeigen wird, freilich genauer. Bisweilen nämlich wird der Gedanke nicht nur an der äußeren Handlung erkannt, sondern auch an der Veränderung der Miene. So können auch die Ärzte gewisse Erregungen der Seele durch den Puls erkennen. Daher sagt auch Augustinus in dem Buche de div. daemon., dass, wenn sich gewisse Anzeichen aus der Seele am Körper finden, man mit ganzer Leichtigkeit manchmal die Neigungen der Menschen erkennt, selbst wenn sie nicht mit Worten ausgedrückt, sondern bloß im Gedanken erfasst sind, wiewohl er in dem Buche Retract. sagt, es sei nicht zu bestimmen, wie dies geschehe. Ich glaube, er berichtigt das für den Fall, dass jemand meinen sollte, der Dämon erkenne die Gedanken im Verstande.

Auf die zweite Weise können die Gedanken, wie sie im Verstande, und die Erregungen, wie sie im Willen sind, erkannt werden: und so kann Gott allein die Gedanken des Herzens und die Erregungen des Willens erkennen. Der Grund davon ist: weil der Wille einer vernunftbegabten Kreatur allein Gott unterliegt und er allein an ihm handeln kann, der da ist sein Hauptziel und letztes Ende, deshalb ist das, was im Willen ist oder vom Willen allein abhängt, Gott allein bekannt. Es ist aber offenbar, dass allein vom Willen abhängt, dass jemand etwas getan wissen will; denn wenn jemand im Zustande des Wissens ist oder in demselben Sinnesgestalten hat, gebraucht er sie, wie er will.

Es wird auch aus dem, was gesagt ist, bewiesen, dass ein Engel nicht in die Seele schlüpfen und deshalb infolge seiner Natur nicht sehen kann, was in der Seele ist; und zwar so lange es im Inneren der Seele ist. Wenn daher so argumentiert wird: der Dämon kann die Gedanken der Herzen nicht sehen; also kann er auch die Herzen oder Gemüter der Menschen nicht zu Liebe oder Hass reizen, so wird gesagt, dass, wie er sie erkennt, nämlich an den Handlungen, und zwar schärfer als der Mensch, er so auch schärfer zu Liebe oder Hass reizen kann, durch Erregung von Phantasiegebilden und Verdunkelung des Verstandes.

Es ist auch einiges den furchtsamen Gewissen und Tugendhaften zu ihrem Troste zu sagen, dass die äußere sinnliche und körperliche Veränderung, welche die Gedanken des Menschen begleitet, manchmal so schwach und unbestimmt ist, dass der Teufel durch sie zu einer sicheren Erkenntnis des Gedankens nicht gelangen kann, besonders wenn sie zuweilen Studien oder guten Werken obliegen; und solche beunruhigt er dann mehr im Schlafe, wie die Erfahrung lehrt. Manchmal ist sie so stark und bestimmt, dass er durch sie die Gedanken bezüglich ihrer Art erkennen kann, so z.B. Gedanken über Neid, oder über Üppigkeit. Aber ob er durch sie die Gedanken mit Sicherheit bezüglich aller Umstände erkennen könne, wie über den oder jenen, wollen wir zweifelhaft lassen, wie wir es auch (in unseren Quellen so) finden; nur ist es wahr, dass er aus den Handlungen solche Umstände nachträglich erkennen kann.

V i e r t e n s ist das klar: Mag es nur Gott zukommen, in die Seele zu schlüpfen, so kann es doch einem guten oder schlechten Engel zukommen, in den Körper und folglich in die dem Körper angefügten Kräfte auf die erwähnte Weise zu schlüpfen; daher sie Liebe und Hass in einem solchen Menschen verursachen können. Auf das andere, dass die fühlende Kraft würdiger sei als die schaffende, sie jedoch von ihm nicht verändert werden kann, ist zu sagen, dass er im Gegenteil auch über die schaffende Kraft

(Einfluss zu üben) vermöchte, sodass etwas schneller oder langsamer zu Knochen oder Fleisch gemacht würde: aber dazu wirkt er nicht so mit wie zum Hindern oder Antreiben der inneren oder äußeren sensitiven Kräfte und zwar um seines eigenen Vorteils willen, den er sich aus der Täuschung der Sinne und der Blendung des Verstandes am meisten verschafft.

Achte Frage

Ob die Hexen die Zeugungskraft oder den Liebesgenuss verhindern können, welche Hexerei in der Bulle enthalten ist

Zweitens, ebendieselbe Wahrheit, nämlich, dass mehr unter den Weibern Ehebruch, Hurerei usw. sich findet, wird gezeigt durch die Behexung der Betätigung der Zeugungskraft; und damit die Wahrheit deutlicher werde, wird zuerst bewiesen, dass es nicht möglich sei, weil, wenn solche Hexentat möglich wäre, sie auch Verheiratete treffen könnte; und wird dies zugegeben, dann würde, da die Ehe das Werk Gottes ist, und die Hexerei das Werk des Teufels, das Werk des Teufels stärker sein als das Werk Gottes. Wenn aber zugegeben wird, nur bei Hurern und nicht bei Verheirateten, dann wird die alte Meinung wiederkommen, dass Hexerei nichts Wirkliches sei, sondern nur in der Meinung der Menschen bestehe, wovon das Gegenteil in der ersten Frage festgestellt ist. Oder es wird ein Grund angegeben werden, warum es diesen und nicht jenen zustoßen könne; und da kein anderer Grund vorzuliegen scheint, außer weil die Ehe Gottes Werk ist, dieser Grund aber nach den Theologen nicht schließt, wie es ersichtlich aus IV, 24 de impedim. malefic., so bleibt nur noch das Argument, dass das Werk des Teufels stärker sein wird als das Werk Gottes; und da es unziemlich ist, dies zu behaupten, so ist es auch unziemlich zu behaupten, durch Hexerei könne der Beischlaf verhindert werden.

Item, der Teufel kann die Betätigungen der anderen Naturkräfte nicht verhindern, als z.B. Essen, Gehen, Aufstehen usw., was darum wahr zu sein scheint, weil die Dämonen (sonst) die ganze Welt vernichten könnten.

Ferner, wenn der Beischlaf sich bei jedem Weibe gleichermaßen abspielt, so wird er, wenn er verhindert wird, auch bei jedem Weibe verhindert. Aber dies ist falsch: darum auch das erste. Dass es falsch sei, lehrt die Erfahrung, indem solche, welche sagen, sie seien behext, bei anderen Frauen vermögend sind, wenn auch nicht bei denen, die der Betreffende nicht erkennen kann: weil er nämlich nicht will, kann er auch in der Tat nichts.

Entgegengesetzt und für die Wahrheit ist c. si per sortiarias etc., XXX, 8; ebenso die Meinung aller Theologen und Kanonisten, wo sie über Hinderung der Ehe durch Hexen handeln.

Ebenso passt der Grund: Da die Macht des Teufels größer ist als die des Menschen, und der Mensch die Zeugungskraft verhindern kann, sei es durch stark erschlaffende Kräuter, sei es durch andere Hinderungsmittel usw., wie sich jeder vorstellen kann, deshalb kann der Dämon, der genaueres Wissen besitzt, solches um so mehr tun.

Antwort. Aus den zwei Punkten, die oben aufgestellt sind, kann die Wahrheit genügend eingesehen werden, mag auch die Art der Verhinderung nicht durch Untersuchung erklärt sein. Denn es ist festgestellt worden, dass die Hexerei nicht bloß der Meinung der Menschen nach, als nichts Wirkliches, existiert, sondern dass unzählige Hexenwerke wahr und wahrhaftig mit Zulassung Gottes geschehen können. Es ist auch gezeigt worden, dass Gott mehr erlaubt betreffs der Zeugungskraft, wegen der größeren Verderbtheit dieser, als betreffs der anderen menschlichen Handlungen. Über die Art aber, wie eine solche Hinderung geschieht, ist zu bemerken, dass sie nicht bloß an der Zeugungskraft, sondern auch an der Einbildungskraft oder Phantasie geschieht; und diesbezüglich nennt Petrus de Palude, Distinct. IV, 34, fünf Arten. Er sagt nämlich, dass, weil der Dämon, insofern er Geist ist, Macht hat über die körperliche Kreatur, örtliche Bewegung zu hindern oder zu bewirken, er deshalb Körper hindern kann, sich zu nähern, direkt und indirekt, indem er sich bisweilen in einem angenommenen Körper dazwischen legt, wie es dem Bräutigam ging, der ein Idol geheiratet und nichtsdestoweniger mit einem Mädchen die Ehe geschlossen hatte, weshalb er dasselbe nicht erkennen konnte.

Zweitens kann er den Menschen durch heimliche Anwendung von Kräften, die, wie er sehr wohl weiß, dazu kräftig wirken, zu jenem Akte entflammen oder aber auch erkaltet von jenem Akte abstehen lassen. Drittens, indem er das Empfinden und die Einbildungskraft stört, wodurch er das Weib abstoßend macht, weil er, wie gesagt wurde, auf die Einbildung einwirken kann; viertens, durch direktes Erschlaffenlassen der Kraft des zur Befruchtung dienenden Gliedes, wie er ja auch örtliche Bewegung unterdrücken kann; fünftens, durch Verhinderung der Abschickung der Geister, in denen die bewegende Kraft ist, zu den Gliedern; er verschließt gleichsam die Wege des Samens, dass er nicht zu den Zeugungsgefäßen gelangt, oder dass er nicht von ihnen gehe, nicht ausfalle, nicht ausgeschickt werde, und auf viele andere Weisen.

Und er fügt in Übereinstimmung mit dem, was oben von anderen Gelehrten gesagt ist, hinzu: »Mehr nämlich erlaubt Gott über diesen Akt, durch welchen die erste Sünde verbreitet wird, als über die andern menschlichen Handlungen, wie auch über die Schlangen, die mehr auf Beschwörungen hören als andere Tiere«; und kurz darauf sagt er: »Ebenso ist es mit dem Weibe, weil er deren Einbildungskraft so verwirren kann, dass sie den Mann so abstoßend findet, dass sie um die ganze Welt nicht erlaubt, dass er sie erkenne.« Später will er einen Grund angeben, warum mehr Männer bei dieser Handlung behext werden als Weiber, und sagt, dass, weil diese Hinderung bisweilen geschieht durch Verbauung des Gefäßes oder auch durch örtliche Bewegung, indem die Kraft des Gliedes zurückgedrängt wird, was eher und leichter bei Männern geschehen kann, sie darum mehr behext werden als die Weiber. Es könnte auch jemand sagen, dass es deshalb geschähe, weil mehr Weiber abergläubisch sind als Männer, auch lieber Männer anlocken als Weiber; oder auch tun sie dies zur Verachtung des (ehelich) verbundenen Weibes, um überall Gelegenheit zu schaffen zu Ehebruch, indem der Mann fremde Frauen erkennen kann, aber nicht die eigene, und ebenso das Weib andere Liebhaber suchen könne.

Er fügt auch hinzu, dass Gott erlaubt, mehr gegen Sünder als gegen Gerechte zu wüten. Daher sagte der Engel zu Tobias: »Über die, welche der Lust ergeben sind, gewinnt der Dämon Gewalt«; wenn auch manchmal über die Gerechten, wie über Job, aber nicht über die Zeugungskraft. Deshalb müssen sie Beichten tun und andere gute Werke, dass es nicht umsonst sei, Medizin zu nehmen, während das Eisen in der Wunde bleibt. So Petrus.

Über die Beseitigung solcher Hexerei wird gehandelt werden im dritten Teile dieses Werkes.

Wenn aber nebenbei gefragt wird, warum jene Handlung bisweilen gehindert wird mit Rücksicht auf das eine Weib und nicht ein anderes, so lautet die Antwort nach Bonaventura: entweder weil der Zauberer oder Hexer dazu mit Rücksicht auf die bestimmte Person den Teufel wandelt, oder weil Gott mit Rücksicht auf irgend eine Person die Verhinderung nicht zulässt. Denn hier liegt der Ratschluss des Herrn verborgen, wie sich am Weibe des Tobias zeigt. Und er fügt hinzu: »Wenn gefragt wird, wie der Teufel das tut, so ist zu sagen, dass er die Zeugungskraft nicht durch innere Hinderung, durch Verletzung des Organes, sondern durch äußerliche, durch Hinderung des Gebrauches hemmt. Weil es also eine künstliche Hinderung ist, keine natürliche, daher kann er hindern bei der einen Frau, nicht bei der anderen, entweder durch Aufhebung der Reizung des Verlangens nach ihr und nicht nach einer anderen, und zwar durch eigene Kraft, oder durch Kräuter, einen Stein oder eine geheime Kraft. Und das passt zu den Worten des Petrus de Palude.

Ferner, wenn Unfähigkeit zu solcher Handlung manchmal aus natürlicher Kälte oder natürlichem Mangel sich einstellt und man fragt, wie man unterscheiden könne, was infolge von Hexerei geschehen sei und was nicht, so antwortet Hostiensis in seiner Summa (mag es auch nicht öffentlich zu predigen sein): wenn die Rute sich gar nicht bewegt, sodass (d)er (Mann) niemals (sein Weib) erkennen konnte, so ist dies ein Zeichen von Kälte; aber wenn sie sich bewegt und steift, er aber nicht vollenden kann, so ist das ein Zeichen von Hexerei.

Noch ist zu bemerken, dass die Hexerei nicht nur geschieht, dass jemand seine Handlung nicht vollbringen kann, sondern sie geschieht auch bisweilen, dass ein Weib nicht empfängt oder Frühgeburten tut. Aber man beachte wohl, dass nach den Satzungen des Kanon jeder, der Rachgier zu befriedigen oder aus Hass einem Manne oder einer Frau etwas angetan, dass er nicht zeugen und sie nicht empfangen kann, für einen Mörder gilt, extra de homic.: Si aliquis.

Man merke auch, dass der Kanon ebenso redet von den lockeren Liebhabern, die ihren Geliebten Tränke reichen, damit sie nicht in Verlegenheit kommen, oder auch bestimmte Kräuter, die die Natur allzu sehr erkälten, ohne Hilfe der Dämonen. Daher sind sie wie Mörder zu bestrafen, auch wenn sie reuig sind. Die Hexen aber, die durch Hexenkünste derlei bewirken, sind nach den Gesetzen aufs Härteste zu strafen, wie oben, in der ersten Frage, festgestellt ist.

Und zur Lösung der Argumente, wo die Schwierigkeit sich zeigt, ob den ehelich Verbundenen derlei zustoßen könne, ist weiter zu bemerken, dass, wenn auch aus dem Festgesetzten die Wahrheit darüber nicht erhellt, doch wahr und wahrhaftig solches den in der Ehe wie den außerhalb derselben Befindlichen geschehen kann. Und ein kluger Leser, der Bücher in Menge hat, wird Stoff finden bei den Theologen wie den Kanonisten, besonders extra de frigidis et maleficiatis und IV, 34, die beide übereinstimmen und zwei Irrlehren, besonders über die ehelich Verbundenen, zurückweisen, welche zu meinen schienen, dass eine solche Behexung unter ehelich Verbundenen nicht stattfinden könne, mit Anführung jener Gründe, dass der Teufel die Werke Gottes nicht zerstören könne.

Und der erste Irrtum, der von ihnen zurückgewiesen wird, stammt von denen[10], die sagten, Hexerei sei nicht in der Welt, sondern nur in der Vorstellung der Menschen, welche aus Unkenntnis geheimer Ursachen, die auch kein Mensch wissen kann, einige natürliche Wirkungen den Hexen zuschrieben, als ob nicht geheime Ursachen sie hervorbrächten, sondern Dämonen durch sich oder durch Hexer. Mag dieser Irrtum von allen übrigen Gelehrten in seiner einfachen Falschheit zurückgewiesen werden, so wird er doch von S. Thomas noch heftiger bekämpft, da er ihn, gleichsam als eine Ketzerei, verdammt, indem er sagt, dass dieser Irrtum aus der Wurzel des Unglaubens aufging; und weil Ungläubigkeit an einem Christen Ketzerei heißt, so sind diese mit Recht der Ketzerei verdächtig. Doch über diesen Stoff ist auch in der vorhergehenden Frage gehandelt worden, wenn er dort auch nicht so erklärt sein mag. Denn wenn jemand andere Aussprüche des heiligen Doctors an anderen Stellen betrachtet, so findet er die Gründe, weshalb er lehrt, dass ein solcher Irrtum aus der Wurzel des Unglaubens aufging. Nämlich in den Fragen über das Übel, wo er von den Dämonen handelt, und zwar in der ersten Frage, ob die Dämonen in natürlicherweise mit sich vereinte Körper haben, geschieht unter anderem, was dort gesagt wird, auch derer Erwähnung, die einzelne Wirkungen auf die Kräfte der Himmelskörper zurückführten, denen, wie sie sagen, auch wirklich geheime Ursachen für die niederen Wirkungen innewohnten; und er sagt, es sei bemerkenswert, dass die Peripatetiker, des Aristoteles Nachfolger, nicht lehrten, dass es Dämonen gäbe; sondern was man den Dämonen zuschreibt, das, sagten sie, geschähe durch die Kunst der Himmelskörper und anderer Naturkörper. Daher sagt Augustinus de civ. dei 10, Porphyrus habe dafür gehalten, dass mit Kräutern, Steinen,

10 In meinen Texten steht »est contra eos«. Es ist das wohl nur der lässigen Schreibweise zur Last zu legen. Eigentlich will der Verfasser sagen: Die Widerlegung der Irrlehren richtet sich zuerst gegen diejenigen, welche … Stattdessen schreibt er: Der erste Irrtum, der von ihnen zurückgewiesen wird, ist gegen diejenigen, welche …

Tieren, bestimmten Tönen und Stimmen, Figurationen und Pigmenten, auch durch Beobachtung der Sternbewegung bei der Drehung des Himmels auf der Erde von den Menschen zur Ausführung verschiedener Wirkungen geeigenete Sternkräfte fabriziert würden. Daraus ist der Irrtum ersichtlich, dass sie alles zurückführten auf die geheimen Ursachen der Sterne, und die Dämonen nur in der Meinung der Menschen fabriziert wurden.

Aber dass diese Annahme falsch sei, beweist klar S. Thomas ebendort daraus, dass sich gewisse Handlungen der Dämonen finden, die auf keine Weise aus einer natürlichen Ursache hervorgehen können, z.B. wenn ein vom Teufel Besessener eine unbekannte Sprache redet; und viele andere Taten der Dämonen finden sich bei Besessenen, wie auch in den Künsten der Nigromantiker, die auf keine Weise entstehen können, außer aus einem, wenigstens der Natur nach guten, wenn auch dem Willen nach schlechten Verstände. Und deshalb wurden wegen der berührten Unzuträglichkeit die anderen Philosophen gezwungen, Dämonen anzunehmen, wenn sie auch später in verschiedene Irrtümer fallen, indem (z.B.) einige meinen, die aus den Körpern der Menschen scheidenden Seelen würden zu Dämonen. Darum töteten auch viele Haruspices Knaben, damit sie in ihren Seelen Helfershelfer hätten; und auch mehrere andere Irrtümer werden dort berichtet.

Daher steht fest, dass der heilige Doctor nicht mit Unrecht sagt, eine solche Meinung gehe hervor aus der Wurzel der Ungläubigkeit. Wer Lust hat, lese Augustinus de civ. dei 8 und 9 über die verschiedenen Irrlehren der Ungläubigen über die Natur der Dämonen: deshalb ist auch der allen Gelehrten gemeinsame Grund, der auch in der angeführten Distinktion genannt wird, gegen derartige Irrlehrer, d.h. welche leugnen, dass Hexerei etwas (Wirkliches) sei, von großer Kraft seinem Sinne nach, wenn er auch kurz ist an Worten, indem sie sagen, dass die, welche lehren, es gebe keine Hexerei in der Welt, entgegen sind den Meinungen aller Gelehrten und der Heiligen Schrift, die doch erklären, dass es Dämonen gebe, und dass die Dämonen Macht hätten über die Körper und über die Vorstellung der Menschen, mit Zulassung Gottes, weshalb auch durch sie die Zauberer Wunderbares an den Kreaturen vollbringen können, daher sie auch mit Recht des Teufels Handwerkszeug und Hexer heißen, auf deren Drängen die Dämonen bisweilen Schädigungen an der Kreatur bewirken.

Wenn nun zwar bei Zurückweisung dieses ersten Irrtumes von den Doctoren der ehelich Verbundenen keine Erwähnung geschieht, so ergibt sich das doch klar bei der Zurückweisung der zweiten Irrlehre. Man sagt nämlich, was der Irrtum der anderen war, dass, wenn es auch Hexerei gibt und übermächtig ist in der Welt auch gegen das fleischliche Band, sie doch deshalb niemals eine schon vollzogene Ehe zerstören könne, weil keine solche Hexerei für dauernd gehalten werden kann. Siehe, da geschieht der ehelich Verbundenen Erwähnung! Bei der Zurückweisung aber dieses Irrtums ist, wenn auch eine Erklärung nicht zur Sache gehört, doch wegen derer, die keine vielen Bücher haben, zu sagen, dass man ihn damit abweist, dass man sagt, solches zu lehren sei gegen die Erfahrung und gegen neue und alte Satzungen.

Daher geben die katholischen Doktoren die Unterscheidung, dass die durch Hexenwerk geschaffene Impotenz entweder zeitweilig oder dauernd sei. Wenn zeitweilig, dann hindert das nicht. Sie gilt aber dann für zeitweilig, wenn im Zeiträume von drei Jahren die Ehegatten, beieinander wohnend, und sich alle Mühe gebend, geheilt werden können, sei es durch die Sakramente der Kirche, sei es durch andere Heilmittel. Wenn sie aber durch kein Mittel geheilt werden, dann gilt sie für dauernd, und dann geht sie entweder der Schließung und Vollziehung der Ehe voraus und hindert so, die Ehe zu vollziehen und zerstört die schon geschlossene, oder sie folgt der Schließung der Ehe, aber nicht der Vollziehung und stört so, wie einige sagen, die schon geschlossene Ehe auch. Es heißt nämlich, XXXIII, qu. 1, c. 1, dass die Ehe bekräftigt wird durch die Pflicht, (des Fleisches nämlich, sagt die Glosse). Oder die Impotenz folgt der Vollziehung der Ehe, und dann zerstört sie das eheliche Band nicht. Mehr wird dort angeführt, extra de frigidis usw., von Hostiensis und Goffredus, und auch von den theologischen Doktoren; w.o.

Zu den Argumenten: Bei dem ersten ist hinreichende Klarheit aus dem, was gesagt ist. Denn erstens, dass die Werke Gottes durch die Werke des Teufels zerstört werden können, wenn Hexerei unter Verheirateten stattfinden könnte – dieser Einwand gilt nicht: vielmehr ist das Gegenteil klar, da der Teufel nichts kann außer mit Zulassung Gottes; item, dass er nicht mit Gewalt, wie ein Tyrann, zerstört, sondern durch eine gewisse äußere Kunst, wie oben erhellte.

Zum Zweiten hat sich oben gezeigt, warum Gott (Behexung) lieber bei diesem Liebesakte als bei den anderen zulässt. Er kann ja auch Macht haben über andere Handlungen, wenn Gott es zulässt. Daher gilt es nicht, dass er (auf diese Weise) die Welt vernichten könne.

Drittens: dieselbe Klarheit aus dem Gesagten.

Neunte Frage

Ob die Hexen durch gauklerische Vorspiegelung die männlichen Glieder behexen, sodass sie gleichsam gänzlich aus den Körpern herausgerissen sind

Drittens wird eben diese Wahrheit erklärt durch die teuflischen Vollbringungen an dem männlichen Gliede; und damit diese Wahrheit noch mehr hervorleuchte, wird gefragt, ob die Hexen imstande seien, die männlichen Glieder durch die Kraft der Dämonen, wahr und wahrhaftig, oder nur durch gauklerischen Schein wegzuhexen? Und es wird bewiesen, wahr und wahrhaftig, durch das Argumentum a fortiori: Größeres vermögen die Dämonen, wie Menschen zu töten oder örtlich fortzubewegen, wie oben sich zeigte bei Job und Tobias 7, an den getöteten Männern: daher können sie auch die Glieder der Männer wahr und wahrhaftig weghexen.

Ferner die Glosse über jene Stelle des Psalmisten, Schickungen durch die bösen Engel: Gott straft durch böse Engel, wie er das israelitische Volk oft strafte mit verschiedenen Schwächungen, die wahr und wahrhaftig den Körper trafen: daher kann er auch derartige Schwächen an einem solchen Gliede senden.

Wenn man sagt, dass er es kann mit göttlicher Zulassung, dann deshalb, wie im Vorhergehenden gesagt ist, weil Gott mehr erlaubt, die Zeugungskraft zu behexen, wegen der ersten Verderbnis durch die Sünde, die durch den Zeugungsakt in uns kommt, daher er auch mehr erlaubt betreffs des Gliedes dieser Zeugungskraft, ja, dass (der Dämon) es ganz weghext.

Ferner: größer war die Verwandlung von Lots Weib in eine Salzsäule, Genesis 19, als das Wegnehmen des männlichen Gliedes. Aber diese Verwandlung war wahr und wahrhaftig, und nicht scheinbar. (Da bis heute, wie es heißt, jene Säule noch da ist.) Und es geschah durch einen bösen Engel, wie sie gezwungen waren durch gute Engel, die sie mit Blindheit vorher geschlagen, damit sie die Türe des Hauses nicht finden konnten; wie auch die andern Strafen der Leute von Gomorra, weil die Glosse ebenda sagt, auch sie seien von jenem Laster angesteckt. Daher können sie auch solches tun.

Ferner: Wer eine natürliche Gestalt geben kann, der kann sie auch nehmen. Aber die Dämonen haben mehrmals wahre Gestalten gegeben, wie es sich bei den Zauberern Pharaos zeigt, welche durch die Macht der Dämonen Frösche und Schlangen machten. Ebenso sagt Augustinus 83, dass alles, was sichtbar geschieht, auch durch die unteren Mächte der Luft geschieht: dies zu glauben ist nicht absurd. Aber das können Menschen tun, dass durch irgend welche Kunst oder Beschneidung das Glied weggenommen wird: daher auch die Dämonen unsichtbar es können, was andere sichtbar können.

Aber dagegen: Augustinus de civ. dei 18: »Es ist nicht zu glauben, dass auch der menschliche Körper durch die Kunst oder Macht der Dämonen in Tiergestalten verwandelt werden könne«, daher kann (d) er (Dämon) dementsprechend das nicht nehmen, was zur Wahrheit des menschlichen Körpers gehört. Ebenso sagt er de trinit. 3: »Es ist nicht zu glauben, dass solchen gefallenen Engeln diese Materie der sichtbaren Dinge auf den Wink gehorche, sondern Gott.«

Antwort: Keinem ist es zweifelhaft, dass gewisse Hexen wunderbare Taten an den männlichen Gliedern vollbringen, was feststeht nach dem, was sehr viele Leute gesehen und gehört; auch nach dem öffentlichen Gerede, dass durch Sehen oder Betasten die Wahrheit bezüglich jenes Gliedes erkannt wurde. Über die Art, wie dieses geschehen könne, ist zu sagen, dass, wenn es auch auf doppelte Weise geschieht, nämlich wahr und wahrhaftig, wie die ersten Argumente es berührt haben, und durch Gaukelei, dass dennoch das, was die Hexen bei derlei tun, nur geschieht durch gauklerische Vorspiegelung, welche Vorspiegelung jedoch keinen Raum hat in der Vorstellung des Leidenden, weil sich dessen Vorstellung wahr und wahrhaftig vorstellen kann, dass eine Sache nicht gegenwärtig ist, mag er auch durch keine äußere Sinneshandlung, Sehen oder Fühlen, wahrnehmen, dass sie gegenwärtig ist. Daher kann man sprechen von einer wahren Wegnahme des Gliedes, mit Bezug auf die Vorstellung des Leidenden, wenn auch nicht mit Bezug auf den wahren Sachverhalt.

Über die Art, wie es geschieht, ist einiges zu sagen. Erstens die zwei Arten, auf die es geschehen kann: Es ist nicht wunderbar, dass der Teufel die äußeren Sinne der Menschen täuschen kann, da er ja die inneren zu täuschen vermag, was oben festgestellt wurde, durch Herausführung der aufgespeicherten Gestalten zu den Sinnessitzen. Er täuscht sie aber in ihren natürlichen Funktionen, sodass, was sichtbar, unsichtbar, was fühlbar, nicht fühlbar, was hörbar, nicht hörbar wird usw. Aber diese Wahrheit stellt bezüglich des tatsächlichen Bestandes insofern nichts auf, als das alles geschieht durch Veränderung der Organe, die sich auf Sehen und Fühlen beziehen, als Hände und Augen, bei deren Täuschung sich dann das Urteil des Sinnes irrt.

Wir können das aus einigen natürlichen Vorgängen beweisen. Denn wie süßer Wein einem Fieberkranken wegen der Infektion der Zunge bitter erscheint, woher der Geschmack getäuscht wird nicht bezüglich des wahren Tatbestandes, sondern bezüglich der Flüssigkeit: so besteht auch dort keine Täuschung bezüglich des wahren Tatbestandes, dass da nämlich kein Glied angewachsen sei, sondern bezüglich des Sinnesorganes.

Weiter, wie oben von der Zeugungskraft gesagt wurde, dass sie durch Auflegen eines anderen Körpers von derselben Farbe und demselben Aussehen gehemmt werde, so können sie auch einen flachgestalteten, fleischfarbenen Körper zwischen das Sehen und Befühlen durch die Hände und Augen und zwischen den wahren Körper des Leidenden selbst legen, sodass er mit seiner Urteilskraft nichts sehen und fühlen kann außer einem glatten Körper, der durch kein Glied unterbrochen ist. Man sehe die Worte des S. Thomas, II, 8, 5 über die gauklerischen Vorspiegelungen, und II, 2, 91 und in den Untersuchungen über das Böse, wo er häufig jenes Wort des Augustinus 83 anführt: »Es schleicht dies Übel des Dämonen durch alle Zugänge der Sinne, macht sich fühlbar durch Gestalten, passt sich den Farben an, hängt an den Tönen, unterwirft sich den Düften, dringt ein mit den Gerüchen.«

Ferner gehört hierher der Grund, dass nicht nur durch Unterlegung eines flachen, nicht gegliederten Körpers eine solche gauklerische Vorspiegelung am Sehen und Fühlen geschieht, sondern auch durch das Mittel, dass gewisse aufgespeicherte Geister oder Gestalten herausgeführt werden zu ihren inneren Sinnesitzen, nämlich zur Vorstellung und Phantasie, woher eine Einbildung kommt, als wenn jene eben erst aus dem äußeren Sinne entständen. Denn wie in der vorigen Frage festgestellt ist, können die Dämonen durch eigene Macht die Körper örtlich verändern. Durch die Verwandlung aber der Geister und Säfte geschieht es nach der Handlung der Natur, dass etwas den Sinnen erscheint; ich sage: auf natürliche Weise. Auch der Philosoph, de somno et vigilia, sagt, indem er eine Ursache für die Erscheinung der Träume angibt, dass, wenn ein Geschöpf schläft, das meiste Blut nach dem Hauptsitze der Sinne fließe, und dass zugleich die Bewegungen oder Eindrücke, die aus den Bewegungen der Sinnenwelt zurückgelassen und in den Sinnesgeistern aufgespeichert sind, mitfließen. Das Ziel ward oben erklärt: dass dann etwas erscheint, als wenn eben erst die Sinne von der Außenwelt gereizt würden. Und weil dies die Natur tun kann, so vermag es der Teufel um so mehr, Formen oder Gestalten eines flachen, nicht mit einem männlichen Gliede versehenen Körpers nach der Phantasie und Einbildungskraft herauszuführen, sodass die Sinne meinen, es sei in Wahrheit so. Dadurch erscheinen auch, wie weiter unten sich zeigen wird, die Menschen als Tiere, während sie es doch in Wirklichkeit nicht sind.

Zweitens sind andere Arten zu erwähnen, die leichter zu verstehen und zu predigen sind. Denn weil Gaukelei (praestigium) nach Isidorus Etym. VIII, 9, nichts weiter ist als eine Art Täuschung der Sinne und besonders der Augen, daher sie auch nach praestringo genannt wird, weil sie die Schärfe der Augen praestringit (schwächt), sodass die Dinge anders erscheinen als sie sind; und (weil) wie Alexander de Ales 2 sagt: »Gaukelei im eigentlichen Sinne ist eine Täuschung seitens des Dämonen, die ihren Grund nicht hat in der Verwandlung des Tatbestandes, sondern nur in dem Erkennenden, welcher getäuscht wird, sei es an den inneren, sei es an den äußeren Sinnen« – daher können wir, allgemein gesprochen, auch von der menschlichen Gaukelkunst reden. Sie kann auf drei Weisen geschehen: eine ohne Dämonen, und die heißt besser Täuschung, weil sie künstlich geschieht durch die Betätigung der Menschen, indem diese Dinge zeigen oder verbergen, wie es bei den Kunststücken der Spaßmacher und Mimen geschieht.

Die zweite Art geschieht auch ohne die Kraft der Dämonen, auf natürliche Weise, durch die Kraft natürlicher Körper, auch der Mineralien; und wer diese hat, kann nach der bestimmten, solchen Dingen innewohnenden Kraft Dinge zeigen oder erscheinen lassen, wie sie nicht sind. So lässt nach Thomas I, 114, 4 und mehreren anderen ein gewisses angezündetes oder glimmendes Kraut durch seinen Rauch Balken aussehen wie Schlangen.

Die dritte Art der Täuschung ist die, welche durch Dämonen, jedoch mit Zulassung Gottes, geschieht. Es haben nämlich die Dämonen von Natur, wie sich gezeigt, über gewisse niedere Dinge eine gewisse Macht, welche sie an diesen üben können, wenn Gott es zulässt, sodass dann auch die Dinge anders erscheinen als sie sind.

Zu dieser dritten Art ist zu bemerken, dass der Dämon jemanden auf fünf Weisen foppen kann, dass er eine Sache für etwas anderes hält, als sie ist: Erstens durch künstliche Gaukelei, wie gesagt, weil was ein Mensch durch Kunst weiß, er selbst besser wissen kann. Zweitens durch natürliche Anwendung irgend eines Dinges, wie gesagt ist, durch Dazwischenlegen eines Körpers, sodass ein anderer verborgen werde, oder auch in der

Phantasie des Menschen, die er stört. Drittens, dass er sich manchmal in einem angenommenen Körper als etwas zeigt, was es in Wirklichkeit nicht ist, wie Gregorius dial. 1 erzählt von einer Nonne, welche Salat aß, der aber, wie der Dämon selbst gestanden, nicht Salat war, sondern der Dämon selbst in der Gestalt des Salats oder in dem Salate selbst. So ging es auch dem Antonius mit einem Goldklumpen, den er in einer Wüste fand. Oder wenn er einen wahren Menschen so bedeckt, dass er als dummes Tier erscheint, wie noch gesagt werden wird. Viertens, dass er manchmal das Organ des Sehens stört, sodass etwas Helles neblig erscheint, oder auch umgekehrt, ein altes Weib als ein junges Mädchen. Denn auch ein Licht erscheint nach dem Weinen anders als vorher. Fünftens, dass er sich mit der Einbildungskraft zu schaffen macht und durch Bewegung der Säfte Verwandlung der Sinnesgestalten bewirkt, wie oben festgestellt ist, sodass auf diese Weise gleichsam frische und neue Erscheinungen in den sensitiven Kräften selbst verursacht werden. Und so kann der Dämon auf die drei letzten Arten durch Gaukelkunst die Sinne der Menschen foppen; auch auf die zweite Art. Daher ist keine Schwierigkeit, dass er nicht auch das männliche Glied durch Gaukelkunst verbergen kann. Eine evidente Erfahrung oder Bestätigung, die uns im Amte der Inquisition enthüllt ward, wird weiter unten aufgeführt werden, im zweiten Teile des Werkes, wo über diese und andere Taten mehr gesagt wird.

Wie Hexerei von natürlicher Impotenz unterschieden werden könne

Eine Nebenfrage mit einigen anderen Schwierigkeiten. Wenn gefragt wird: Peter ist das Glied genommen; er weiß nicht, ob es genommen sei durch Hexerei, oder anderswie, mit göttlicher Zulassung, durch die Macht des Teufels. Gibt es Mittel, das zu erkennen und dazwischen zu unterscheiden? Es kann mit ja geantwortet werden: Erstens, weil die, denen es widerfährt, meist Ehebrecher oder sonst Hurer sind; wenn sie also ihrer Geliebten nicht zu Willen sind oder sie verlassen wollen, indem sie anderen anhangen, dann bewirken jene aus Rache derartiges, oder nehmen sonst die Kraft des Gliedes weg.

Zweitens erkennt man es daraus, dass es nicht dauernd ist. Denn wenn die Impotenz nicht durch Hexerei bewirkt ist, dann ist sie nicht dauernd, sondern die Kraft kehrt manchmal wieder.

Aber hier entsteht wiederum der Zweifel, ob es infolge der Natur der Hexerei geschehe, dass es nicht dauernd sei? Es wird geantwortet, dass es dauernd sein kann und bis zum Tode währen, wie auch von der Hexenhinderung der Ehe die Kanonisten und Theologen urteilen, dass sie sich findet zeitweilig und dauernd. Es sagt nämlich G o f f r e d u s , Summa: »Zauberwerk kann nicht immer gehoben werden durch den, der es tat, entweder weil er gestorben oder weil das (dazu nötige) Hexenmittel verloren gegangen ist.« Daher können wir in entsprechender Weise sagen, dass das dem Peter angetane Hexenwerk dauernd sein wird, entweder, weil jene Hexe, die das tat, ihn nicht heilen kann – denn es gibt Hexen von dreierlei Art: einige heilen und verletzen; andere verletzen, können aber nicht heilen; noch andere scheinen nur zu heilen, d.h. die Verletzung zu beseitigen, wie sich zeigen wird. So fanden wir es nämlich. Zwei Hexen stritten sich; die eine schalt die andere und sprach: »Ich bin nicht ganz so schlecht wie du, da ich zu heilen verstehe, die ich verletze« – oder auch es wird dauern, wenn vor seiner Heilung die Hexe sich entfernte, entweder durch Veränderung des Wohnortes oder durch Scheiden aus dem Leben. Denn auch S . T h o m a s sagt: »Jedes Hexenwerk kann dadurch dauernd sein, dass es kein menschliches Heilmittel dagegen geben kann oder weil, auch wenn es ein Heilmittel gibt, es doch dem Menschen nicht bekannt oder nicht erlaubt ist, mag auch Gott ein Heilmittel darreichen können durch einen heiligen Engel, indem er den Dämon, wenn auch nicht die Hexe zwingt.«

Das stärkste Mittel aber gegen die Hexerei ist das Sakrament der Beichte: extra de frig. denn auch körperliche Schwäche kommt oft aus der Sünde, extra de poenit. cum infirmitas.

Wie die Hexenwerke zu zerstören seien, wird sich zeigen im dritten Teile des Werkes; und im zweiten Teile, cap. 6 werden noch drei andere Schwierigkeiten berührt.

L ö s u n g e n d e r A r g u m e n t e : Zum ersten ist klar, dass keinem ein Zweifel sein kann, dass, wie sie mit Zulassung Gottes Menschen töten können, sie auch jenes Glied und auch andere wahr und wahrhaftig weg zu nehmen vermögen. Aber dann handeln die Dämonen nicht durch die Hexen, worüber gesprochen ist.

Und dadurch ist auch die Lösung des z w e i t e n Argumentes klar. Aber mit Bezug darauf, dass, weil Gott mehr erlaubt die Zeugungskraft zu behexen, wegen usw., deshalb auch erlaubt ist, dass jenes Glied wahr und wahrhaftig weggenommen wird, so bedeutet das nicht, dass das immer geschieht.

Denn das hieße nicht, dass es nach Hexenart geschähe; noch wollen das die Hexen, wenn sie derlei tun, weil sie nicht die Macht haben, das Glied zurückzuversetzen, wenn sie wollen und es auch verstehen. Daraus folgt, dass es nicht wirklich, sondern nur durch Gaukelkunst weggenommen wird.

Drittens: Bezüglich der Verwandlung von Lots Weib sagen wir, sie war wirklich verwandelt und nicht durch Gaukelkunst: jetzt aber reden wir von Gaukelkunst.

Viertens, dass die Dämonen gewisse substanzielle Formen geben, also auch nehmen können. Es wird gesagt mit Bezug auf die Zauberer Pharaos, dass sie wahre Schlangen machten; und es können die Dämonen an einigen unvollkommenen Kreaturen, unter Beihilfe eines anderen Agens, bestimmte Taten vollführen, was sie nicht können an den Menschen, die Gott mehr am Herzen liegen, nach dem Worte: »Kümmert sich Gott auch um die Ochsen?« Doch können sie, wie gesagt, immer, mit Zulassung Gottes, den Menschen wahr und wahrhaftig schaden, oder auch durch gauklerische Kunst; und dadurch ergibt sich auch die Lösung des letzten Argumentes.

Zehnte Frage

Ob sich die Hexen mit den Menschen zu schaffen machen, indem sie sich durch Gaukelkunst in Tiergestalten verwandeln

Viertens wird jene Wahrheit gezeigt, da sie auch Menschen in Tiere verwandeln: wie das geschehe? Es wird bewiesen, dass es unmöglich geschehen könne: XXVI, 5, Episc. ex concil. Acquir.: »Wer da glaubt, es sei möglich, dass irgend eine Kreatur entweder in einen besseren oder schlechteren Zustand verwandelt oder in eine andere Gestalt oder ein anderes Bildnis verändert werde, außer vom Schöpfer selbst, der alles gemacht hat und durch den alles gemacht ist, der ist ohne Zweifel ein Ungläubiger und schlimmer als ein Heide.«

Gebrauchen wir die Argumente des S. Thomas, Sentent II, ob die Dämonen auf die körperlichen Sinne einen Eindruck machen könnten durch gauklerische Täuschung, wo zuerst bewiesen wird: Nein. Denn jene Tiergestalt, wie sie erscheint, muss irgendwo sein, aber sie kann doch nicht sein im Sinne, weil der Sinn nur die von den Dingen empfangene Gestalt zeigt; und dort ist kein wirkliches Tier, nach der Autorität des angeführten Kanon, noch auch kann es sein in dem Dinge, als welches es erscheint, z.B. dass ein Weib als Tier erscheint: weil zwei substanzielle Formen nicht in einundderselben Stelle zugleich und auf einmal sein können. Da also jene Tiergestalt, wie sie erscheint, nirgends sein kann, so kann keine gauklerische Betrügerei im Auge des Sehenden stattfinden, da das Sehen notwendig durch eine Gestalt bestimmt werden muss.

Ferner: wenn es heißt, jene Gestalt sei in der umgebenden Luft, so kann das nicht sein, einmal weil die Luft für eine Gestalt oder Figur nicht empfänglich ist; dann auch, weil nicht immer einunddieselbe Luft um jene Person herum bleiben kann wegen ihrer Beweglichkeit, besonders wenn sie erregt ist; ferner, weil die Verwandlung so von allen gesehen würde, was jedoch nicht geschieht, weil die Dämonen wenigstens das Gesicht der heiligen Männer nicht täuschen zu können scheinen.

Ferner ist der Gesichtssinn oder die Sehkraft eine leidende Kraft: aber jedes Leidende wird bewegt von dem entsprechenden Handelnden. Das dem Sinne entsprechende Handelnde ist doppelt: einmal gleichsam die Handlung hervorbringend, das Objekt, zweitens das wie ein Vermittelndes Überbringende: aber jene Gestalt, die gesehen wird, kann nicht das Objekt des Sinnes sein, noch auch das Vermittelnde, gleichsam Überbringende. Über den ersten Punkt, nämlich, dass es nicht das Objekt sein kann: weil es von keiner Sache genommen werden kann, wie im vorigen Argumente festgestellt ist, da es nicht von einer aufgenommenen Sache im Sinne ist, noch in der Sache selbst, noch auch in der Luft selbst, als dem Vermittelnden, Überbringenden, wie vorher, im dritten Argumente festgesetzt ist.

Ferner: wenn der Dämon die innere Erkenntniskraft bewegt, tut er es, indem er sich entweder der Erkenntniskraft aussetzt, oder er tut es, indem er verwandelt. Er tut es aber nicht, indem er sich ihr aussetzt, weil es nötig wäre, dass er einen Körper annähme, und so könnte er nicht hinein zu den Organen der Einbildungskraft gelangen, da zwei Körper nicht zugleich an demselben Orte sind; noch auch durch Annahme von Wahngestalt, was auch nicht sein kann, weil eine Wahnvorstellung nicht ohne Qualität ist, der Dämon aber jeglicher Qualität entbehrt. Ebenso wenig kann er es tun durch Verwandeln, weil er entweder verwandelt durch Andersgestaltung, was er nicht tun zu können scheint, weil jede Andersgestaltung geschieht durch aktive Eigenschaften, deren die Dämonen entbehren; oder er verwandelt durch Umgestaltung oder durch örtliche Bewegung, was unzulässig scheint aus zwei Gründen: erstens weil eine Umgestaltung des Organs nicht geschehen kann ohne Gefühle des Schmerzes; zweitens, weil danach der Dämon dem Menschen nur bekanntes zeigen würde, während doch Augustinus sagt, dass er derartige Formen, bekannte und unbekannte, zeigt. Daher scheint es, dass die Dämonen auf keine Weise die Einbildung oder den Sinn des Menschen täuschen können.

Aber dagegen sagt Augustinus de civ. dei. XVIII, dass die Verwandlungen der Menschen in Tiere, die durch die Künste der Dämonen geschehen sein sollen, nicht in Wahrheit, sondern nur dem Scheine nach vorhanden gewesen sind. Dies könnte aber nicht möglich sein, wenn die Dämonen nicht die menschlichen Sinne verändern könnten. Ferner passt hierzu auch die Autorität des Augustinus 83, was auch früher schon angeführt ist: »Dies Übel des Teufels schleicht durch alle Zugänge des Sinnes« usw.

Antwort. Wenn der Leser über die Art der Verwandlung sich unterrichten will, so wird er in diesem Werke, im zweiten Teile, cap. 6, verschiedene Arten finden. Für jetzt wollen wir nur schulmäßig vorgehen und die Meinungen dreier Gelehrten anführen, die darin übereinstimmen, dass der Teufel die Phantasie des Menschen täuschen kann, dass der Mensch als wahres Tier erscheint. Unter ihnen ist die letzte, und zwar die von S. Thomas, gelehrter als die anderen; die erste ist die von Antonius, Summa 1, tit. 5 c. §5, der erklärt, dass der Teufel manchmal die Phantasie des Menschen zum Zwecke der Täuschung bearbeite, besonders aber die Sinne; und er erklärt es auf natürliche Weise, durch die Autorität des Kanon und vielfache Erfahrung.

Erstens so: Die Körper sind natürlicher Weise der Engelsnatur untergeben und gehorsam, was die örtliche Bewegung betrifft. Wenn nun auch die bösen Engel die Gnade verloren haben, so doch nicht die natürliche Macht, wie oben öfters gesagt ist. Wenn nun die Phantasie oder Einbildungskraft körperlich, d.h. einem körperlichen Organe angeheftet ist, dann ist sie natürlicher Weise auch den Bösen unterworfen, sodass sie dieselbe durch Verursachung verschiedener Vorstellungen infolge des von ihnen hervorgebrachten Herabfließens der Säfte und Geister nach dem Sitze der Sinne verwandeln können.

So Antonius. Er fügt noch hinzu: »Es ist auch klar aus dem Kanon Episc. XXVI, 5: »Es ist nicht unerwähnt zu lassen, dass einige verbrecherische Weiber, zum Satan hingewandt, durch der Dämonen Vorspiegelungen und Wahnbilder verleitet, glauben und gestehen, dass sie mit der Diana, einer Göttin der Heiden, oder mit der Herodias und einer ungeheuren Menge Weiber nächtlicher Weile auf gewissen Tieren reiten und sehr große Länderstrecken im Schweigen der tiefen Nacht durchschweifen«; und weiter: »Deshalb müssen die Priester dem Volke Gottes predigen, sie wüssten, dies sei durchaus falsch, und nicht von einem göttlichen, sondern bösen Geiste würden derartige Wahngestalten in die Gemüter der Gläubigen gebracht, da der Satan selbst sich in die Gestalten und Bildnisse verschiedener Personen verwandelt und den Sinn, den er gefangen hält, unter Täuschung mit Träumen auf alle möglichen Abwege führt.«

Der Sinn dieses Kanon ist in der ersten Frage mit Rücksicht auf die vier Punkte, die zu predigen sind, festgestellt worden. Aber dass sie nicht imstande seien, auch zu reiten, wo sie dies wünschen und nicht durch Gottes Kraft gehindert werden, das wäre nicht der rechte Sinn, weil sehr häufig Menschen ohne ihren Willen, die auch keine Hexer sind, durch weite Länderstrecken getragen werden. – Aber dass es auf beide Arten geschehen kann, folgt aus der erwähnten Summa und aus dem Kanon nec mirum ca. q.

Augustinus erzählt, dass in den Büchern der Heiden geschrieben steht von einer Zauberin, mit Namen Circe, die die Gefährten des Odysseus in Tiere verwandelt hatte, was vielmehr durch zauberische Gaukeleien als in Wirklichkeit geschah, durch Veränderung der Phantasie der Menschen, wie dies auch aus mehreren anderen Beispielen ersichtlich. Man liest nämlich in den Lebensbeschreibungen der heiligen Väter, dass einst eine Jungfrau lebte, die einem gewissen Jüngling nicht willfährig war, als er sie zur Unzucht verführen wollte. Der Jüngling, ärgerlich hierüber, ließ die Jungfrau durch einen Juden behexen, worauf das Mädchen in eine Stute verwandelt ward, welche Verwandlung nicht wirklich geschah, sondern durch Täuschung seitens des Dämonen, der die Phantasie und den Sinn des Weibes und derer, die sie anblickten, veränderte, sodass sie als Stute erschien, während sie doch ein wirkliches Weib war. Sie ward zum heiligen Macharius geführt, wo der Dämon nicht bewirken konnte, dass er dessen Sinn täuschte, wie den der anderen Leute, wegen seiner Heiligkeit. Denn ihm erschien sie als wahres Weib und nicht als Stute. Durch seine Gebete ward sie endlich von jener Täuschung befreit und sagte, dies sei ihr zugestoßen, weil sie sich nicht mit göttlichen Dingen befasste, auch, wie sie sagte, die Sakramente nicht besuchte. Deshalb hatte der Teufel Macht über sie gewonnen, wiewohl sie sonst ehrbar war.

Es kann also der Teufel durch die Bewegung der inneren Geister und Säfte einwirken auf die Veränderung der Handlung und Kraft der nährenden, fühlenden und trachtenden, wie jeder anderen Kraft des Körpers, die ein Organ besitzt, nach S. Thomas I, 91. So kann man glauben, dass es mit dem Zauberer Simon bei seinen Beschwörungen war, was von ihm erzählt wird.

Aber nichts von dem kann der Teufel tun ohne die Zulassung Gottes, der mit seinen guten Engeln häufig des Teufels Bosheit unterdrückt, der uns zu täuschen und zu schädigen sucht. Daher sagt Augustinus, wo er von den Hexen spricht: »Diese sind es, die mit Gottes Zulassung die Elemente verwirren und die Gemüter der Menschen stören, die zu wenig auf Gott vertrauen, XXVI, 5, nec mirum.

Durch ihr Werk geschieht es auch bisweilen durch Hexenkunst, dass ein Mann sein Weib nicht erkennen kann, und umgekehrt; und zwar kommt das durch Veränderung der Phantasie, durch Vorstellung des Weibes als etwas Hässliches und Scheußliches. Der Teufel zeigt auch den Wachenden und Träumenden sündhafte Phantasiegebilde, um sie zu täuschen und zum Bösen zu verführen. Aber weil die Sünde nicht in der Vorstellung, sondern im Willen besteht, deshalb sündigt der Mensch infolge solcher vom Teufel eingegebener Vorstellungen und verschiedener Erregungen nicht, wenn er nicht aus eigenem Willen in die Sünde willigt.

Die zweite Ansicht darüber ist die der modernen Gelehrten, welche erklären erstens, was Gaukelei sei und auf wie viel Arten der Dämon derartige Täuschungen verursachen könne. Hier merke, dass Antonius das anführt, was in der vorigen Frage 9, festgesetzt ist, weshalb es nicht nötig ist, das zu wiederholen.

Die dritte Meinung ist die von S. Thomas und ist die Antwort auf das Argument, wo gefragt wird, wo denn jene Tiergestalt sei, welche man sieht, ob im Sinne, oder in der Wirklichkeit, oder in der umgebenden Luft. Und zwar geht (diese Meinung) dahin, dass jene Tiergestalt, welche gesehen wird, zuerst nur im inneren Sinne vorhanden ist und durch starke Einbildung gewissermaßen auf die äußeren Sinne übergeht; und dass es dort stattfindet, kann durch die Handlung des Dämonen geschehen in zwiefacher Weise: einmal, dass wir Tiergestalten nennen, was in der Schatzkammer der Einbildung aufgespeichert ist und durch die Handlung der Dämonen zu den Organen der inneren Sinne fliesst. So geschieht es auch im Schlafe, wie oben erklärt ist; und wenn deshalb jene Gestalten die Organe des äußeren Sinnes erreichen, nämlich des Gesichtes, scheint es, als wären es gegenwärtige Dinge, außerhalb von uns, und würden tatsächlich gefühlt.

Die andere Art kann geschehen durch Umwandlung der inneren Organe, durch deren Änderung das Urteil des Sinnes getäuscht wird, wie es sich an dem zeigt, der einen verderbten Geschmack hat, sodass ihm alles Süße bitter erscheint; und ist wenig verschieden von der ersten. Das aber können auch Menschen tun, durch die Kraft gewisser Naturkörper, wie bei dem Aufsteigen eines gewissen Rauches die Balken des Hauses als Schlangen erscheinen; und viele derartige Erfahrungen lassen sich machen, wie auch oben festgestellt ist.

Lösung der Argumente: Betreffs der Argumente ist zum ersten klar, dass jener Text oft angeführt und schlecht ausgelegt wird. Denn mit Bezug darauf, dass er von einer Veränderung in eine andere Gestalt oder ein anderes Bildnis spricht, ist erklärt worden, wie dies durch Gaukelei geschehen kann. Aber mit Bezug darauf, dass er sagt, dass durch die Kraft eines Dämonen keine Kreatur gemacht werden könne, so ist es offenkundig, dass das nicht geschehen kann, wenn man »gemacht werden« nimmt für »geschaffen werden«. Nimmt man aber »gemacht werden« für natürliche Hervorbringung, so ist es sicher, dass (die Dämonen) gewisse unvollkommene Kreaturen machen können. Wie das geschieht, erklärt S. Thomas a.a.O. Denn er sagt, dass alle Verwandlungen der körperlichen Dinge, die durch irgend welche natürlichen Kräfte geschehen können, zu denen Samen gehören, welche in den Elementen dieser Welt gefunden werden, nämlich in der Erde oder im Wasser, wie die Schlangen z.B. und Frösche dort ihren Samen zurücklassen, und dem Ähnliches durch die Handlung der Dämonen gemacht werden können, durch Anwendung solcher Samen; wie wenn etwas sich in Schlangen verwandelt oder in Frösche, die durch Fäulnis entstehen können.

Aber jene Verwandlungen der Körperwelt, die nicht durch die Macht der Natur geschehen können, die können auch auf keine Weise durch die Handlung der Dämonen vollbracht werden, wenigstens nicht in Wahrheit, wie z.B. dass ein Menschenleib sich in einen Tierleib verwandelte, oder dass ein Leichnam aufwache, welches, falls es zu geschehen scheint, eben nur gauklerischer Schein ist; oder aber der Teufel zeigt sich im angenommenen Körper vor den Menschen.

Dies wird noch bestärkt: Denn Albertus de animal., wo er fragt, ob die Dämonen, oder sagen wir auch die Hexer, wirklich Tiere machen könnten, antwortet mit ja, mit Gottes Zulassung, und zwar unvollkommene Tiere; aber sie können es nicht im Augenblicke, wie Gott, sondern durch eine Bewegung, wenn auch plötzlich, wie es sich zeigt bei den Hexern Exod. VII: »Pharao berief die Weisen.« Darüber sagt er: »Die Dämonen eilen durch die Welt und sammeln verschiedene Samen, und durch ihre Anwendung können verschiedene Gestalten hervorgehen.« Und die Glosse sagt ebenda: »Wenn die Hexer durch Anrufung der Dämonen etwas erreichen wollen, eilen diese durch die Welt und sammeln plötzlich Samen von dem, um was es sich handelt; und so bringen sie mit Zulassung Gottes daraus neue Arten hervor.« Das ist auch oben schon festgestellt.

Aber wenn hier die Schwierigkeit entstände, ob solche Taten der Dämonen Wunder zu nennen seien, so ist die Antwort klar aus dem Vorhergehenden, dass auch die Dämonen einige wirkliche Wunder tun können, auf welche die Kraft der Sondernatur sich erstrecken kann. Und mag derartiges wahr sein, so geschieht es doch nicht zur Erkenntnis des Wahren, in welchem Sinne die Werke des Antichrists Lügenwerke genannt werden können, weil sie geschehen zur Verführung der Menschen.

Klar ist auch die Lösung des anderen Argumentes, von dem Wesen der Gestalt. Die Gestalt des Tieres, das gesehen wird, ist nicht in der Luft, noch in der Wirklichkeit, wie sich zeigte, sondern im Sinne selbst, wie nach der Ansicht des S. Thomas oben erklärt ist.

Die Behauptung, dass jedes Leidende von dem entsprechenden Handelnden bewegt wird, wird zugegeben. Und wenn vorgebracht wird, dass jene Gestalt, welche gesehen wird, nicht der Gegenstand sein kann, der die Handlung bewirkt oder hervorlockt, deshalb nämlich, weil sie von keiner Sache entnommen werde, so wird gesagt, im Gegenteil gerade von einer Sache, weil von der Sinnesgestalt, aufbewahrt in der Vorstellung, die der Dämon herausführen und der Vorstellung oder auch der Sinneskraft darbieten kann, wie oben gesagt.

Zuletzt ist zu sagen, dass der Dämon die fühlende und vorstellende Kraft nicht verwandelt, indem er sich ihr aussetzt, wie gezeigt ist, sondern indem er sie verwandelt, nicht zwar andersgestaltet, außer mit Bezug auf die örtliche Bewegung, weil er nicht von sich aus neue Gestalten eindrücken kann, wie gesagt ist; sondern er verwandelt durch Umgestalten, d.h. durch die örtliche Bewegung; und dies wieder tut er, nicht durch Teilung der Substanz des Organes, weil sonst ein Gefühl des Schmerzes folgte, sondern durch Bewegung der Geister und Säfte.

Wenn aber weiter eingeworfen wird, dass daraus folgen würde, dass der Dämon dann dem Menschen in dem vorgestellten Gesichte nichts Neues darbieten könne, so ist zu sagen, dass »neu« zwiefach verstanden werden kann: einmal als g a n z neu, sowohl an sich, als nach seinen Prinzipien; und d a n a c h kann der Dämon dem Menschen nichts Neues im vorgestellten Gesichte darbieten. Denn er kann nicht bewirken, dass ein Blindgeborener sich Farben, oder ein Taubgeborener sich Töne vorstellte. Dann heißt etwas »neu« nach dem Gesichtspunkte des Ganzen, z.B. wenn wir sagen, es sei neu in der Vorstellung, dass jemand sich goldene Berge vorstellt, die er niemals gesehen hat, weil er jedoch sowohl Gold als auch Berg gesehen hat, so kann er sich durch natürliche Bewegung das Wahnbild eines goldenen Berges vorstellen; und auf diese Weise kann der Dämon der Vorstellung etwas Neues bieten.

Was von den Wölfen zu halten, die bisweilen Erwachsene, auch Kinder aus der Wiege rauben und fressen? Ob es auch durch Hexen und Gaukelkunst geschehe?

Nebenfrage von den Wölfen, die bisweilen Erwachsene und Kinder aus den Häusern rauben und fressen, wobei sie mit großer Schlauheit zu Werke gehen, sodass man sie durch keine Kunst oder Macht irgend wie verletzen oder fangen kann. – Es ist zu sagen, dass das bisweilen eine natürliche Ursache hat, bisweilen aber durch Gaukelkünste geschieht, indem es durch Hexen bewirkt wird. Über den ersten Fall spricht A l b e r t u s, de animal., und sagt, dass es aus fünf Ursachen geschehen könne: M a n c h m a l infolge des Wachsens des Hungers, wie sich auch die Hirsche und andere Tiere bisweilen in die Nähe der Menschen wagen; manchmal infolge ihrer wilden Kräfte, und zwar in kalten Gegenden, und auch wenn sie Junge haben. – Aber weil dies nicht zur Sache gehört, sagen wir, dass es durch Täuschung seitens der Dämonen geschieht, wenn Gott wegen der Sünde ein Volk straft, nach Lev. XVI: »Wenn Ihr meine Gebote nicht tut, werde ich unter Euch die Tiere des Feldes schicken, die sollen Euch fressen und Eure Herden«; D e u t. XXXII: »Die Zähne der Bestien werde ich gegen sie schicken mit Wut.«

Aber auf welche Weise geschieht es? Sind es wahre Wölfe oder Dämonen in den so scheinenden Gestalten? Es wird gesagt, es sind wahre Wölfe, werden aber von Dämonen besessen, oder von ihnen angetrieben auf zwiefache Weise: E i n m a l ohne Handlung von Hexen, wie es den zweiundvierzig

Knaben erging, die von den zwei aus dem Walde hervorstürzenden Bären zerfleischt wurden, weil sie den Propheten Elisa verspottet hatten, indem sie riefen: »Kahlkopf, komm' herauf« usw; ebenso war es mit dem Löwen, der den Propheten zerriss, weil er Gottes Befehl nicht ausführte, Könige I, 13: Ferner die Geschichte von dem Bischofe zu Wien, der vor der Himmelfahrt des Herrn einen öffentlichen Bettag einsetzte, weil Wölfe in die Stadt drangen und auf offener Straße die Leute zerrissen.

Dann geschieht es auch durch Gaukelei der Hexer, wie Guilelmus a.a.O. von einem Manne erzählt, der glaubte, er würde zu gewissen Zeiten in einen Wolf verwandelt, wo er sich in Höhlen verbarg. Denn dorthin ging er zu bestimmten Zeiten, und während er ruhig darin blieb, schien es ihm, dass er zum Wolfe geworden sei, umherlaufe und die Kinder zerrisse; er glaubte fälschlich, er wandle träumend umher, während das in der Tat nur ein Dämon wirkte, der einen Wolf besessen gemacht hatte; und er blieb so lange geistesgestört, bis man ihn geraubt im Walde liegen fand. Daran ergötzt sich der Dämon, dass er den Irrtum der Heiden, welche glaubten, Männer und alte Weiber würden in Tiere verwandelt, wieder auffrischt.

Daher kann man entscheiden, dass derlei durch besondere göttliche Zulassung und die Hilfe der Dämonen und nicht aus natürlichem Mangel geschieht, da sie durch keine Kunst oder Macht verwundet oder gefangen werden können, wie auch Vincencius, Spec. hist. VI, 40, erzählt: »In Gallien raubte vor Christi Fleischwerdung und vor dem punischen Kriege ein Wolf ein Schwert aus der Scheide zur Zeit der Vigilie.«

Elfte Frage

Dass die Hexen-Hebammen die Empfängnis im Mutterleibe auf verschiedene Weisen verhindern, auch Fehlgeburten bewirken, und, wenn sie es nicht tun, die Neugeborenen den Dämonen opfern

Fünftens, sechstens und siebentens zugleich wird die oben genannte Wahrheit durch vier erschreckliche Handlungen bewiesen, welche die Weiber an den Kindern in und außer dem Mutterleibe vollbringen; und da die Dämonen solches durch Weiber und nicht durch Männer zu tun haben, deshalb will jener unersättliche Mörder lieber Weiber als Männer sich verbinden. – Und es sind folgende Werke:

Nämlich die Kanonisten (mehr als die Theologen) sagen, wo sie a.a.O. von der Hexenhinderung sprechen, dass nicht nur dabei Hexerei geschieht, dass einer die eheliche Pflicht nicht erfüllen kann, worüber oben gehandelt ist, sondern es auch geschieht, dass ein Weib nicht empfängt, oder wenn sie empfängt, sie dann eine Fehlgeburt tue; und hinzugefügt wird noch eine dritte und vierte Art, dass, wenn sie keine Fehlgeburt verursachen, sie die Kinder auffressen oder dem Dämon preisgeben.

Über die beiden ersten Arten ist kein Zweifel, da durch natürliche Mittel, z.B. durch Kräuter und andere Mittel, ein Mensch ohne Hilfe der Dämonen bewirken kann, dass ein Weib nicht gebären oder empfangen kann, wie oben augeführt ist. Aber betreffs der beiden anderen, dass auch solches von Hexen bewirkt werde, ist zu reden; und es ist nicht nötig, Argumente vorzubringen, da die klarsten Indizien und Erprobungen es glaublicher machen.

Betreffs der ersten Art, dass bestimmte Hexen gegen die Weise aller Tiere, außer den Wölfen, Kinder zu zerreißen und zu verschlingen pflegen, ist der Inquisitor von Como (zu nennen), dessen oben Meldung geschehen, und der uns erzählt hat, er sei deshalb von den Einwohnern der Grafschaft Barby zur Inquisition gerufen worden, weil jemand, als er sein Kind aus der Wiege verloren hatte, durch Aufpassen zu nächtlicher Weile eine Versammlung von Weibern gesehen und wohl gemerkt hatte, dass sein Knabe getötet, das Blut geschlürft und er dann verschlungen wurde. Darum hat er, wie früher erwähnt, in einem Jahre, welches war das jüngst vergangene, einundvierzig Hexen dem Feuer überliefert, während einige andere nach der Herrschaft Sigismunds, des Erzherzogs von Österreich, flohen. Zur Bestätigung dessen sind da gewisse Aufzeichnungen von Joannes Nider in seinem Formicarius, dessen Bücher, wie er selbst, noch in frischem Andenken stehen; daher solches nicht, wie es scheinen möchte, unglaublich ist; auch deshalb nicht, weil die Hebammen hierbei den größten Schaden bereiten, wie reuige Hexen uns und anderen oft gestanden, indem sie sagten: »Niemand schadet dem katholischen Glauben mehr als die Hebammen. Denn wenn sie die Kinder nicht töten, dann tragen sie, gleich als wollten sie etwas besorgen, die Kinder aus der Kammer hinaus, und sie in die Luft hebend opfern sie dieselben den Dämonen.« – Die Art aber, die bei solchen Schandtaten beobachtet wird, wird im siebenten Kapitel des zweiten Teiles klar werden, der in Angriff genommen werden muss, nachdem vorher eine Entscheidung der Frage über die Zulassung Gottes vorausgeschickt ist. Denn es ist am Anfange gesagt worden, dass notwendig dreierlei zur Vollbringung der Hexentat gehöre: der Dämon, die Hexe und die göttliche Zulassung.

Zwölfte Frage

Ob die Zulassung Gottes zur Hexerei nötig sei

Darauf ist die göttliche Zulassung zu betrachten, worüber viererlei gefragt wird: ob es nötig sei, dass die Zulassung zur Vollbringung der Hexerei mitwirke; zweitens, dass Gott mit Recht zulässt, dass eine von Natur sündhafte Kreatur auch Hexenwerke und andere erschreckliche Schandtaten vollbringe, mit Voraussetzung zweier anderer Zulassungen; drittens, dass die Schandtaten der Hexereien alle Übel, die Gott geschehen lässt, übersteigen; viertens, wie dieser Stoff dem Volke vorzupredigen sei.

Über die dritte Hauptfrage dieses ersten Teiles, bezüglich der göttlichen Zulassung, wird untersucht: ob die Annahme der göttlichen Zulassung bei diesen Werken der Hexer so gut katholisch sei, dass das Gegenteil, nämlich sie zu verwerfen, durchaus ketzerisch sei? Und es wird bewiesen, dass es nicht ketzerisch sei, zu behaupten, dass Gott dem Teufel bei solchen Hexentaten eine solche Macht nicht erlaubt. Denn das zurückzuweisen, was dem Schöpfer zur Schande ausschlagen kann, ist gut katholisch und nicht ketzerisch. Aber zu lehren, dass dem Teufel keine solche Macht, den Menschen zu schaden, zugelassen werde, ist gut katholisch. Beweis: Weil die gegenteilige Behauptung dem Schöpfer Schande zu bereiten droht. Denn es würde folgen, dass nicht alles der göttlichen Vorsehung unterworfen sei, deshalb, weil jeder weise Vorseher, so weit er kann, den Mangel und das Böse von denen ausschließt, die ihm am Herzen liegen. Wenn aber das, was durch Hexenwerk geschieht, falls es von Gott erlaubt wird, von ihm nicht ausgeschlossen wird, dann würde, wenn es nicht ausgeschlossen wird, Gott kein weiser Vorseher sein, und so ist nicht alles seiner Vorsehung unterworfen: weil aber das falsch ist, so ist auch das falsch, dass Gott es zulässt.

Ferner: Er lässt zu, dass etwas geschieht, was er entweder verhindern könnte, wenn er wollte, oder was er nicht verhindern kann, auch wenn er wollte: aber keines von beiden kann sich mit Gott vertragen; das erste nicht, weil ein solcher neidisch genannt wird; das zweite nicht, weil ein solcher ohnmächtig heißt. Dann wird nebenbei gefragt: das und das Hexenwerk traf den Peter; Gott konnte es hindern, aber er tat es nicht: also ist Gott neidisch, oder er kümmert sich nicht um alle Menschen? Wenn er es aber nicht hindern konnte, auch wenn er wollte, dann ist er nicht allmächtig: was alles zu lehren, nämlich dass Gott sich nicht um alle Menschen kümmere usw., ebenso unpassend ist; wie es auch unpassend ist, zu sagen, dass Hexenwerke geschehen mit Zulassung Gottes.

Ferner: jeder, der sich selbst überlassen wird und der Herr seiner Handlungen ist, der unterliegt nicht der Erlaubnis oder Vorsehung irgend eines Lenkenden: Aber die Menschen werden von Gott sich selbst anvertraut nach Sprüche 15: »Gott stellte von Anfang den Menschen hin und ließ ihn in der Hand seines Rates.« Besonders auch die Bösen werden in ihren Werken gelassen nach dem Worte: »Er entließ sie nach den Wünschen ihrer Herzen.« Darum sind nicht alle Bosheiten der göttlichen Zulassung unterworfen.

Ferner sagt Augustinus im Enchiridium, wie auch der Philosoph, Metaph. 9: »Besser ist es, etwas nicht zu wissen, als Wertloses zu wissen; aber alles, was besser ist, muss Gott gegeben werden.« Also kümmert Gott sich nicht um jene niedrigsten Hexentaten, dass er sie zulasse oder nicht. Ebenso der Apostel, Korinther II, 9: »Gott sorget nicht für die Ochsen.« (Und ebensowenig um die andern unvernünftigen Kreaturen.) Darum sorgt Gott nicht, wenn gehext wird oder nicht; noch auch unterliegt das seiner Zulassung, die aus der Vorsehung hervorgeht.

Ferner: was aus der Notwendigkeit hervorgeht, verlangt nicht vorsehende Zulassung, wie auch nicht Klugheit. Das ergibt sich aus den Worten des Philosophen, Eth. VI: »Klugheit ist richtiges, verständiges Verhalten in den vorliegenden Dingen, wobei zu raten und zu wählen ist.« Aber manche Hexenwerke geschehen aus Notwendigkeit, wenn nämlich aus gewissen Ursachen und den Einflüssen der Himmelskörper Krankheiten entstehen, oder anderes, was wir für Hexenwerk erklären: Darum ist es nicht immer der göttlichen Zulassung unterworfen.

Ferner: wenn die Menschen mit Zulassung Gottes behext werden, dann fragt man, warum der eine mehr als der andere? Wenn man sagt, wegen der Sünden, die in dem einen zahlreicher sind als in dem andern, so scheint dies falsch zu sein, weil dann größere Sünder mehr behext würden, während doch das Gegenteil feststeht, insofern sie nämlich auf Erden ebenso weniger gestraft werden, nach dem Worte: »Wohl geht es allen, welche unredlich handeln«; als sie auch weniger behext werden. Endlich ist es klar daraus, dass unschuldige Kinder und andere Gerechte mehr behext werden.

Aber dagegen: Gott erlaubt das Böse, mag er auch nicht wollen, dass dasselbe geschieht; und zwar wegen der Vollkommenheit des Universum. Dionysius de div. nom. 3: »Das Böse wird sein bei allen, nämlich beitragend zur Vollkommenheit des Universum«; und Augustinus, Enchiridium: »Aus allem Guten und Bösen besteht die bewundernswerte Schönheit des Universum; insofern nämlich auch das, was schlecht heißt, wohl geordnet und an seinen Platz gestellt, das Gute deutlicher hervortreten lässt, und dieses mehr gefällt und lobenswürdiger ist, wenn es mit dem Schlechten verglichen wird.«

Item weist S. Thomas die Meinung derer zurück, (welche sagen,) dass, mag Gott auch das Schlechte nicht wollen, – weil auch keine Kreatur das Schlechte erstrebt, sei es durch natürliches, tierisches oder intellektuelles Verlangen, welches ist der Wille, dessen Gegenstand das Gute ist –, dass also Gott doch will, dass das Böse sei oder geschehe: er sagt, das sei falsch, weil Gott weder will, dass Böses geschehe, noch will, dass Böses nicht geschehe, sondern er erlauben will, dass Böses geschehe; und dies ist gut wegen der Vollkommenheit. Weshalb es aber irrig sei, zu behaupten, Gott wolle, dass Böses sei oder geschehe wegen des Guten des Universum, dazu sagt er, weil nichts für gut zu erachten ist, außer wenn es dem (Begriffe »gut«) entspricht durch sich, nicht durch Akzidenz, so wie ein Tugendhafter für gut erachtet wird in einem vernunftbegabten Geschöpf und nicht im Tiere. Das Schlechte aber wird nicht zum Guten geordnet durch sich, sondern durch Akzidenz, indem gegen die Bestrebungen derer, welche das Böse tun, das Gute erfolgt; wie es auch gegen die Bemühung der Hexer und gegen die Bemühung der Tyrannen geschah, dass durch ihre Verfolgung die Geduld der Märtyrer recht hell sich zeigte.

Antwort. So nützlich die Frage ist zum Predigen, so schwer ist sie zu verstehen. Unter den Argumenten, nicht bloß der Laien, sondern auch einiger Gelehrten, ist nämlich das Hauptprinzip, dass so schreckliche Hexereien, wie sie oben genannt sind, nicht von Gott zugelassen werden. Sie kennen aber die Gründe dieser göttlichen Zulassung nicht; und infolge dieser Unkenntnis scheinen auch die Hexen, da sie nicht durch die schuldige Strafe unterdrückt werden, jetzt die ganze Christenheit zu veröden. Um also nach der Ansicht der Theologen, beiden Teilen, dem Gelehrten wie dem Nichtgelehrten, gerecht zu werden, ist mit Erörterung zweier Schwierigkeiten zu antworten, und zwar erstens, dass die Welt der Vorsehung Gottes derart unterworfen ist, dass er unmittelbar alles vorsieht; dass er zweitens mit Recht die Gesamtheit der Bosheiten, die geschehen, seien es Bosheiten der Schuld, der Strafe, des Schadens, aus den zwei ersten Zulassungen, bei dem Falle der Engel und der ersten Eltern, zulässt. Daher wird auch klar werden, dasss hierin hartnäckig zu widerstreiten nach Ketzerei riecht, da der Betreffende sich in die Irrlehren der Ungläubigen verwickelt.

Mit Bezug auf den ersten Punkt ist zu bemerken, dass, mit der Voraussetzung, dass die Vorsehung Gott zukommt, nach Weisheit Salomonis 14: »Du aber, Vater, lenkst alles mit Vorsehung,« auch zu lehren ist, dass alles derart seiner Vorsehung unterworfen ist, dass er auch alles unmittelbar vorsieht. Dies wollen wir klar machen durch Zurückweisung eines gewissen entgegengesetzten Irrtums. Nämlich betreffs des Wortes Job 22: »Wolken sind seine Decke, und er wandelt im Umgange des Himmels und achtet unsrer Werke nicht,« haben einige gemeint, nach der Ansicht des S. Thomas I, 22, man müsse annehmen, dass nur das Unverderbbare der göttlichen Vorsehung unterliege, als da sind die gesonderten Substanzen und die Himmelskörper, samt den Gestalten der unteren Wesen, die auch unverderbbar sind; die Einzelwesen aber, die verderbbar sind, seien ihr nicht unterworfen. Daher sagten sie, so sei der göttlichen Vorsehung alles Untere unterstellt, was in der Welt geschieht, aber nur im allgemeinen, nicht im einzelnen oder besonderen. Aber weil das anderen unpassend schien, dass die Sorge Gottes um den Menschen nicht größer sein sollte als um die anderen Geschöpfe, deshalb sagte Rabbi Moses, in dem Wunsche, die Mitte zu halten, in Übereinstimmung mit den ersten, dass alles Verderbbare, wie es die Einzelwesen z.B. sind, Gottes Leitung durchaus nicht unterworfen sind, sondern nur das Universelle und das andere, was noch genannt ist: den Menschen aber nahm er aus von jener Allgemeinheit des Verderbbaren, und zwar wegen der Herrlichkeit seines Verstandes, durch den er Anteil hat an den gesonderten Substanzen. – Und so wäre nach dieser Meinung alles, was dem Menschen durch Hexerei zustieße, nach der Zulassung Gottes geschehen, nicht aber das, was alles an den Tieren und den Feldfrüchten gehext wird.

Mag nun diese Meinung auch der Wahrheit näher kommen als jene, welche überhaupt die göttliche Vorsehung in den Dingen der Welt leugnete, behauptend, die Welt sei nur durch Zufall entstanden, wie Demokritos und die Epikuräer lehrten: so ist doch auch sie nicht frei von großer Verkehrtheit, darum, dass man sagen muss, dass alles der göttlichen Vorsehung unterworfen sei, nicht bloß im allgemeinen, sondern auch im besonderen, sodass nicht nur die Hexereien an den Menschen, sondern auch die an den Tieren und Feldfrüchten durch göttliche, vorsehende Zulassung geschehen. Das wird erklärt: Soweit erstreckt sich die Vorsehung und das Walten über den Dingen, als die Kausalität selbst sich erstreckt, wie in ähnlicher Weise bei den irgend einem Herrn untergebenen Dingen, die soweit seiner Vorsehung unterworfen sind, als sie ihm Untertan sind. Wenn aber die Kausalität Gottes, die das erste Agens ist, sich auf alles Seiende erstreckt, nicht nur auf die Prinzipien der Art, sondern auch auf die individuellen Prinzipien, und nicht nur des Unverderbbaren, sondern auch des Verderbbaren, so ist also, wie alles von Gott sein muss, auch alles von ihm vorgesehen, d.h. zu einem gewissen Ziele geordnet. Dies will der Apostel sagen, Römer XIII: »Was von Gott ist, ist geordnet,« also wollte er sagen: Wie alles von Gott ist, so ist auch alles von ihm geordnet, und folglich seiner Vorsehung unterworfen, weil unter Vorsehung Gottes nichts anderes verstanden wird als das rechte Verhältnis, d.h. die Ursache der Ordnung der Dinge zu einem Endziel. Alles ist also, soweit es am Sein Anteil hat, soweit auch der göttlichen Vorsehung untergeben.

Item kennt Gott alles, nicht nur im allgemeinen, oder das allgemeine, sondern im einzelnen oder das einzelne. Und wenn Gottes Kenntnis gemessen wird an den geschaffenen Dingen, wie die Kenntnis der Kunst an den Kunstwerken, so sind, wie alle Kunstwerke der Ordnung und Vorsehung der Kunst unterworfen sind, auch alle Dinge der Ordnung und Vorsehung Gottes unterworfen.

Aber weil dadurch noch nicht genügende Klarheit geschaffen wird, dass man einsehe, Gott erlaube mit Recht, dass das Böse geschehe und Hexerei in der Welt sei, mögen wir auch einsehen, dass er der alles leitende Vorseher ist; und wenn dies zugegeben wird, er dann doch auch alles Böse von denen ausschließen müsste, deren Heil ihm am Herzen liegt – denn unter den Menschen sehen wir, dass es also geschieht, dass ein weiser Vorseher den Mangel und das Böse, so gut er kann, ausschließt von denen, um deren Wohlfahrt er sorgt – so ist deshalb, um einzusehen, warum Gott nicht alles Böse ausschließt, zu bemerken, dass es ein ander Ding ist, von einem besonderen Vorseher und etwas anderes, von einem allgemeinen zu reden. Denn der besondere Vorseher hat es nötig, das Böse so weit als möglich auszuschließen, weil er aus dem Bösen das Gute nicht hervorbringen kann. Da aber Gott der allgemeine Vorseher der Welt ist und er aus den besonderen bösen Dingen sehr viel Gutes hervorbringen kann, wie aus der Verfolgung seitens der Tyrannen die Geduld der Märtyrer und aus den Werken der Hexen die Läuterung oder Prüfung des Glaubens der Gerechten, wie sich zeigen wird, deshalb braucht Gott nicht alle Übel zu verhindern, damit es sich nicht ereigenete, dass dem Universum viel Gutes entzogen würde. Daher Augustinus, Enchiridium: »So erbarmend ist der allmächtige Gott, dass er nicht Böses in seinen Werken sein ließe, wenn er nicht so allmächtig und gütig wäre, dass er Gutes schüfe auch aus dem Schlechten.«

Ein Beispiel dafür haben wir auch in den Geschehnissen in der Natur. Denn Schädigungen und Mängel, die in der Natur vorkommen, mögen sie auch gegen die Absicht der besonderen Natur des Betreffenden sein, nämlich dem ein solches Verderben begegnet, wie wenn z.B. ein Dieb aufgehängt wird oder wenn Tiere zur Nahrung des Menschen getötet werden: So sind sie doch entsprechend der Absicht der allgemeinen Natur: Dass nämlich die Menschen am Leben und in guten Verhältnissen erhalten werden: sodass auch so das Gute des Universum bewahrt bleibt. Damit nämlich die Arten auf der Erde bewahrt bleiben, muss die Vernichtung des einen die Erhaltung des anderen sein: der Tod der Tiere nämlich erhält das Leben der Löwen.

Es wird betreffs der göttlichen Zulassung erklärt, dass Gott der Kreatur nicht verleihen konnte, dass sie von Natur sündlos sei

Betreffs des zweiten Punktes, dass Gott mit Recht die Gesamtheit des Bösen, sei es als Schuld oder als Strafe zulasse, und zwar besonders jetzt, da die Welt schon ins Wanken gerät und zum Untergange neigt, wird eine Erklärung gegeben nach zwei notwendig vorauszusetzenden Behauptungen, deren erste, dass Gott nicht imstande ist – oder vielmehr, um in Gottesfurcht zu reden – dass es unmöglich ist, dass die geschaffene Natur, wie der Mensch oder die Engel, die Gabe hätten, dass sie infolge des Wesens ihrer Natur nicht sündigen könnten; zweitens, dass Gott mit Recht erlaubt, dass der Mensch sündige oder versucht werde. Steht dies fest, so muss man sagen, (wenn es zur göttlichen Vorsehung gehört, dass eine jede Kreatur in ihrer Natur gelassen wird), dass es nach den Prämissen unmöglich ist, dass Gott die Hexereien durch die Macht der Dämonen nicht zulasse.

Der *erste* Punkt nun, nämlich, dass es nicht möglich war, der Kreatur die Gabe mitzuteilen, dass sie nach dem Wesen ihrer Natur nicht sündigen könnte, wird erklärt durch den heiligen *Doctor* II, 23, 12: Weil, wenn dies irgend einer Kreatur mitteilbar gewesen wäre, Gott es schlechterdings mitgeteilt hätte, deshalb, weil alle anderen mitteilbaren Gutheiten und Vollkommenheiten der Kreaturen, wenigstens im allgemeinen, mitgeteilt sind, wie die persönliche Einheit der beiden Naturen in Christus, der Mütterlichkeit und Jungfräulichkeit in Maria, die Gnaden-Einheit in den Pilgern, die seligmachende in den Auserwählten, usw. Wenn wir also nicht lesen, dass dies einer Kreatur mitgeteilt sei, weil weder dem Menschen noch dem Engel, nach dem Worte: »Auch in seinen Engeln fand er Verkehrtheit«, so ist es gewiss, dass es dem Menschen von Gott nicht mitgeteilt werden kann, dass er von Natur sündlos sei, mag er es auch durch Gnade bekommen.

Zweitens bezüglich desselben Punktes: wenn es mitteilbar wäre und es nicht mitgeteilt würde, dann wäre das Universum nicht vollkommen, dessen Vollkommenheit darin besteht, dass alle mitteilbaren Gutheiten der Kreaturen im allgemeinen mitgeteilt sind.

Auch gilt das Argument nicht, dass Gott, da er der Allermächtigste ist und nach seinem Bildnis die Menschen und Engel geschaffen hat, auch das verleihen konnte, dass die Kreatur infolge des Wesens ihrer Natur die Gabe besäße, nicht sündigen zu können; oder auch, dass er bewirken sollte, dass jener Stand der Gnade, der die Bestärkung im Guten wirkt, ein wesentlicher Teil der Natur des Engels oder des Menschen sei, sodass er so nach seinem natürlichen Wesen die Bestärkung im Guten hätte, dass er nicht sündigen könnte. Denn *erstens* ist das Argument nicht beweiskräftig, weil, wenn Gott auch der Allmächtigste und Allergütigste ist, er jenes doch nicht verleihen kann: nicht aus Unvollkommenheit seiner Macht, sondern aus Unvollkommenheit der Kreatur, welche Unvollkommenheit zuerst daran bemerkt wird, dass das weder ein Mensch noch ein Engel empfangen kann und konnte. Der Grund: da er eine Kreatur ist, hängt sein Sein ab vom Schöpfer, wie das Verursachte von der Ursache seines Seins; und Schaffen ist, etwas aus nichts machen: deshalb, wenn er sich selbst überlassen wird, zerfällt er, bleibt jedoch bewahrt, so lange er den Einfluss der Ursache annimmt. Als Beispiel nimm, wenn du willst, das Licht, das so lange leuchtet, als es Wachs hat. – Steht dies fest, so ist bekannt, dass Gott den Menschen geschaffen hat und ihn ließ in der Hand seines Rates, *Sprüche* XV, und ähnlich den Engel, von Anfang der Schöpfung an. Und diest ist geschehen durch den freien Willen; und wie es dessen Eigentümlichkeit ist, zu tun oder zu lassen, so ist es auch seine Eigentümlichkeit, vor seinem Falle zurückzuschrecken oder nicht zurückzuschrecken; und weil sündigen können heißt, aus Freiheit des Willens von Gott sich entfernen können, deshalb konnte weder Mensch noch Engel das empfangen, noch konnte ihm von Gott das mitgeteilt werden, dass er von Natur Freiheit des Willens hätte und auch von Natur die Gabe besäße, nicht sündigen zu können.

Eine andere Unvollkommenheit, um derentwillen dies dem Menschen oder Engel nicht mitgeteilt werden konnte, ist, dass es einen Widerspruch in sich birgt, wenn wir sagen, weil es an sich nicht zu tun sei, kann es Gott nicht tun: aber es ist vielmehr zu sagen, dass die Kreaturen es nicht fassen können, dass z.B. etwas zugleich und zusammen tot und lebendig sei. Ebenso widerspruchsvoll ist es auch, dass jemand einen freien Wille habe, nachdem er seiner Sache anhangen könnte oder nicht, und dass er nicht sündigte. Denn wenn er nicht sündigen kann, kann er seiner Sache nicht anhangen, da sündigen bedeutet, mit Verachtung des unveränderlichen Guten veränderlichen Dingen anhangen. Verachten aber oder nicht verachten kommt aus der Freiheit des Willens.

Auch das zweite Argument ist nicht beweiskräftig, weil, wenn die Gnade der Bestärkung zum Wesen der Kreatur gewandelt würde, sodass diese auf grund ihrer wesentlichen Prinzipien die Gabe hätte, nicht sündigen zu können, sie dies dann nicht hätte aus irgend einem akzidenziellen Geschenke oder einer besonderen Gnade, nicht fehlen und sündigen zu können, sondern durch die Natur, und dann Gott wäre, was absurd sein würde. Diese Lösung berührt S. Thomas a.a.O., bei der Lösung des letzten Argumentes, wenn er sagt, dass, wann immer einer Kreatur irgend ein Akzidens zuteil wird, was nur geschehen kann durch Einfluss eines Höheren, so kann die untere Natur dies Akzidens nicht durch sich annehmen, wenn sie nicht zur höheren Natur wird; wie z.B. wenn die Luft tatsächlich durch Feuer erleuchtet wird, es nicht geschehen kann, dass sie aus ihrer Natur leuchtend sei, sondern nur wenn sie Feuer wird.

Ich sage also: da Bestärkung einer vernunftbegabten Kreatur nur innewohnt durch Gnade, welche ist ein gewisses geistiges Licht und Bildnis des ungeschaffenen Lichtes, dann kann es nicht sein, dass irgend eine Kreatur aus ihrer Natur die Bestärkung oder Gnade habe, wenn sie nicht zur göttlichen Natur würde, dadurch, sagen wir lieber, dass sie dieselbe Natur annimmt, was durchaus unmöglich ist. Schließen wir, dass von Natur nicht sündigen können allein Gott zukommt, darum, dass, wie er vom Sein nicht lassen kann, da er allen das Sein gibt, er also auch nicht lassen kann von der Geradheit des Gutseins, da das ihm zukommt durch das Wesen seiner Natur. Allen anderen Leuten aber, welche die Gabe haben, dass sie nicht sündigen können, wird dies dadurch gegeben, dass sie durch die Gnade im Guten bestärkt werden, wodurch sie Söhne Gottes und gewissermaßen Teilhaber an der göttlichen Natur werden.

Dreizehnte Frage

Es wird die Frage erklärt über die beiden Zulassungen Gottes, die er mit Recht zuliess, nämlich, dass der Teufel, der Urheber alles Bösen, sündigte und zugleich die beiden Eltern fielen, wonach die Werke der Hexen mit Recht zugelassen werden

Die zweite Frage und Feststellung zugleich ist, dass Gott mit Recht erlaubt, dass gewisse Engelkreaturen, die er anders nicht zulassen konnte, wenn sie nicht sündigen konnten, auch wirklich sündigten; und dass er auf ähnliche Weise gewisse geschaffene Kreaturen durch Gnade bewahrt, und zwar vor offener Versuchung. Den Menschen aber ließ er mit Recht versucht werden und sündigen, was alles so erklärt wird.

Es gehört nämlich zur göttlichen Vorsehung, dass jedes Einzelwesen in seiner Natur gelassen und in seinem natürlichen Handeln durchaus nicht gehindert werde, weil, wie Dionysius de div. nom. 4. sagt: »Vorsehung nicht Vernichtung, sondern Erhaltung der Natur ist.« Wenn dies feststeht, und da es offenbar ist, dass wie das Gute eines Volkes göttlicher ist als das Gute eines einzelnen Menschen, Eth. 1, so auch das Gute des Universums das Einzelgute jeder einzelgeschaffenen Natur übertrifft, so muss man auch beachten, dass wenn die Sünde vollständig verhindert würde, dadurch viele Grade der Vollkommenheit aufgehoben würden. Denn es würde jene Natur aufgehoben, die sündigen und nicht sündigen kann; sagte man dies, so hätte (der Mensch) diese Gabe nach dem Gesagten nach dem Wesen seiner Natur besessen.

Es wird geantwortet, wenn keine tatsächliche Sünde gefolgt wäre, sondern sofort Bestärkung, dann immer verborgen bliebe, was für Dank man Gott schuldete an dem Guten, und was die Macht der Sünde vermocht hätte und anderes mehr: nähme man dies, so würde schlechterdings dem Universum viel entzogen. Auch gehörte es sich, dass er sündigte, ohne dass jemand von außen wirkte, sondern dass er die Gelegenheit zur Sünde aus sich selbst nahm, wie er auch tat, da er Gott gleich sein wollte, was zu verstehen ist nicht einfach und direkt, auch nicht indirekt, sondern allein nach dem was; und dies wird erklärt auf Grund der Autorität des J e s a i a s XIV: »In den Himmel werde ich steigen und werde dem Höchsten gleich sein«; nämlich nicht einfach und direkt, weil er dann einen beschränkten und irrigen Verstand gehabt hätte, indem er etwas erstrebte, was für ihn unmöglich war: Denn er erkannte, dass er eine Kreatur und von Gott geschaffen sei; und deshalb wusste er, dass dem Schöpfer gleich zu werden für ihn unmöglich sei. Aber auch nicht indirekt, weil, da das ganze Gute des Engels und der Kreatur darin liegt, dass er Gott Untertan ist, so wie die ganze Klarheit der Luft darin liegt, dass sie den Strahlen der Sonne ausgesetzt ist: darum dies vom Engel nicht erstrebt werden konnte, weil er sonst gegen das Gute der Natur gestrebt hätte; sondern er erstrebte die Gleichheit mit Gott nicht absolut, sondern nach dem was; d.h.: Da Gott durch seine Natur zweierlei hat, Glückseligkeit und Gutheit, und ferner auch, dass von ihm die Glückseligkeit und Gutheit aller Kreaturen ausgeht, so wollte und erstrebte der Engel, der die Würde seiner Natur ansah, die allen Kreaturen voran war, dass von ihm auf alles Untere Glückseligkeit und Gutheit ausginge, und zwar durch seine natürlichen Kräfte, sodass er jenes zuerst hätte von seiner Natur, und die anderen Kreaturen es dann empfingen aus dem Adel seiner Natur. Und weil er das von Gott zu erhalten erstrebte, indem er auch unter Gott sein wollte, wenn er jenes nur bekäme; so wollte er also auch Gott nicht gleich sein in der Art des Habens, sondern nur nach dem w a s .

Bemerke auch, dass, weil er jenen Wunsch fasste, um ihn in die Tat umzusetzen, er denselben auch andern schnell auseinandersetzte; und weil auch bei den andern Engeln sofort das Bild des Gewünschten aufstieg und sie ihm verkehrter Weise beistimmten, deshalb übertraf und übermeisterte die Sünde des ersten Engels die der anderen durch die Größe der Schuld und die Kausalität, nicht jedoch durch die Dauer. So heißt es A p o c a l y p s e 12: »Der Drachen, der vom Himmel fiel, zog den dritten Teil der Sterne mit sich.« Er ist dargestellt in der Gestalt des Leviathan.

Er ist der König über alle Söhne des Übermutes, und König heißt nach dem Philosophen, Metaph. 5 das Haupt, insofern es durch seinen Willen und seine Herrschaft die bewegt, die ihm untergeben sind. So war auch seine Sünde die Veranlassung zur Sünde der anderen, sodass er, selbst zuerst von keinem äußerlich versucht, die anderen von außen versuchte. Und wenn gesagt ist, dass in allen jenen Engeln die Handlung augenblicklich stattfand, so wird dies aus der Sinnenwelt bewiesen: denn zu gleicher Zeit sind Erleuchtung der Luft, Sehen der Farbe und Unterscheidung des Gesehenen. –

Dies habe ich ausführlichst behandelt, damit durch Betrachtung einer so staunenswerten göttlichen Zulassung bei den edelsten Kreaturen, wegen einer Sünde des Ehrgeizes, man sehe, wie viel mehr mit Recht er nicht die Einzelzulassungen bei den Werken der Hexen geschehen lässt, wegen der größeren Sünden bezüglich gewisser Umstände. Denn die Werke der Hexen überschreiten in verschiedener Hinsicht die Sünde des Engels und der ersten Eltern, wie sich im zweiten Teile zeigen wird.

Aber auch der Umstand, dass die Vorsehung Gottes mit Recht zuließ, dass der erste Mensch versucht würde und sündigte, kann aus dem, was von den gefallenen Engeln gesagt ist, genügend ersehen werden. Denn wie zu demselben Ende Engel und Mensch geschaffen und in der Freiheit des Willens gelassen waren, sodass sie den Lohn der Glückseligkeit nicht ohne Verdienst empfangen sollten, deshalb – wie der Engel vor dem Falle nicht bewahrt war, dass die Macht des Sündigens an dem einen und die Macht der Gnade an dem anderen zum Ruhme des Universums sich offenbarte – deshalb musste es so auch am Menschen geschehen.

Daher sagt S. Thomas II, 23, 2: »Das, wodurch Gott lobenswert erscheint, darf durchaus nicht gehindert werden.« Aber auch in den Sünden erscheint Gott lobenswert, da er aus Mitleid schont und mit Gerechtigkeit straft: daher durfte die Sünde nicht gehindert werden. –

Nur kurz und rekapitulierend wollen wir zur Sache zurückgehen und sagen, dass aus vielen Gründen die gerechte Vorsehung Gottes den Menschen hierbei zulässt: Erstens, dass Gottes Macht gezeigt werde, der allein unwandelbar ist; jede Kreatur aber ist wandelbar. Der zweite Grund ist, dass die Weisheit Gottes geoffenbart werde, die es versteht, aus dem Schlechten das Gute hervorzubringen, was nicht hätte geschehen können, wenn Gott die Kreatur nicht hätte sündigen lassen: Drittens, dass Gottes Gnade ersichtlich werde, in welcher Christus durch seinen Tod den verlorenen Menschen befreit hat; *viertens*, dass Gottes Gerechtigkeit gezeigt werde, die nicht nur den Guten Belohnungen, sondern auch den Bösen Strafen zuteilt; *fünftens*, dass der Mensch nicht in schlechteren Verhältnissen sei als die anderen Kreaturen, welche Gott alle so leitet, dass er sie nach eigenen Trieben handeln lässt; daher musste er auch den Menschen im eigenen Willen lassen; *sechstens* ist es das Lob des Menschen, das Lob nämlich des Gerechten, der (das Gesetz) übertreten konnte und es nicht tat; *siebentes* ist es die Zier des Universums, weil, wie dreifaches Übel gefunden wird, nämlich der Schuld, der Strafe und der Schädigung, so im Gegensatze dazu dreifaches Gut: der Sittlichkeit, der Freude und des Nutzens. Denn durch die Schuld wird die Sittlichkeit, durch die Strafe die Ergötzung, durch den Schaden der höchste Nutzen gehoben; und dadurch ist die Antwort auf die Argumente klar.

Lösungen der Argumente:

Erstens, wenn es heißt, zu behaupten, dass dem Teufel die Macht zugestanden wurde, die Menschen zu schädigen, sei ketzerisch, so ist vielmehr das Gegenteil klar, dass, wie die Behauptung, Gott ließe nicht zu, dass der Mensch nach der Freiheit des Willens sündige, wenn er will, ketzerisch ist, ebenso auch die Behauptung, er lasse die Sünden ungerächt: dies aber geschieht durch die Macht, den Menschen zu schaden, zur Strafe der Schlechten und zur Zierde des Universums, nach dem Worte des *Augustinus*, Soliloq.: »Du hast befohlen, Herr, und so ist es, dass niemals die Schmach der Schuld ohne den Ruhm der Rache sei.«

Der Beweis des Argumentes vom weisen Vorseher gilt nichts, der soviel als möglich den Mangel und das Böse ausschließt, weil es etwas anderes ist mit dem, der Einzelsorgen hat und mit dem allgemeinen Vorseher: Denn der erstere kann aus dem Bösen nicht das Gute hervorbringen, wie es der allgemeine Vorseher tut, was aus dem Vorhergehenden klar geworden ist.

Zweitens hat es sich klärlich gezeigt, dass die Macht wie die Gutheit und Gerechtigkeit Gottes daraus erhellten, dass er das Böse zulässt. Wenn daher gesagt wird, Gott kann das Böse entweder verhindern oder nicht, so wird gesagt, er kann es, aber er braucht es nicht, nach den vorher aufgestellten Gründen. Auch gilt der Einwurf nichts, wenn es heißt, also will er, dass Böses geschehe, wenn er es verhindern kann, aber nicht verhindern will: gilt nichts, weil, wie in den Argumenten für die Wahrheit aufgestellt ist, Gott das Böse nicht wollen kann; noch will er, dass das Böse geschieht, noch will er, dass das Böse nicht geschieht, sondern er will zulassen, dass das Böse geschehe, und zwar wegen der Vollkommenheit des Universums.

Drittens: Augustinus und der Philosoph sprechen von der menschlichen Erkenntnis, für die es aus zwei Gründen besser ist, das Böse und Gemeine nicht zu erkennen: Erstens weil wir dadurch bisweilen von der Erwägung des Bösen abgezogen werden, und dies geschieht, weil wir nicht vieles zugleich erkennen können; und auch aus dem Grunde, weil das Erwägen des Bösen den Willen manchmal zum Bösen wendet. Dies hat aber in Gott keinen Raum, der alle Werke der Menschen und Hexer erkennt, ohne ein Fehl.

Viertens: Der Apostel will die Sorge Gottes von den Ochsen fern sein lassen, um zu zeigen: Weil die vernunftbegabte Kreatur durch den freien Willen Gewalt hat über ihre Handlungen, wie gezeigt ist, deshalb hat Gott, damit ihr etwas zur Schuld oder zum Verdienste angerechnet und ihr danach Strafe oder Belohnung zuteil würde, besondere Vorsehung walten lassen über ihr, wonach Unvernünftiges nicht der Vorsehung unterworfen ist.

Aber behaupten zu wollen, dass die Einzelwesen unter den unvernünftigen Kreaturen auf Grund jener Autorität nicht der Vorsehung Gottes teilhaftig würden, wäre Ketzerei, weil das behaupten hieße, dass nicht alles der göttlichen Vorsehung untergeben sei, gegen das Lob der göttlichen Weisheit in der Schrift, die von Ende zu Ende kräftig wirkt und alles lieblich fügt; und es wäre der Irrtum des Rabbi Moses, wie in den Argumenten für die Wahrheit klar geworden.

Fünftens, weil der Mensch nicht der Einrichter der Natur ist, sondern nur die natürlichen Handlungen seiner Kunst und Kraft zu seinem Gebrauche verwendet, deshalb erstreckt sich die menschliche Vorsehung nicht auf das Notwendige, was von Natur geschieht, wie z.B. dass morgen die Sonne aufgeht; worauf sich jedoch die Vorsehung Gottes erstreckt, weil er selbst der Urheber der Natur ist. Daher würden auch die natürlichen Fehler, auch wenn sie aus dem Laufe der Natur hervorgingen, doch der göttlichen Vorsehung unterworfen sein, weshalb auch Demokritos und die andern Naturphilosophen irrten, die allein der Notwendigkeit des Stoffes zuschrieben, was auf Erden geschah.

Endlich, mag auch alle Strafe wegen der Sünde von Gott verhängt werden, so werden doch nicht immer die größten Sünder von Hexereien getroffen, entweder, weil der Teufel nicht will, dass er die peinige und versuche, die er mit Fug und Recht als die Seinigen ansehen kann, oder deshalb, dass sie nicht zu Gott eilen, nach dem Worte: »Vervielfältigt sind die Schwächen, danach sie (zu Gott) geeilt sind usw.«; und dass jede Strafe von Gott wegen der Sünden verhängt wird, ist ersichtlich aus den folgenden Worten des Hieronymus: »Alles, was wir leiden, verdanken wir unseren Sünden.«

Jetzt wird nun erklärt, dass die Sünden der Hexer schwerer sind als die der bösen Engel und der ersten Eltern. Wie daher Unschuldige gestraft werden infolge der Schuld der Eltern, so werden auch viele Unschuldige geschädigt und behext wegen der Sünden der Hexer.

Vierzehnte Frage

Die Erschrecklichkeit der Hexenwerke wird betrachtet. Der ganze Stoff verdient, gepredigt zu werden

Betreffs der Erschrecklichkeit jener Verbrechen wird gefragt, ob die Schandtaten der Hexen alle Übel, die Gott zulässt und von Anfang der Welt bis jetzt hat geschehen lassen, sowohl an Schuld als an Strafe und Schaden übertreffen? Und es scheint, nein, besonders bezüglich der Schuld. Denn die Sünde, die jemand begeht und die er leicht hätte vermeiden können, übertrifft die Sünde, die ein anderer Mensch begeht und die er nicht so leicht vermeiden konnte. Es ist klar aus Augustinus, de civ. dei: »Groß ist im Sündigen die Ungleichheit, wo die Leichtigkeit im Nichtsündigen so groß ist.« Aber Adam und mehrere andere, die in einem gewissen Zustande der Vollkommenheit oder auch Gnade sündigten, hätten wegen des Beistandes der Gnade das Sündigen vermeiden können, besonders Adam, der in der Gnade geschaffen war; leichter als die meisten Hexen, die derartige Geschenke nicht empfangen haben. Also übertreffen die Sünden jener alle Schandtaten der Hexen.

Ferner, bezüglich der Strafe: auf die größere Schuld gehört auch die größere Strafe. Aber die Sünde Adams war aufs schwerste dadurch gestraft, dass, wie klar ist, sich in allen Nachgeborenen seine Strafe samt der Schuld in der Übertragung der Erbsünde zeigt: also ist seine Sünde schwerer als alle anderen Sünden.

Ferner bezüglich des Schadens nach Augustinus: »Dadurch ist etwas böse, dass es das Gute wegnimmt.« Also wo mehr vom Guten weggenommen wird, da ging mehr Schuld vorher. Nun hat die Sünde der ersten Eltern größeren Schaden gebracht, sowohl in der Natur als in den Gnadengütern, da sie uns der Reinheit und Unsterblichkeit beraubte, was keine der anderen folgenden Sünden bewirkte, folglich, usw.

Aber dagegen: Das, worin mehr Arten des Bösen enthalten sind, ist in höherem Grade böse: die Sünden der Hexen sind aber derartig. Denn sie können mit Zulassung Gottes alles Böse an den Gütern der Natur und des Glückes verursachen, wie aus der Bulle des Papstes hergeleitet wird.

Ferner sündigte Adam bloß, indem er das tat, was schlecht war, weil es verboten war; aber es war nicht schlecht an sich: die Hexen und andere Sünder sündigen, indem sie das tun, was in jeder Hinsicht schlecht ist, sowohl an sich, als auch weil es verboten ist, wie Mordtaten und vieles andere Verbotene. Daher sind ihre Sünden schwerer als andere Sünden.

Ferner: Eine Sünde, welche aus bestimmter Bosheit hervorgeht, ist schwerer als eine, die aus Unwissenheit hervorgeht: aber die Hexen verachten aus großer Bosheit den Glauben und die Sakramente des Glaubens, wie mehrere gestanden haben.

Antwort: Dass das Böse, welches von den heutigen Hexen verübt wird, alles andere Böse, was Gott je hat geschehen lassen, nach dem, was im Titel der Frage berührt wird, übertrifft, und zwar bezüglich der Sünden, die in Verkehrtheit der Sitten geschehen, mag es auch anders sein mit den Sünden, welche andern theologischen Tugenden entgegengesetzt werden: das kann auf dreifachem Wege gezeigt werden. Erstens im allgemeinen durch Vergleichung ihrer Werke ohne Unterschied mit irgendwelchen anderen Lastern in der Welt; zweitens im besonderen, durch Vergleichung mit den Arten des Aberglaubens, nach dem mit dem Teufel geschlossenen Pakte, wie dieser auch sei; drittens durch Vergleichung derselben mit den Sünden der bösen Engel oder der ersten Eltern.

Zuerst so: Da nämlich das Böse dreifach ist, nämlich das der Schuld, der Strafe und des Schadens, darum, weil es ein dreifaches Gutes gibt, dem jene entgegengesetzt sind, nämlich Sittlichkeit, Freude und Nutzen; so steht auch der Schuld die Sittlichkeit, der Strafe die Freude, dem Schaden der Nutzen entgegen. Dass nun die Schuld der Hexen alle anderen Sünden übertrifft, wird so klar: Mag nämlich auch, nach der Lehre von S. Thomas II, 22, 2, bei der Sünde vieles erwogen werden können, woraus die Schwere oder die

Leichtigkeit der Sünde entnommen werden kann, – woher es auch kommt, dass dieselbe Sünde bei dem einen schwerer, bei dem andern leichter befunden wird, so wie wir sagen können, dass ein hurender Jüngling sündigt, ein hurender Greis verrückt ist – so sind doch jene Sünden einfach schwerer, welche, ich sage nicht allein, mehrere und schwerere Umstände haben, sondern Sündenschwere in der wesentlichen Art und Größe der Sünde. Und so können wir sagen: Mag die Sünde Adams bezüglich gewisser Umstände schwerer sein als alle anderen Sünden, insofern er nur durch eine kleinere Versuchung getrieben fiel und zwar nur von einer inneren; er auch leichter hätte widerstehen können, wegen der ursprünglichen Gerechtigkeit, in der er geschaffen war; so ist doch zu bedenken, dass, wie bezüglich der Art und Größe der Sünde und auch bezüglich der Umstände, die die Sünde noch mehr erschwerten, viele schwere Sünden gefolgt sind, so unter allen die Sünden der Hexer hervorragen, was noch klarer aus zweierlei hervorgeht. Denn wie die eine Sünde größer als die andere genannt wird, entweder wegen der Kausalität, wie die Sünde Luzifers, oder der Allgemeinheit, wie die Sünde Adams; oder wegen der Scheußlichkeit, wie die des Judas; oder wegen der Schwierigkeit der Vergebung, wie die Sünde gegen den heiligen Geist; oder wegen der Gefahr, wie die Sünde der Unwissenheit; oder wegen der Unzertrennbarkeit, wie die Sünde der Begierde; oder wegen der Geilheit, wie die Sünde des Fleisches; oder wegen der Beleidigung der göttlichen Majestät, wie die Sünde des Götzendienstes und Unglaubens; oder wegen der Schwierigkeit der Bekämpfung, wie der Stolz; oder wegen der Geistesblindheit, wie der Zorn: so übertreffen auch, nach der Sünde Luzifers, die Sünden der Hexen alle anderen, sowohl an Scheußlichkeit, da sie den Gekreuzigten ableugnen, als auch an Geilheit, da sie fleischliche Unflätereien mit den Dämonen treiben, und an Geistesblindheit, da sie sich in wilder Lust auf jegliche Schädigung der Seelen wie der Körper der Menschen und Tiere mit dem ganzen Geiste der Bosheit stürzen, wie aus dem Gesagten klar geworden ist.

Das zeigt auch nach Isidor der Name: Sie heißen nämlich Hexer wegen der Größe ihrer Schandtaten usw., wie oben gezeigt ist.

Es wird auch so hergeleitet: Da nämlich zweierlei an der Sünde ist, die Anwendung und die Hinwendung, nach dem Worte des Augustinus: »Sündigen heißt, mit Verachtung des unwandelbaren Guten wandelbaren Dingen anhangen«, und die Abwendung von Gott gleichsam das Formale, so wie die Hinwendung gleichsam das Materielle ist, darum ist eine Sünde umso schwerer, je mehr der Mensch sich von selbst von Gott scheidet; und weil durch die Ungläubigkeit der Mensch am weitesten von Gott sich entfernt, deshalb ist auch die Hexentat von größerem Unglauben begleitet als alle (anderen) Sünden. Das wird erklärt durch den Namen Ketzerei, weil es Abfall vom Glauben und das ganze Leben jener (Hexen) zugleich Sünde ist. Bezüglich des ersteren: Wenn nämlich die Sünde des Unglaubens besteht in dem Widerstreben gegen den Glauben – und das kann zwiefach geschehen, weil entweder dem noch nicht empfangenen oder aber dem bereits empfangenen Glauben widerstrebt wird: wenn auf die erste Weise, dann ist es der Unglaube der Heiden oder »Völker«; wenn auf die zweite Weise, dann kann es wiederum zwiefach geschehen, weil dabei dem christlichen Glauben widerstrebt wird, den man entweder im Bilde oder in der Offenbarung der Wahrheit empfangen hat: im ersten Falle ist es der Unglaube der Juden, im zweiten der der Ketzer – daher ist es klar, dass die Ketzerei der Hexen unter den drei Arten des Unglaubens der schwerste ist, was auch mit Grund und Autorität bewiesen wird: Nämlich II, 2 heißt es: »Ihnen wäre besser, den Weg der Wahrheit nicht zu kennen, als nach der Erkenntnis wieder abzufallen.« Der Grund ist der: Wie nämlich derjenige, der nicht erfüllt, was er versprochen hat, schwerer sündigt, als der, der nicht erfüllt, was er niemals versprochen hat, so sündigen auch die Ketzer in ihrer Ungläubigkeit, die den evangelischen Glauben bekennen und ihm doch widerstreben, da sie ihn vernichten, schwerer als die Juden und Heiden; und wiederum sündigen die Juden schwerer als die Heiden, weil sie das Bild des christlichen Glaubens empfangen haben im Alten Gesetz, das sie schlecht verstehen und so vernichten, was die Heiden nicht tun: Darum ist auch die Ungläubigkeit jener eine schwerere Sünde, als die Ungläubigkeit der Heiden, die niemals den evangelischen Glauben empfangen haben.

Zweitens, dass sie auch Abgefallene (Apostaten) genannt werden: Denn nach Thomas II, 2, 12 birgt Apostasie in sich ein Zurückweichen von Gott und von Religion, das auf die verschiedenen Weisen geschieht, auf welche der Mensch mit Gott verbunden wird; entweder durch den Glauben, oder durch Religion und Priesterwürde; wonach auch Raymundus und Hostiensis sagen: Abfall ist ein törichter Austritt aus dem Stande des Glaubens oder des Gehorsams oder der Religion; und mit Entfernung des ersten wird auch das zweite entfernt, aber nicht umgekehrt: deshalb übertrifft auch der erstere Abfall die beiden anderen, nämlich der Abfall vom Glauben übertrifft den Abfall von der Religion, worüber 48. dist. quantumlibet und 16. 1. legi non debet.

Doch wird nach Raymundus keiner für einen Abgefallenen und Flüchtling angesehen, auch wenn er sich sehr weit entfernt hat, wenn er nicht nachdem so lebt, dass er zeigt, er habe die Absicht, umzukehren, ganz aufgegeben; vergl. de re milit. 1. desertorem. Und das würde geschehen, wenn er ein Weib nähme oder etwas Ähnliches täte. Ähnlich ist auch der Abfall des Ungehorsams, wo jemand freiwillig die Gebote der Kirche und der Vorgesetzten missachtete, worüber zu vergleichen III, 4, alieni. Der ist auch der Ehrenrechte verlustig, dass er kein Zeugnis ablegen darf, und muss exkommuniziert werden, XI, 3, si autem.

Daher wird auch der Abfall, von dem wir reden, über den Abfall der Hexen nämlich, Abfall der Ruchlosigkeit genannt, der umso schwerer ist, als er durch einen ausdrücklichen Pakt mit dem Feinde des Glaubens, der Vernunft und des Heiles geschieht. Denn das haben die Hexen zu tun, und das fordert jener Feind ganz oder teilweise. Denn wir Inquisitoren haben (Weiber) gefunden, die alle Glaubensartikel ableugnen, andere nur eine bestimmte Zahl; immer aber mussten sie die wahre, sakramentale Beichte ableugnen. Daher scheint die Ruchlosigkeit des Julianus Apostata nicht so groß gewesen zu sein, mag er auch in anderen Dingen sehr heftig gegen die Kirche geeifert haben; worüber auch II, 7, non potest.

Wenn aber jemand nebenbei fragte: wie, wenn sie im Herzen und Gemüte den Glauben behielten, deren Durchschauer Gott allein ist und nicht irgend eine Engelkreatur, wie oben klar gemacht ist, aber dem Teufel durch äußere Handlungen Ehrerbietung und Gehorsam erwiesen? So ist wohl zu sagen: Wenn der Abfall der Ruchlosigkeit doppelt geschehen kann, durch äußere Handlungen der Ungläubigkeit, ohne ausdrücklichen Pakt mit dem Dämon, wie wenn jemand im Lande der Ungläubigen muhammedanische Lebensart annähme; oder im Lande der Christen durch ausdrücklichen Pakt usw.: dass dann die ersteren, wenn sie im Herzen den Glauben behalten, aber durch äußere Handlung ableugnen, mögen sie auch nicht Apostaten oder Ketzer zu nennen seien, doch eine Todsünde begehen. So nämlich erwies Salomo den Göttern seiner Weiber Anbetung. Auch würde keiner entschuldigt, wenn er dies aus Furcht täte, weil nach Augustinus es heiliger (sanctius) ist, den Hungertod zu sterben, als vom Opferfleisch zu essen (andere haben satius): XXXIII, 3. Wie sehr aber auch die Hexen den Glauben im Herzen bewahren und mit dem Munde ableugnen, werden sie doch für Apostaten erachtet, weil sie ein Bündnis mit dem Tode und einen Pakt mit der Hölle geschlossen. Daher sagt auch S. Thomas

II, 4 am letzten, wo er von ähnlichen Zauberwerken redet und denen, die sonst auf irgend eine Weise die Dämonen um Hilfe anflehen: »In allen ist Abfall vom Glauben, wegen des mit dem Teufel geschlossenen Paktes, sei es mit Worten, wo Anrufung stattfindet, sei es durch irgend eine Tat, wenn auch kein eigentliches Opfer gebracht wird. Denn kein Mensch kann zwei Herren dienen.« Ebenso A l b e r t u s , a.a.O. dist. 8., wo gefragt wird, ob es Sünde sei und Abfall vom Glauben, auf Zauberer und Astrologen zu hören: Er antwortete so: »Bei solchen ist immer Abfall, in Wort oder Tat. Denn wenn Anrufungen geschehen, dann wird ein offener Pakt mit dem Dämon geschlossen, und das ist offener Abfall mit Worten. Wenn das aber geschieht nur durch einfaches Werk, dann ist es Abfall mit der Tat. Und weil bei allen diesen immer der Glaube geschändet wird, weil man vom Dämon erwartet, was von Gott zu erwarten ist, deshalb gilt es immer als Abfall.«

Siehe, wie klar sie einen doppelten Abfall annehmen und einen dritten noch schweigend mitverstehen: nämlich den des Herzens! Wenn dieser fehlt, so heißen die Hexen doch Abgefallene, mit Wort und Tat. Daher müssen sie, wie gezeigt werden wird, die Strafen der Ketzer und Apostaten erleiden.

Noch eine dritte Abscheulichkeit von Vergehen ist in ihnen, vor allen anderen Ketzereien. Denn wenn nach A u g u s t i n u s XXVIII, 1, 2 das ganze Leben der Ungläubigen Sünde ist (und zwar ist das die Glosse zu Römer 14: Alles, was nicht aus dem Glauben ist, ist Sünde) – was soll man dann urteilen von dem ganzen Leben, d.h. allen Werken, der Hexen, die doch nicht alle zur Ergötzung der Dämonen geschehen, wie Fasten, Kirchenbesuch, Kommunion usw.? Denn in alledem sündigen sie Todsünden, was folgendermaßen klar gemacht wird. So groß nämlich ist die Besudelung durch solche Sünde, dass, wenn sie auch die Möglichkeit, wieder aufzustehen, deshalb nicht gänzlich nehmen, weil die Sünde nicht das ganze Gute der Natur verdirbt und natürliches Licht in ihnen zurückbleibt; dass dennoch wegen der (dem Teufel) geleisteten Huldigung, wenn sie davon nicht absolviert werden, alle ihre Werke, auch die von der Art der guten, mehr von der Art der schlechten sind, was man bei anderen Ungläubigen nicht wahrnimmt. Denn T h o m a s sagt II, 2, 10 in der Frage, ob jede Handlung der Ungläubigen Sünde sei; dass, wiewohl die Werke der Ungläubigen, welche von der Art der guten sind, als Fasten, Almosengeben usw. ihnen nicht verdienstlich sind wegen des Unglaubens, welches das schwerste Vergehen ist, dennoch nicht jede ihrer Handlungen, weil die Sünde nicht das ganze Gute der Natur verdirbt, sondern in ihnen ein natürliches Licht überbleibt, eine

Todsünde ist, sondern eine Handlung, hervorgehend aus dem Unglauben selbst, oder auf ihn zurückgehend, auch wenn sie von der Art der guten ist; z.B. der Sarazene fastet, um Muhammed's Fastengebot zu halten; der Jude feiert seine Feste usw. in diesen allen liegt sterbliches Tun. Und so ist das oben angeführte Wort des Augustinus: »Das ganze Leben der Ungläubigen ist Sünde« zu verstehen.

Dass die Hexen die schwersten Strafen verdienen, über alle Verbrecher der Welt

Endlich übertreffen ihre Schandtaten alle anderen. Das wird erklärt bezüglich der verdienten Strafe: Erstens hinsichtlich der Strafe, die den Ketzern zuteil werden muss, zweitens hinsichtlich der Strafe, die den Apostaten auferlegt werden muss. Ketzer nämlich werden nach Raymundus vierfach bestraft, durch Exkommunikation, Absetzung, Einziehung des Vermögens und körperlichen Tod. Über alles das wird der Leser gehandelt finden: über das erste de sent. excom. noverit.; über das zweite XXIV, 1, qui contra pacem.; über das dritte dist. 8, quo iure, und XXIII, 7, 1 f; über das vierte cod. tit. (de haereticis) excommunicamus 1 und 2. – Sehr schwere Strafen verdienen auch ihre Anhänger, Aufnehmer, Begünstiger und Verteidiger; denn außer der von ihnen verwirkten Strafe der Exkommunikation werden die Ketzer samt ihren Begünstigern, Verteidigern und Aufnehmern, auch ihre Söhne bis ins zweite Glied, zu keiner kirchlichen Vergünstigung oder Leistung zugelassen: eod. tit. quicunque und c. statutum, lib. 6. Betreffs der dritten Strafe werden, wenn die Ketzer katholische Söhne haben, diese zur Verfluchung dieses Verbrechens der väterlichen Erbschaft beraubt. Über die vierte Strafe: wenn der Ketzer nach der Ertappung in dem Irrtum sich nicht sofort bekehren will und die Ketzerei abschwört, muss er sogleich verbrannt werden, falls er ein Laie ist. Denn Fälscher des Geldes werden sofort getötet: wie viel mehr nicht Fälscher des Glaubens! Wenn es aber ein Geistlicher ist, wird er nach feierlicher Absetzung dem weltlichen Gerichtshofe zur Hinrichtung ausgeliefert. Wenn sie aber zum Glauben zurückkehren, müssen sie in ewiges Gefängnis geworfen werden, de haereticis excommunicamus 1 und 2, und zwar mit aller Strenge des Rechtes. Milder jedoch wird mit ihnen verfahren nach dem Abschwören, das sie tun müssen nach dem Gutdünken des Bischofs und des Inquisitors, wie im dritten Teile sich zeigen wird, wo über die verschiedenen Arten, solche Verbrecher zu richten gehandelt wird: wer gefasst, überführt oder auch rückfällig genannt werde.

Auf diese Weise aber die Hexen zu strafen, scheint nicht genügend, da sie nicht einfache Ketzerinnen sind, sondern Abgefallene; und es kommt dazu, dass sie bei dem Abfalle nicht, wie oben festgestellt, aus Furcht vor Menschen oder fleischlicher Lust ableugnen, nein, sie geben, außer der Ableugnung, auch Leib und Seele den Dämonen preis und leisten ihm Huldigung. Daraus ist hinreichend klar, dass, wie sehr sie auch bereuen, und wenn sie auch zum Glauben zurückkehren, sie nicht wie andere Ketzer in ewiges Gefängnis gesteckt werden dürfen, sondern mit der schwersten Strafe zu bestrafen sind, und zwar auch wegen der zeitlichen Schäden, die (von ihnen) auf verschiedene Weisen Menschen und Vieh zugefügt werden. So befehlen die Gesetze, wie sich zeigt c. de malefic. 1. nullus; 1. nemo und 1. culpa. Und es ist die gleiche Schuld, Verbotenes zu lehren und zu lernen. Die Gesetze reden von den Wahrsagern: wie viel mehr gilt das von den Hexen, wenn sie sagen, dass ihre Strafe bestehe in Einziehung des Vermögens und Entziehung der Ehrenrechte. Und wer durch solche Kunst ein Weib zur Unzucht verleitet, oder umgekehrt, wird den Bestien vorgeworfen, wie es ebendort heißt, 1. multi. Davon steht geschrieben in der ersten Frage.

Fünfzehnte Frage

Es wird erklärt, dass wegen der Sünden der Hexen oft Unschuldige behext werden; auch bisweilen wegen der eigenen Sünden

Damit der Umstand, dass mit göttlicher Zulassung viele Unschuldige mit den genannten Schädigungen wegen fremder Sünden, nämlich der Hexen, und nicht wegen eigener geschädigt und gestraft werden, keinem ungehörig erscheine, zeigt S. Thomas II, 2, 108, dass dies von Gott mit Recht geschehe, indem er von den Strafen dieses Lebens auf dreifache Weise spricht: Erstens nämlich, weil der Mensch die Sache des anderen ist; und wie jemand an seinen Sachen gestraft wird, so kann auch der eine zur Strafe eines anderen gestraft werden. Denn die Söhne sind nach ihrem Leibe gewissermaßen Sachen ihres Vaters, ebenso wie die Sklaven und Tiere Sachen der

Herren; und so werden die Söhne manchmal gestraft für ihre Eltern, wie z.B. der aus dem Ehebruche Davids geborene Sohn früh starb; oder wie der Befehl gegeben ward, das Vieh der Amalekiter zu töten; wiewohl hierin auch noch ein geheimnisvoller Grund liegt: wie es heißt I, 4, § parvulos.

Zweitens, weil die Sünde des einen übergeht auf einen andern und zwar doppelt: (erstens) durch Nachahmung, wie die Söhne die Sünden der Väter nachahmen und die Sklaven und Untergebenen die Sünden ihrer Herren, dass sie dreister sündigen, wie es geschieht bei übel erworbenen Dingen, in denen die Söhne nachfolgen, die Diener bei Räubereien und ungerechten Kriegen; daher sie öfters getötet werden. Die Untergebenen der Oberen sündigen frecher, wenn sie diese sündigen sehen, wenn sie auch nicht dieselben Sünden begehen: weshalb sie mit Recht bestraft werden.

Es wird auch (zweitens) die Sünde des einen auf den anderen geleitet durch das Mittel des Verdienstes, wie die der Untergebenen auf einen schlechten Vorgesetzten, d.h. dass die Sünden der Untergebenen einen sündigen Vorgesetzten verdienen, nach dem Wort in Job: »Er lässt den Heuchler herrschen wegen der Sünden des Volkes.« – Es wird auch die Sünde übertragen (und folglich die Strafe) durch Zustimmung oder Verhehlen. Das liegt vor, wenn die Oberen die Sünden nicht zurückweisen: dann werden oft die Guten mit den Bösen gestraft, wie Augustinus de civ. dei I sagt. Ein Beispiel. Einer von uns Inquisitoren fand einen Ort, der infolge der Sterblichkeit unter den Menschen fast verödet war. Dort ging das Gerücht, dass ein begrabenes Weib das Leichentuch, in welchem sie begraben war, nach und nach verschlänge, und die Pest nicht aufhören könnte, wenn jene nicht das Leichentuch ganz verschlänge und in den Bauch aufnähme. Nachdem ein Rat darüber abgehalten war, gruben der Schulze und der Vorsteher der Gemeinde das Grab auf und fanden fast die Hälfte des Leichentuches durch Mund und Hals hindurch bis in den Bauch gezogen und verzehrt. Als der Schulze das sah, zog er in der Erregung das Schwert, schlug der Leiche das Haupt ab und warf es aus der Grube, worauf die Pest plötzlich aufhörte. So also waren mit göttlicher Zulassung die Sünden jenes Weibes an den Unschuldigen wegen der Verheimlichung seitens der Oberen gestraft worden. Denn bei der angestellten Inquisition fand man, dass jenes Weib lange Zeit ihres Lebens eine Wahrsagerin und Zauberin gewesen sei. – Ein Beispiel ist auch die Strafe Davids durch die Pest wegen der Zählung des Volkes.

Drittens geschieht es durch Zulassung Gottes, damit die Einheit der menschlichen Gesellschaft empfohlen würde, wonach ein Mensch um den andern ängstlich besorgt sein müsse, dass er nicht sündige, auch zur Verfluchung der Sünde, indem nämlich die Sünde eines übergeht auf alle, als ob alle ein Leib seien. Beispiel an der Sünde des Achor, Josua VII.

Wir können noch zwei Arten hinzufügen, wie die Schlechten bisweilen an den Guten gestraft werden; manchmal auch an anderen Schlechten. Denn es heißt bei Gratianus XXIII, 5, im letzten Paragraphen: Manchmal straft Gott die Schlechten durch die, welche die gesetzliche Macht dazu haben nach seinem Auftrage, und zwar auf zweierlei Weise: manchmal zum Vorteile der Strafenden, wie er durch sein Volk die Sünden der Kanaäer strafte; manchmal ohne Vorteil für die Strafenden, sondern auch zu ihrer eigenen Strafe, wie er den Namen Benjamin strafte und bis auf wenige vernichtete. Manchmal straft er auch durch seine Völker, die auf Befehl oder durch Zulassung erregt sind, nicht jedoch Gott gehorchen, sondern ihrer Begierde frönen wollen, und darum zu ihrem eigenen Schaden, wie er z.B. jetzt sein Volk durch die Türken straft, und öfters früher durch fremde Völker, auch im Alten Testamente.

Aber merke wohl, dass, aus welchem Grunde auch jemand gestraft wird, wenn er nicht geduldig ausharrt, es dann eine Geißel ist, nicht zur Genugtuung, sondern nur zur Rache, d.h. zur Strafe, nach Deuteronom. XXXII: »Das Feuer (d.h. die weltliche Strafe) ist angezündet in meiner Wut«, d.h. in der Strafe, weil anders in Gott keine Wut ist; »und es wird brennen bis zum Untersten der Hölle«, d.h. die Rache wird hier beginnen und brennen bis zur äußersten Verdammnis, wie Augustinus auseinandersetzt, und zwar steht es de poen dist. 4 § auctoritas. Aber wenn die Geißeln geduldig ertragen werden, und (die Menschen) geduldig sind im Stande der Gnade, so haben sie Raum für die Genugtuung wie Thomas IV sagt, auch wenn jemand vom Richter wegen eines Hexenwerkes oder als Hexe bestraft würde und zwar je nach dem Mehr oder Weniger der Ergebenheit des Betreffenden und der Art des Verbrechens. Aber wiewohl der natürliche Tod das äußerste Schrecknis ist, reicht er doch nicht zu, weil er von Natur zur Strafe der Erbsünde gesetzt ist, mag er auch nach Scotus genugtuend sein können, wenn er freiwillig erlitten und mit Ergebung erwartet und Gott in all seiner Bitterkeit gebracht wird. Ein gewaltsamer Tod jedoch ist, mag ihn jemand verdient haben oder nicht, immer genugtuend, wenn er geduldig und voll Dankbarkeit getragen wird. – Dies bezüglich der Strafen, die wegen der Sünden anderer verhängt werden.

Wegen der eigenen Sünden aber geißelt Gott auch im gegenwärtigen Leben und besonders durch Antuen von Behexungen. Tobias VII: »Über die, welche der Lust ergeben sind, hat der Teufel Macht gewonnen«, was auch aus dem Vorhergesagten ersichtlich geworden, durch die Erklärung der Hexereien an den Gliedern und an der Zeugungskraft, die Gott mehr behexen lässt.

Aber um das dem Volke zu predigen, ist zu bemerken, dass unbeschadet der vorerwähnten Strafen, mit denen Gott für fremde oder eigene Schuld straft, man folgende Rechtsregel als Grundsatz festhalte und dem Volke vortrage, welche besagt: »Ohne Schuld ist keiner zu strafen, wenn kein Grund vorliegt,« extra de reg. iur.; und diese Regel hat ihre Geltung im Gerichte des Himmels, d.h. Gottes und im Gerichte auf Erden, d.h. im Gerichte der Menschen, sei es im weltlichen, sei es im geistlichen.

Erkläre bezüglich des »Gerichtes des Himmels«: Da nämlich Gott mit zwei Strafen straft, einer geistigen und einer zeitlichen, so zeigt sich bei der ersteren, dass es niemals ohne Schuld geschieht; in der zweiten wohl bisweilen ohne Schuld, nicht aber ohne Grund. – Die erste, geistige Strafe: Sie ist dreifach, nämlich sie besteht erstens in der Entziehung der Gnade, woraus erfolgt Beharrung im Vorgenommenen; sie dürfte nicht ohne Schuld erfolgen. Die zweite ist eine Strafe des Schadens, d.h. der Beraubung der Verherrlichung: auch sie wird niemals verhängt ohne eigene Schuld, wie bei Erwachsenen, oder durch ererbte, wie bei Kindern, die in der Erbsünde geboren werden. Die dritte Strafe, des Sinnes, d.h. die Qualen des höllischen Feuers, ist ebenso klar (nicht ohne Schuld). Daher heißt es Exodus XX: »Ich, der Herr, bin ein Eiferer, der heimsucht die Sünden der Väter an den Kindern, bis ins dritte und vierte Glied.« Das ist zu verstehen von den Nachahmern der Verbrechen der Väter, wie Gratianus I, 4, § quibus auseinandersetzt. Dort gibt er auch noch andere Auseinandersetzungen.

Betreffs der zweiten, zeitlichen Strafe straft Gott erstens wegen der Schuld eines anderen, (wie oben festgesetzt ist, auf dreifache Weise), oder auch ohne fremde und eigene Schuld, aber nicht ohne Grund, oder auch aus eigener und nicht fremder Schuld. Wenn du die Gründe kennen lernen willst, aus denen Gott straft und zwar ohne eigene und fremde Schuld, so siehe die fünf Arten, die der Magister IV, 15, 2 angibt; und zwar die drei ersten Ursachen; die anderen beiden nimm für die eigene Schuld. Er sagt nämlich, aus fünf Gründen geißele Gott den Menschen im gegenwärtigen Leben und verhänge Strafen: Erstens, dass Gott verherrlicht werde; und das geschieht, wenn auf wunderbare Weise die Strafe oder Geißel beseitigt wird: Beispiel vom Blindgeborenen: Johannes 9; vom auf erweckten Lazarus, Johannes 11.

Zweitens, trifft die erste Art nicht ein, dann wird die Strafe verhängt, dass das Verdienst gesteigert werde durch die Übung der Geduld, und auch, dass die verborgene, innere Tugend anderer geoffenbart werde. Beispiele Job I und Tobias II.

Drittens, dass die Tugend bewahrt werde, durch Erniedrigung der Geißeln: Beispiel an Paulus, der von sich selbst sagt, Korinther II, 12: »Dass nicht die Größe der Eingebungen mich stolz macht, ist mir gegeben ein Pfahl in mein Fleisch, der Engel des Satans«, welcher Pfahl nach Remigius eine gewisse körperliche Schwäche war. – Das sind die Ursachen »ohne Schuld«.

Viertens, dass die ewige Verdammnis hier schon beginne, dass nämlich ein wenig gezeigt werde, was man erst in der Hölle werde leiden müssen. Beispiel: Herodes, Apostelgeschichte XII und Antiochus, Maccabäer II, 9.

Fünftens, dass der Mensch geläutert werde entweder durch Austreibung der Schuld, wenn dieselbe durch die Geißel gestraft wird: Beispiel: Mirjam, die Schwester Aarons, Numeri XIII, die vom Aussatze getroffen wurde; die Israeliten, die in der Wüste fielen, nach Hieronymus XXIII, 4, quid ergo; oder zur Genugtuung der Strafe. Beispiel: David, der nach Vergebung des begangenen Ehebruches hinsichtlich der Schuld zur Strafe vom Throne gestoßen ward, wie geschrieben steht Könige II; das merkt auch an Gregorius de poen. dist. 1 si peccatum David.

Es könnte auch gesagt werden, dass alle Strafe, die wir erleiden, hervorgehe aus unserer Schuld, wenigstens der ererbten, mit der wir geboren werden, weil sie selbst der Grund aller Kausalität ist; ar. dist. 5 ad eius.

Aber auch wenn man von der dritten Strafe, der des Schadens, spricht bezüglich der ewigen Verdammnis, die sie in Zukunft erleiden werden, möge niemand zweifeln, dass sie über alle Verdammten werden gepeinigt werden mit empfindlichsten Strafen. Denn wie das Sehen der Gnade im Reiche des Vaters, so folgt der Todsünde die Strafe in der Hölle; und wie die Grade der Glückseligkeit im Vaterreiche bemessen werden nach den Graden der Liebe und der Gnade im Leben, so auch das Maß der Strafen in der Hölle nach dem Maße der Vergehen im Leben. Dies ist es, was Deuteronom. II, 5 gesagt wird: »Nach dem Maße der Sünde wird auch die Art der Strafe sein«; und wenn es so ist bei allen anderen Sünden, so trifft dies im besonderen die Hexen, was Hebräer X berührt wird: »Wieviel größere Strafe, meint Ihr wohl, verdient nicht der, welcher den Sohn Gottes mit Füßen tritt und das

Blut des Testamentes unrein nennt, durch welches er geheiligt ist?« Das sind die Eigenschaften der Hexen, die den Glauben ableugnen und mit dem allergöttlichsten Sakramente die meisten Schandtaten verüben, wie sich schon im zweiten Teile des Werkes zeigen wird.

Sechzehnte Frage

Es wird im besonderen die vorausgeschickte Wahrheit erklärt, durch Vergleichung der Hexenwerke mit anderen Arten des Aberglaubens

Die vorausgeschickte Wahrheit, bezüglich der Abscheulichkeit der Verbrechen bei den Hexereien, wird bewiesen durch Vergleichung derselben mit anderen Werken der Zauberer und Weissager. Es gibt nämlich vierzehn Arten von Werken des Aberglaubens, nach der dreifachen Art der Weissagungen, deren erste geschieht durch offene Anrufung der Dämonen, die zweite bloß durch die schweigende Betrachtung der Lage oder Bewegung einer Sache, wie der Gestirne, Tage, Stunden usw.; drittens durch Betrachtung der Handlung eines Menschen zur Erforschung von etwas Verborgenem, was den Namen »Lose« führt.

Die Arten der ersten Weise der Weissagung, die geschieht durch ausdrückliche Anrufung des Dämonen, sind: Gaukelei, Weissagung aus Träumen, Nigromantie, pythonische Weissagung, Geomantie, Hydromantie, Aeromantie, Chiromantie und Verehrung der Ariolen. Thomas II, 2, 95; 26, 4, igitur und 5, nec mirum.

Die Arten der zweiten Weise sind: Genethliaker, Haruspices, Auguren, die Vorzeichen beobachten, Chiromantie und Spatulamantie.

Auch die Arten der dritten Weise sind verschieden nach all den Dingen, die den Namen »Lose« führen, zur Erforschung von etwas Verborgenem, nämlich durch Betrachtung von Punkten, Stäbchen und Figuren, die in Blei gegossen sind. Darüber Thomas a.a.O., 26, 2; 4. per totum.

Dennoch übertreffen die Schandtaten der Hexen alle diese Verbrechen, was von den hervorragenderen Arten bewiesen wird; darum wird bei den geringeren keine Schwierigkeit gemacht.

Während nämlich in der ersten Art die Gaukler die menschlichen Sinne täuschen durch gewisse Erscheinungen, sodass ein Körper anders durch den Sinn des Sehens oder Fühlens erfasst wird, (als er ist), wie in Obigem gesagt ist, von der Art des Gaukelns; sind die Hexen nicht damit zufrieden, die Zeugungsglieder bisweilen durch gauklerische Vorspiegelung zu entfernen, (wenn auch nicht in Wirklichkeit), sondern oftmals beseitigen sie die Zeugungskraft selbst, sodass ein Weib nicht empfangen, oder der Mann den Beischlaf nicht vollziehen kann, auch wenn ihm das Glied bleibt; ohne gauklerische Vorspiegelung bewirken sie nach der Empfängnis eine Frühgeburt, oft mit unzähligen anderen Übeln; erscheinen auch häufig in verschiedenen Tiergestalten, wie oben gezeigt ist.

Die zweite Weise heißt auch Nigromantie, und sie geschieht durch Erscheinen der Toten und Anreden derselben, da, wie es heißt Etym. 3, nigros (νεχρὸς) griechisch Tod bedeutet (lateinisch mors), mantia (μαντεία) aber Weissagung. (Die Nigromantiker) bewirken aber solches durch das Blut eines Menschen oder eines Tieres, über gewisse Zeichen, da sie wissen, dass der Dämon das Blut liebt, d.h. dessen Vergießung und die Sünden. Daher kommt es, dass, wenn sie glauben, sie riefen die Toten aus den Gräbern, damit sie auf Fragen antworteten, die Dämonen in den Bildnissen jener erscheinen und derlei ausführen. Diese Art Kunst besaß auch jene Zauberin und Pytho, Könige I, 28, die auf das Drängen Sauls den Samuel heraufbeschwor. Aber keiner möge glauben, dass das deshalb erlaubt sei, weil die Schrift es erzählt, dass nämlich die Seele des gerechten Propheten, von den Toten gerufen, Saul durch die Kunst der Hexe den Ausgang des künftigen Krieges verkündet habe. Denn Augustinus ad Simplicianum sagt: »Es ist nicht absurd, zu glauben, es sei mit etzlicher Dispensation erlaubt gewesen, dass, ohne Beeinflussung durch die zauberische Kunst oder Macht, sondern mit geheimer Dispensation, die der Hexe und Saul verborgen war, sich der Geist des Gerechten den Augen des Königs zeigte, um ihn mit der göttlichen Botschaft zu treffen. Oder der Geist Samuels ist nicht wirklich aus seiner Ruhe aufgestört worden, sondern ein Wahngebilde und eine dämonische Sinnestäuschung ward bewirkt durch die Macht des Teufels; das nennt die Schrift »Samuel«, wie ja auch Bilder nach dem Namen des Gegenstandes genannt zu werden pflegen.« – Dies aus der Antwort auf ein Argument über die Frage, ob die Weissagung, die durch Anrufung der Dämonen geschieht, unerlaubt sei? II, 2, 95, 4. ad secundum. Aber wenn es dem Leser gefällt, dann sehe er die Antwort auf das letzte Argument der Frage, ob unter den Heiligen verschiedene Grade des Prophetentumes seien? e a d. s u m m a 174; er sehe auch das Wort des A u g u s t i n u s 26, 5, n e c m i r u m.

Doch dies gehört nur wenig zu den Hexenwerken, da die Hexen keinen Funken von Frömmigkeit mehr in sich behalten, wie sich deutlich zeigt, wenn man ihre Werke betrachtet: sie hören nicht auf, das Blut Unschuldiger zu vergießen, auch Heimliches zu offenbaren, durch die Lehren der Dämonen, nicht Lebende noch Tote zu schonen, da sie die Seelen samt den Leibern töten.

In der d r i t t e n Weise endlich, die auch Weissagung aus Träumen heißt, wird zweierlei beobachtet: erstens, wenn jemand Träume benutzt, um dadurch imstande zu sein, Verborgenes zu enthüllen durch die Eingebungen der bösen Geister, mit denen sie ausdrückliche Pakte haben, wenn sie nämlich dabei angerufen werden; zweitens aber, wenn jemand der Träume sich bedient, die Zukunft zu erkennen, wonach Träume hervorgehen aus göttlicher Eingebung, oder aus einer natürlichen inneren oder äußeren Ursache, soweit eine solche Kraft sich ausdehnen kann; dann wird das keine unerlaubte Weissagung sein. – T h o m a s a.a.O.

Um dies zu verstehen, und damit die Prediger wenigstens einen Kern für ihre Predigten haben, ist zuerst von den Engeln zu sprechen. Da der Engel von beschränkter Macht ist, kann er von der Zukunft einer disponierten Seele wirksamer etwas enthüllen, als einer nicht disponierten. Disposition aber kommt nach der Beruhigung der inneren und äußeren Bewegungen, z.B. wenn die Nächte schweigend sind, und die Bewegungen der Dünste aufgehört haben, was um die Morgenröte geschieht, wenn die Digestion vollendet ist; und das sage ich von uns, da wir allzumal Sünder sind, denen die Engel aus göttlicher Liebe zur Erfüllung der Pflicht etwas offenbaren, oder wenn sie um die Morgenröte studieren, die den Geist zum Verständnisse dunkler Schriftstellen geschickt macht. Denn ein Engel leitet den Verstand, wie Gott den Willen, und Himmelskörper unsren Leib. Er kann aber anderen, vollkommenen Individuen zu jeder Stunde, im Schlafe und im Wachen, Eingebungen machen, wiewohl sie nach dem P h i l o s o p h e n, d e s o m n. e t v i g i l. mehr zu der einen Zeit geeigenet sind, Eingebungen zu empfangen, als zu einer anderen, wie gesagt ist, und wie auch die Zauberer zu tun gewohnt sind.

Z w e i t e n s bemerke, dass aus der natürlichen Besorgtheit der Natur um die Beherrschung des Körpers es sich trifft, dass gewisses Zukünftige eine natürliche Ursache im schlafenden Menschen hat; und dann sind jene

Träume oder Visionen nur Zeichen, und nicht Ursachen, wie betreffs des Engels gesagt ist; und zwar Zeichen dessen, was künftig den Menschen trifft, wie Krankheit oder Gesundung, Gefahr usw. Und das ist die Ansicht des Aristoteles a.a.O., dass die Natur der Seele im Schlafe gewisse Dispositionen zeigt, die im Körper sind, aus denen später Krankheit oder sonst etwas entsteht; wie, wenn jemand von Beschäftigung mit feurigen Sachen träumt, dies ein Zeichen ist, dass in ihm das Cholerische vorherrscht; wenn von luftigen, wie vom Fliegen usw., ist ist ein Zeichen von Sanguinismus; wenn von Wasser oder einer andern wässerigen Flüssigkeit, ein Zeichen von Phlegma; wenn von Erde, ein Zeichen von Melancholie. Deshalb werden durch die Träume manchmal die Ärzte zur Erkentnis des Zustandes der Körper unterstützt, wie der Philosoph in demselben Buche sagt.

Auch dieses aber ist unbedeutend im Vergleiche zu den Träumen, welche die Hexen abergläubisch beobachten. Denn wenn sie, wie oben gesagt, nicht leibhaftig ausfahren, sondern nur im Geiste erfahren wollen, was von ihren Hexengenossinnen getrieben wird, dann haben sie sich im Namen ihres Teufels und aller Dämonen auf die linke Seite zu legen. Daher kommt es, dass ihnen das einzelne durch Vision der Einbildung gezeigt wird. Ebenso, wenn sie etwas Heimliches für sich oder andere Menschen von den Dämonen erfahren wollen, werden sie darüber durch Träume unterrichtet; nicht nach einem schweigenden, sondern nach einem ausdrücklichen Pakte mit ihnen; und wiederum nicht durch einen beliebigen Pakt, auf jede Weise, durch Opferung eines Tieres oder eine gotteslästerliche Beschwörung oder auch durch den Dienst der Hingebung, sondern indem sie sich selbst mit Leib und Seele dem Dämon preisgeben, unter völliger Ableugnung ihres Glaubens mit gotteslästerlichem Munde; und damit nicht zufrieden, bringen sie auch die eigenen oder fremde Kinder den Dämonen dar, oder töten sie, wie weiter oben geschrieben steht.

Die vierte Art, die durch Pythonen geübt wird, nach Isidorus von Python Apollo, der der Urheber der Weissagung gewesen sein soll, (geschieht) nicht durch Träume oder durch Anredung Verstorbener, sondern durch Lebende, wie bei den Besessenen, die so, von den Dämonen besessen, freiwillig oder unfreiwillig, zur Verkündigung der Zukunft und nicht zur Vollführung anderer Schandtaten getrieben werden, wie es mit jenem Mädchen war, Apostelgeschichte XVI, das hinter den Aposteln herrief, sie wären die wahren Diener Gottes; worüber Paulus unwillig ward und dem Geiste befahl, von ihr zu weichen. – Es ist klar, dass der

Vergleich mit den Hexen und ihren Werken müßig ist, die ja nach Isidorus, wie oben zu lesen, nach der Ruchlosigkeit ihrer Taten und der Erschrecklichkeit ihrer Verbrechen so benannt sind.

Daher frommt es, der Kürze halber, nicht dasselbe von den übrigen geringeren Arten des Aberglaubens zu beweisen, da man sieht, dass schon die hervorragenderen den Hexenwerken nachstehen. Wenn es nämlich einem Prediger gefällt, noch die anderen Arten anzubringen, wie die Geomantie, die sich auf Erdenkörper bezieht, wie Eisen oder Edelstein (lapis politus); die Hydromantie, die am Wasser oder Eis geschieht; die Aeromantie, die an der Luft geschieht; die Pyromantie am Feuer; der (Kult der) Ariolen, der an den Eingeweiden der auf den Altären der Dämonen geopferten Tiere geschieht – so ist doch, mag das alles unter ausdrücklicher Anrufung der Dämonen geschehen, kein Vergleich mit den Schandtaten der Hexen, da jene auf keine Schädigung der Menschen oder Tiere oder Feldfrüchte direkt abzielen, sondern auf Erkennen der Zukunft. Bezüglich der anderen Arten der Weissagungen, die mit schweigender Anrufung und auch durch schweigenden Pakt mit den Dämonen geübt werden, wie die Genealitiker oder Astrologen, so genannt wegen der Beobachtung der Geburtssterne; Haruspices, welche Tage und Stunden beobachten; Auguren, die Gebärden und Gackern der Vögel betrachten; Vorzeichendeuter, die auf die Worte der Menschen achten; Chiromantiker, die aus den Linien der Hand oder den Schulterblättern der Tiere weissagen – über alles dies mag, wer Lust hat, nachsehen bei Nider, Praeceptorium, in der zweiten Vorschrift, wo er vieles finden wird, wie es erlaubt sei und wie nicht: die Werke aber der Hexen sind niemals erlaubt.

Siebzehnte Frage

Die siebzehnte Frage erklärt die vierzehnte durch Vergleichung der Schwere des Hexenverbrechens mit jedweder Sünde der Dämonen

Aber so gewaltig ist die Größe ihrer Taten, dass sie sogar die Sünden und den Sturz der bösen Engel übertreffen; und wenn an Schuld, wie sehr nicht auch an höllischer Strafe! Und dies zu zeigen bezüglich der Schuld, ist aus verschiedenen Gründen nicht schwer: Erstens: mag nämlich auch jene Sünde unverzeihlich sein, so ist sie dies doch nicht wegen der Größe des Verbrechens, wenn man ihre Naturgaben berücksichtigt; und besonders nach der Meinung derer, die da sagen, sie seien nur in den Naturgaben geschaffen, nicht in den Gnadengaben; und weil das Gute der Gnade das Gute der Natur übertrifft, so übertreffen die Sünden derer, die aus dem Stande der Gnade fallen, wie es die Hexen tun, die den in der Taufe empfangenen Glauben ableugnen, schlechterdings die Sünden jener Engel. Wenn wir aber sagen wollen, dass jene in der Gnade geschaffen, wenn auch nicht bestärkt seien, so sind auch die Hexen, wenn sie auch nicht in der Gnade geschaffen sind, doch freiwillig von der Gnade abgefallen, wie auch jener mit Willen sündigte.

Zweiter Beweis. Jene Sünde ist zwar unverzeihlich aus verschiedenen anderen Gründen, nämlich nach Augustinus, weil er gesündigt hat, ohne dass jemand verführend an ihn herantrat, weshalb er ohne jemandes Wiedererneuerung zurückkehren muss; oder weil er nach Damascenus gesündigt hat gegen Gottes Gestalt im Verstande; und je höher die Erkenntnis ist, desto schlimmer ist der Irrtum. Denn ein Sklave, der den Willen seines Herrn kennt, usw.; oder wiederum nach Damascenus, weil er nicht empfänglich ist für Reue und darum auch nicht für Verzeihung, und zwar infolge seiner Natur, die, weil sie geistig ist, nur einmal sich wenden kann, darum weil sie sich ganz gewandt hat, was im Menschen nicht geschieht, wo das Fleisch immer dem Geiste widerstrebt; oder ferner, weil er an einem erhabenen Orte, nämlich im Himmel, gesündigt hat, während der Mensch das auf Erden tut. Aber abgesehen von alledem ist doch seine Schuld in vielen anderen Punkten klein, verglichen mit den Schandtaten der Hexen: Erstens darin, dass jener, wie Anselmus in einer Rede sagt, im Übermute sündigte, ohne dass schon die Bestrafung eines Vergehens vorher erfolgt war; die Hexen aber verachten trotz so großer Strafen, die schon über viele andere Hexen verhängt sind, ja, auch trotz der Strafen, die, wie sie in der Kirche lernen, über den Teufel bei Gelegenheit seines Fallens verhängt worden sind, dies alles und verüben nicht ganz kleine Todsünden, wie die anderen Sünder, die aus Schwachheit oder Bosheit, aber ohne Gewohnheit der Bosheit sündigen, sondern begehen aus tiefer Bosheit ihres Herzens schauderhafte Schandtaten.

Zweitens, mag der Zustand des bösen Engels ein dreifacher sein, der der Unschuld, Schuld und des Elends oder der Strafe, so fiel er doch nur aus dem Stande der Unschuld und wurde nicht wieder in denselben zurückversetzt: der Sünder aber, der durch die Taufe wieder in den Zustand der Unschuld zurückversetzt ist, wird, wenn er wieder aus demselben fällt, sehr tief gestürzt, und vor allem gerade die Hexen, wie ihre Schandtaten zeigen.

Drittens (sündigte) jener gegen den Schöpfer, wir aber, und vor allem die Hexen, gegen den Schöpfer und Erlöser usw.

Viertens: jener wich von Gott, der zuließ, nämlich, dass er sündigte, und ihn nicht mit Liebe geleitete; wir aber, und vor allem die Hexen, entfernen uns durch unsere Sünden von Gott mit seiner Zulassung, der uns immer mit Liebe führt und uns mit reichen Gnadenbeweisen segnet.

Fünftens beharrt jener in seiner Bosheit, da Gott ihn verwirft und ihm seine Gnade nicht schenkt; wir Elende aber stürzen uns in jene Bosheit, wiewohl Gott uns beständig zurückruft.

Sechstens bleibt jener hart gegen den Strafenden, wie gegen den Wohlmeinenden, und wenn beide Teile gegen Gott ankämpfen, so jener gegen den, der ihn sucht, wir gegen den, der für uns stirbt, den, wie wir gesagt, vor allem die Hexen beschimpfen und schänden.

Die Lösungen der Argumente erklären auch die Wahrheit durch Vergleichung

Zu den Argumenten. Erstens: die Antwort steht fest nach dem, was im Anfang der Frage bestimmt ist; weshalb nämlich eine Sünde für schwerer gehalten werden muss als eine andere, und wie die Sünden der Hexen bezüglich der Schuld schwerer als alle sind. Zum anderen, bezüglich der Strafe, ist zu sagen, dass, wie die Schuld Adams, also auch dessen Strafe zwiefach zu betrachten ist: entweder bezüglich seiner Person oder bezüglich der ganzen Natur, d.h. der ihm gefolgten Nachkommenschaft. Betreffs des ersten sind größere Sünden nach ihm begangen worden, weil er nämlich selbst nur sündigte, indem er das tat, was schlecht war, nicht an sich, sondern weil es verboten war: Hurerei aber, Ehebruch und Mord sind in jeder Hinsicht schlecht, nämlich an sich und weil verboten: darum gehören auch schwerere Strafen darauf.

Zweitens aber: mag auch der ersten Sünde die größte Strafe gefolgt sein, so geschah dies doch nur indirekt, insofern nämlich durch Adam die ganze Nachkommenschaft mit der Erbsünde behaftet wurde, weil er der

Vater aller Menschen ist, für welche allein der Sohn Gottes durch die ihm gegebene Macht Genugtuung schaffen konnte. Für seine Person aber tat er Buße durch die Vermittlung der göttlichen Gnade und ward erlöst durch die Erlösung Christi. Ohne Vergleich aber übertreffen die Sünden der Hexen jene, die nicht zufrieden sind mit ihren persönlichen Sünden und Verrichtungen, sondern auch noch unzählige andere fortwährend nach sich ziehen.

Drittens ist nach dem Vorbemerkten zu sagen, dass es durch Akzidenz geschah, wenn die Sünde Adams größere Schädigung verursachte, und zwar, weil er eine noch unverdorbene Natur fand und er die verdorbene notwendigerweise, nicht freiwillig, weiter übertragen mußte. Daraus folgt nicht, dass seine Sünde einfach schwerer als die übrigen war; dann auch, dass sie auch die folgenden Sünden begangen hätten, wenn sie eine solche Natur gefunden hätten: wie auch eine zweite Todsünde die Gnade nicht raubt, deshalb weil sie dieselbe nicht findet; sie würde sie aber rauben, wenn sie sie fände. Das ist die Lösung des S. Thomas II, 21, 2, bei der Lösung des zweiten Argumentes. Wenn jemand dieselbe voll verstehen will, hat er zu erwägen, dass, wenn Adam ursprüngliche Gerechtigkeit besessen hätte, er sie doch nicht auf die Nachkommen vererbt hätte wie Anselmus meinte, weil ja auch jemand nach ihm hätte sündigen können; s. die Worte des Doctor dist. 20, ob die Neugeborenen in der Gnade bestärkt seien; item quolib. 101: ob eben die Menschen, die jetzt erlöst werden, erlöst worden seien, wenn Adam nicht gesündigt hätte?

Achzehnte Frage

Es folgt die Weise, gegen fünf Argumente von Laien zu predigen, womit sie hier und da zu beweisen scheinen, dass Gott dem Teufel und den Hexern keine solche Macht lässt, derartige Hexereien zu vollführen

Der Prediger sei endlich vorsichtig bei gewissen Argumenten der Laien oder auch einiger Gelehrten, die insoweit die Existenz der Hexen leugnen, dass, wenn sie auch die Bosheit und die Macht des Dämonen, nach seinem Willen derartige Übel zu bewirken, zugeben, doch leugnen, dass die göttliche

Zulassung dabei im Spiele sei. Auch wollen sie nicht (glauben), dass Gott so furchtbare Taten geschehen lasse; und mögen sie auch keine (bestimmte) Weise des Argumentierens haben, sondern im Finstern wie die Blinden umhertappen und dabei bald das eine, bald das andere Mittel anfassen, so ist es doch nötig, ihre Behauptungen auf fünf Argumente zurückzuführen, aus denen schlechterdings all ihr Gefasel hervorgehen kann; zuerst, dass Gott dem Teufel nicht erlaubt, mit solcher Macht gegen die Menschen zu wüten.

Ob durch Ausführung einer Hexentat von einem Dämonen durch Vermittlung einer Hexe die göttliche Zulassung immer mitzuwirken habe? Es wird mit f ü n f Argumenten bewiesen, dass Gott es nicht zulässt, weshalb auch die Hexentat auf Erden ein Nichts ist. Das wird hergeleitet e r s t e n s bezüglich Gottes, z w e i t e n s bezüglich des Teufels, d r i t t e n s bezüglich der Hexe, v i e r t e n s bezüglich der Krankheit, und f ü n f t e n s bezüglich der Prediger und Richter, die so gegen die Hexen predigen und Urteile fällen, dass sie überhaupt nicht mehr vor ihnen sicher wären.

E r s t e n s so: Gott kann den Menschen wegen der Sünde strafen; und er straft mit dem Schwerte, der Hungersnot und der Sterblichkeit; item durch verschiedene andere, mannigfache und unzählige Krankheiten, denen die menschliche Natur ausgesetzt ist. Weil er daher nicht nötig hat, noch andere Strafen hinzuzufügen, erlaubt er (die Hexerei) nicht.

Z w e i t e n s so: Wenn das wahr wäre, was von den Teufeln gepredigt wird, dass sie nämlich die Zeugungskraft hemmen könnten, sodass also ein Weib nicht empfängt, oder wenn sie empfängt, dann eine Frühgeburt tut, oder wenn sie keine Frühgeburt tut, dass sie auch dann noch die Geborenen töten, dann könnten sie ja schlechterdings die ganze Welt vernichten, und dann könnte man weiter sagen, dass die Werke des Teufels stärker seien als die Werke Gottes, nämlich als das Sakrament der Ehe, so Gottes Werk ist.

D r i t t e n s bezüglich des Menschen: wir sehen, wenn die Hexerei in der Welt etwas sein soll, dann werden einige Leute mehr behext als die anderen. Fragt man nach dem Grunde, so heißt es, das geschehe zur Bestrafung der Sünder. Aber das ist falsch; also auch jenes, dass es Hexerei auf Erden gebe. Die Falschheit der ersten Behauptung wird aber damit bewiesen, dass dann die größeren Sünder mehr bestraft werden müssten: das ist falsch, da sie ja bisweilen weniger bestraft werden als die Gerechten, was man auch sieht an den unschuldigen Kindern, die als behext bezeichnet werden.

V i e r t e n s kann noch ein anderes Argument bezüglich Gottes angeführt werden, dass nämlich, wenn jemand hindern könne und nicht hindere, sondern es geschehen lasse, man dann schlechterdings urteilt, er habe nach seinem Willen gehandelt. Aber da Gott im höchsten Grade gut ist, kann er auch das Böse nicht wollen; also kann er nicht zulassen, dass das Böse geschieht, was er selbst verhindern kann. Item bezüglich der Krankheit: Mängel und Krankheiten, die man angehext nennt, sind auch den natürlichen Mängeln und Krankheiten ähnlich, d.h. denen, die aus einem Mangel der Natur hervorgehen. Wenn nämlich jemand lahm wird, erblindet, den Verstand verliert oder auch stirbt, kann das aus einem Mangel der Natur entstehen, weshalb man solcherlei nicht ohne Weiteres den Hexen zuschreiben darf.

Endlich fünftens bezüglich der Prediger und Richter, die, wenn sie so heftig gegen die Hexen predigen und vorgehen, niemals vor ihnen sicher wären, wegen des großen Hasses, den sie gegen jene gefasst.

Dagegen aber sollen die Argumente genommen werden aus der ersten Frage, über den dritten Hauptteil des ersten Teiles dieses Werkes, und es sollen die vorgebracht werden, die mehr für das Volk passen; nämlich wie Gott zulässt, dass das Böse geschehe, wenn er auch nicht will, dass Böses geschehe; er lässt es aber zu, um der bewundernswürdigen Vollkommenheit des Universums willen, was man daher bemerkt, dass das Gute viel mehr hervortritt, mehr gefällt und lobenswerter ist, wenn es mit dem Bösen verglichen wird. Dort sind auch Autoritäten angeführt. Item leuchtet heller die Tiefe der göttlichen Weisheit Gottes, seiner Gerechtigkeit und Gutheit, die sonst verborgen wären.

Zur Entscheidung der Frage können kurz aus dem, was dort berührt wird, noch mannigfaltige Beweise zur Belehrung des Volkes entnommen werden, nämlich, dass Gott mit Recht die beiden Sündenfälle zuließ, nämlich den der Engel und der ersten Eltern; und da sie größer sind als alle anderen Sündenfälle, so ist es nicht wunderbar, wenn andere, kleinere zugelassen werden. Inwiefern sie aber größer sind, bezüglich der Kausalität, nicht bezüglich der anderen Umstände, nach denen die Sünden der Hexen, wie in der dritten Frage berührt wird, die Sünden sowohl der bösen Engel als auch der ersten Eltern übertreffen, und warum Gott mit Recht die ersten Sündenfälle zuließ, wird in der zweiten Frage besprochen, woraus der Prediger mancherlei nach Gutdünken entnehmen und verwerten kann.

Aber zur Antwort auf die Argumente. Wenn erstens gesagt wird, Gott strafte genügend durch natürliche Schwächen: Sterblichkeit, Schwert und Hungersnot, so wird darauf mit dreierlei geantwortet.

E r s t e n s , dass Gott seine Macht über den Lauf der Natur oder auch über den Einfluss der Himmelskörper nicht begrenzt hat, dass er nämlich ohne dies nicht handeln könne: Weshalb er auch ohne dies sehr oft Bestrafung der Sünden bewirkt hat, durch Verhängung von Sterblichkeit und anderer Strafen, ohne jeden Einfluss dieser Körper, wie bei der Bestrafung der Sünde des Übermutes Davids, durch die über das Volk verhängte Sterblichkeit, weil jener das Volk gezählt hatte, usw.

Z w e i t e n s stimmt das sehr wohl zur göttlichen Weisheit, die über allen Dingen so waltet, dass sie dieselben nach ihrer eigenen Bewegung handeln lässt. Wie es deshalb nicht passt, die Bosheit des Dämonen gänzlich zu verhindern, sondern vielmehr sich ziemt, sie zuzulassen, sodass er handelt, soweit es auf das Gute des Universums sich beziehen kann, mag er auch beständig durch die guten Engel gezügelt werden, dass er nicht soviel schädige, als er schädigen möchte: so passt es auch nicht, die menschliche Bosheit darin zu zügeln, wonach dieselbe nach der Freiheit des Willens streben kann, als da ist, den Glauben abzuleugnen und sich selbst dem Teufel zu geloben, was zu tun durchaus in der Macht des menschlichen Willen liegt. – Aus diesen beiden Gründen erlaubt Gott, wenn er auch dabei aufs heftigste befehdet wird, mit Recht das, was die Hexe wünscht, und um dessentwillen sie den Glauben abgeleugnet hat; auf was sich auch die Macht des Teufels erstreckt, als den Menschen, Tieren und Feldfrüchten Schaden zuzufügen.

D r i t t e n s : Gott erlaubt mit Recht, dasss solches Böse geschieht, wodurch ja auch der Teufel indirekt gar gewaltig gepeinigt wird und den größten Kummer erlebt. Aber durch das Böse, was von den Hexen durch die Macht der Dämonen verübt wird, wird der Teufel indirekt aufs Heftigste gepeinigt, indem gegen seinen Willen Gott das Böse benutzt zum Ruhm seines Namens, zur Empfehlung des Glaubens, zur Läuterung der Auserwählten, zur Häufung der Verdienste. Es ist nämlich sicher, dass unter allem Kummer, den der Teufel sich bereitet infolge seines Übermutes, der immer gegen Gott sich erhebt nach den Worten: »Der Übermut derer, die dich hassen, steigt immer höher«, der größte der ist, dass Gott alle seine Machenschaften zu seinem eigenen Ruhme usw. wendet. – Also mit Recht lässt Gott alles zu.

Auf das z w e i t e A r g u m e n t ist weiter oben geantwortet; und es muss auf zweierlei geantwortet werden, was im Argument enthalten ist, nämlich, dass der Teufel nicht stärker genannt wird als Gott, noch seine Macht; im Gegenteil: man merkt, dass er nur sehr geringe Macht besitzt, da er nichts vermag als durch Zulassung Gottes: weshalb seine Macht sehr klein genannt werden kann, verglichen mit der Zulassung Gottes, mag sie auch sehr groß sein im Vergleich zu den körperlichen Kräften, die er natürlich übertrifft, nach dem oft angeführten Worte: »Es ist keine Macht auf Erden, die ihm verglichen werden könnte,« Job 41. – Das andere, worauf zu antworten ist: warum nämlich Gott lieber an der Zeugungskraft Hexerei geschehen lasse als an andern menschlichen Handlungen? Darüber ist oben auch schon gesprochen, in dem Thema von der göttlichen Zulassung, unter dem Titel: »Wie die Hexen die Zeugungskraft und den Beischlaf hemmen können?« Es geschieht nämlich wegen der Scheußlichkeit des Aktes, und weil die Erbsünde, durch die Schuld der ersten Eltern verhängt, durch jene Handlung übertragen wird. Das wird auch an der Schlange bewiesen, die das erste Werkzeug des Teufels usw.

Drittens ist zu antworten, dass, wie die Absicht und die Neigung des Teufels größer ist, die Guten zu verführen als die Bösen, mag er auch bezüglich des wirklich Versuchten mehr die Bösen versuchen als die Guten, weil nämlich in den Bösen mehr Geschicklichkeit wohnt, auf die Versuchung des Teufels zu hören, als in den Guten: so strebt er auch mehr danach, die Guten zu schädigen als die Bösen, mag er auch größere Möglichkeit zu schädigen an den Bösen finden als an den Guten: und der Grund davon ist, weil nach Gregorius je häufiger sich jemand dem Teufel unterwirft, dieser ihm immer unerträglicher wird, sodass er ihm nicht widerstehen kann; da aber die Bösen sich dem Teufel häufiger unterwerfen, desto unerträglicher und häufiger ist die Versuchung, da sie nicht den Schild des Glaubens haben, mit dem sie sich decken können; über diesen Schild spricht der Apostel, Epheser V: »Vor allen Dingen nehmt den Schild des Glaubens, an welchem ihr könnt alle feurigen Pfeile des Bösen auslöschen.« Aber andererseits bestürmt er mehr und heftiger die Guten als die Bösen; und der Grund ist, weil er die Bösen schon hat, nicht so aber die Guten; um so mehr versucht er durch Drangsal die Gerechten in seine Gewalt zu bringen, die er nicht im Besitz hat, außer als Sünder; wie auch ein weltlicher Fürst mehr sich erhebt gegen den, der mehr sein Recht schmälert, oder der dem Reiche mehr schadet, als gegen die, welche nicht gegen ihn sind.

Viertens, dass Gott das Böse zulässt, aber doch nicht will, dass das Böse geschehe, kann der Prediger außer durch das oben Gesagte erklären durch die fünf Zeichen des göttlichen Willens, als da sind: Vorschrift, Verhinderung, Rat, Handlung und Zulassung. Siehe S. Thomas, besonders im ersten Teile, weil er sich dort genauer auslässt, 19, 12. Denn mag auch nur ein Wille in Gott sein, welcher ist Gott selbst, wie auch nur ein Wesen in ihm ist, so erscheint und kennzeichnet sich uns doch sein Wille bezüglich seiner Werke als ein vielfältiger, wie der Psalmist sagt: »Groß sind die Werke des Herrn, die er ausführt nach allen seinen Willen.« Deshalb wird der Wille in Gott nicht sachlich unterschieden, sondern bezüglich seiner Wirkungen, sodass der eigentliche Wille heißt Wille des Beliebens; der metaphorisch sogenannte Wille Wille des Zeichens, insofern durch Zeichen und Metaphern uns klar wird, dass Gott das und das wolle. Ähnlich ist es, wie wenn ein Familienvater, der einen Willen hat, ihn auf fünf Weisen zeigt: nämlich durch sich, und einen anderen; durch sich zwiefach: direkt und indirekt; direkt, wenn er handelt, und dann ist es Handlung; indirekt, wenn er einen Handelnden nicht hindert, wie es auch heißt Phys. 4: »Entfernendes und Hinderndes ist ein Bewegendes per Akzidens«; und mit Bezug darauf heißt das Zeichen Zulassung. Durch einen anderen aber erklärt der Familienvater seinen Willen dreifach: entweder insofern er einen abordnet, etwas notgedrungen zu tun, und das Gegenteil zu verhindern; und das ist Vorschrift im Vorgeschriebenen und Verhinderung in positiven und negativen Vorschriften; oder insofern er jemand abordnet durch Zureden oder Anraten; und das ist Rat. Und wie also der Wille des Menschen sich durch diese fünf (Zeichen) offenbart, so auch der Wille Gottes. Dass nämlich Vorschrift, Hinderung und Rat der Wille Gottes genannt werde, ist klar aus Matth. 6: »Dein Wille geschehe, wie im Himmel, also auch auf Erden«; d.h. wir sollen auf Erden seine Vorschrift erfüllen, das Verbotene meiden und nach Kräften seinen Rat annehmen; und ähnlich, dass Zulassung und Handlung Wille Gottes genannt werde, ist klar aus Augustinus, Enchiridium, wo er sagt: »Nichts geschieht, außer was der allmächtige Gotte geschehen wissen will, indem er zulässt, dass es geschehe oder selbst handelt.«

Zur Sache. Wenn es heißt, dass, wenn jemand hindern kann und nicht hindert, man dann urteilt, er habe es nach seinem Willen getan, so ist das wahr. Aber wenn da vorgebracht wird: Gott ist im höchsten Grade gut, also kann er nicht wollen, dass das Böse geschieht, so ist das wahr nach dem Willen des Beliebens und nach den vier Zeichen dieses Willens, weil er nichts Böses tun kann, noch Böses vorschreiben, noch das Böse nicht hindern und zu dem Guten des Überschusses raten; aber er kann das Böse zulassen wollen.

Ferner, wie die Krankheiten untereinander unterschieden werden, dass die einen angehext, die andern natürlich seien, d.h. aus Mängeln der Natur hervorgehen? Es wird geantwortet, auf verschiedene Arten: erstens durch das Urteil des Arztes: 26, 5 non licet und 2 ca. illud, wo das Wort des Augustinus de doctr. christ. 2: »Auf diese Art des Aberglaubens beziehen sich alle Ligaturen und Mittel, welche die Schule der Ärzte verwirft«, wobei irgend welche Dinge angehängt und angebunden werden. Ähnlich, wenn eine nach den Umständen, nämlich dem Alter, gesunde Komplexion plötzlich, wie im Augenblick verwandelt wird, und die Ärzte urteilen, dass dies nicht durch einen Mangel des Blutes, des Magens oder durch Ansteckung gekommen sei, sondern dass diese Krankheit nicht aus dem Mangel der Natur stamme, sondern von einem äußeren Anlasse; und zwar, wenn es nicht durch Ansteckung mit Giftstoffen gekommen ist, weil sonst Blut und Magen von schlechten Säften angefüllt sein müsste, urteilen sie vielmehr nach genügender Untersuchung, dass es ein Hexenwerk sei.

Item zweitens, wenn der Kranke für sie unheilbar ist, sodass er durch kein Heilmittel Erleichterung finden kann, wenn sie im Gegenteil sehen, dass es immer schlimmer mit ihm wird. Drittens, weil es bisweilen so plötzlich eintritt, wie das Urteil des Kranken darüber lautet.

Einem von uns ist ein solcher Fall bekannt geworden. Ein Adliger aus der Stadt Speier hatte ein Weib von gar halsstarrigem Willen; und während er selbst ihr gern in allem nachgab, widerstrebte sie allen seinen Neigungen und belästigte ihn immer mit schmähenden Reden. Es traf sich nun, dass das Weib, als er einmal heimkehrte, in gewohnter Weise keifte und ihn mit Vorwürfen überschüttete. Er wollte zornig werden und aus dem Hause gehen: da lief sie schnell nach der Türe, durch die er hinausgehn musste, behielt sie im Auge und beschwor ihn laut, sie zu schlagen, sonst hätte er keine Redlichkeit und Ehre im Leibe. Auf diese schwere Rede hin erhob jener die Hand, nicht in der Absicht, sie zu verletzen; und als er sie mit den ausgestreckten Fingern leicht an der Schulter berührte, stürzte er plötzlich zu Boden, verlor alle Besinnung und lag mehrere Wochen schwer krank zu Bett. – Hier kann man sehen, dass ihm diese Krankheit nicht aus natürlichem Mangel, sondern durch das Hexenwerk seines Weibes zugestoßen war. Noch mehr, ja unzählig viele solche Geschichten haben sich zugetragen und sind allgemein bekannt geworden.

Es gibt Leute, die sich auf folgende Weise durch eine gewisse Praktik hierin Gewissheit verschaffen. Sie halten nämlich geschmolzenes Blei über den

Kranken und gießen es dann in eine Schüssel voll Wasser, und wenn sich eine gewisse Figur bildet, dann urteilen sie, die Krankheit sei durch Hexerei gekommen. Auf die Frage, ob eine solche Figur entstehe durch die Macht der Dämonen oder durch natürliche Kraft, pflegen manche, die solches tun, zu antworten, durch den Einfluss des Saturn auf das Blei, weil er sonst böse ist, wie auch die Sonne über dem Golde durch ihre Kraft Hexerei anzuzeigen pflegt. Aber was davon zu halten, ob nämlich die Praktik erlaubt sei oder nicht, wird im dritten Hauptteile dieses Werkes behandelt werden. Die Kanonisten nämlich sagen, es sei erlaubt, dass Eitles mit Eitlem vernichtet werde; mögen auch die Theologen das gerade Gegenteil meinen, dass nämlich Böses nicht zu tun sei, um Gutes zu erzielen.

Nun zum Schlusse, wo noch mehrere Fragen gestellt werden: Erstens, warum die Hexen nicht reich werden? Zweitens, warum, wenn die Fürsten ihnen günstig, sind, sie nicht zur Vernichtung aller ihrer Feinde schreiten? Drittens, warum sie den Predigern und anderen Leuten, die sie verfolgen, nicht zu schaden vermögen? Auf das Erste ist zu sagen, dass die Hexen deshalb meist nicht reich werden, weil sie nach dem Willen des Dämonen, zur größtmöglichen Schande für den Schöpfer, um den allerniedrigsten Preis zu haben sind; zweitens auch, damit sie sich in ihrem Reichtum nicht auffällig machen.

Zweitens, warum sie den Fürsten nicht schaden? Der Grund ist klar, weil, soweit es an ihnen liegt, sie dahin streben, dass sie mit denselben gute Freundschaft halten; und wenn gefragt wird, warum sie ihren Feinden nicht schaden, ist zu sagen, weil ein guter Engel auf der anderen Seite das Hexenwerk hindert, nach dem Worte des Daniel: »Der Fürst der Perser widerstand mir einundzwanzig Tage.« Siehe auch den Doctor, Sent. 2, ob zwischen guten Engeln ein Kampf sei und wie?

Drittens wird gesagt, dass sie deshalb den Inquisitoren und anderen Beamten nicht schaden können, weil diese die öffentliche Gerichtspflege ausüben.

Es könnten noch verschiedene Beispiele hierzu beigebracht werden, aber die Kürze der Zeit verbietet es.

Ende des ersten Teiles.